国家社会科学基金一般项目（17BJL056）
河南省高校哲学社会科学应用研究重大项目（2023-YYZD-17）

区域间技术收敛的实现机制与政策研究

Research on the Mechanisms and Policies for Achieving Inter-regional Technological Convergence

张保胜　等◎著

经济管理出版社
ECONOMY & MANAGEMENT PUBLISHING HOUSE

图书在版编目（CIP）数据

区域间技术收敛的实现机制与政策研究/张保胜等著. —北京：经济管理出版社，2023.6
ISBN 978-7-5096-9105-2

Ⅰ.①区… Ⅱ.①张… Ⅲ.①区域经济发展—协调发展—研究—中国 Ⅳ.①F127

中国国家版本馆 CIP 数据核字(2023)第 120513 号

组稿编辑：申桂萍
责任编辑：申桂萍
助理编辑：张 艺
责任印制：黄章平
责任校对：陈 颖

出版发行：经济管理出版社
（北京市海淀区北蜂窝 8 号中雅大厦 A 座 11 层 100038）
网 址：www. E-mp. com. cn
电 话：（010）51915602
印 刷：北京晨旭印刷厂
经 销：新华书店
开 本：720mm×1000mm/16
印 张：15. 25
字 数：299 千字
版 次：2023 年 6 月第 1 版 2023 年 6 月第 1 次印刷
书 号：ISBN 978-7-5096-9105-2
定 价：98. 00 元

前　言

区域经济协调发展一直是世界范围内以及国家内部需要解决的重要现实问题。由于技术创新在经济发展中的动力作用，不管是发达地区，还是欠发达地区，都会把技术创新作为推动区域经济发展的重要工具。但是，从技术市场角度来看，由于区域异质性的存在，创新要素向发达地区的流动偏好以及区域创新悖论为区域间技术协调发展提出了挑战。近年来，不管是理论界还是政府部门，都试图通过不同的理论视角和政策工具寻找解决方案。在理论研究方面，学者们从区域技术外溢与吸收能力、技术转移、创新要素流动、区域创新系统、创新联盟等角度研究了区域创新能力提升问题。在政策实践中，各个国家和地区也都出台了促进区域间平衡发展的产业技术政策。2018 年，中共中央、国务院印发了《关于建立更加有效的区域协调发展新机制的意见》，强调了“引导科技资源按照市场需求优化空间配置，促进创新要素充分流动”；2022 年，出台了《中共中央　国务院关于加快建设全国统一大市场的意见》，提出了“通过市场需求引导创新资源有效配置，促进创新要素有序流动和合理配置”；2022 年 3 月，科技部等九部门印发了《“十四五”东西部科技合作实施方案》，进一步明确了区域间科技合作对于“提升西部地区创新能力和解决发展不平衡不充分问题具有重要意义”。可见，区域间技术收敛实现机制与政策研究对促进区域间经济协调发展具有重要的理论和现实意义。

笔者一直致力于产业与区域技术创新领域的研究工作。2001~2010 年，主要侧重于产业技术创新中的网络效应与技术竞争、产业自主创新能力提升等问题的研究；2011 年至今，主要侧重于研究区域创新能力提升与区域间技术协调发展问题。本书是在《区域经济协调发展中的技术收敛问题》一书基础上的深化，是在分析我国区域间技术协调发展现状以及技术收敛理论和实证研究基础上对技术收敛实现机制的进一步研究。本书也是我国出台建立更加有效的区域协调发展新机制的意见等相关政策背景下对区域技术协调发展机制的研究成果。

本书的研究内容涉及了区域创新基础的均等化、区域间技术互助与服务、区域间技术合作以及区域间技术市场一体化等方面的实现机制。同时，为了进一步了解发达国家促进区域间技术协调发展的实践，本书对欧洲的知识创新社区、英国的升级计划进行了比较分析。另外，本书结合区域技术收敛的实现机制，提出了相应的科技政策思路与建议。整个研究成果是在课题组近五年的合作下共同完成的。具体分工如下：张保胜承担了导言部分、第五章的第三节和第五节、第六章的第一节、第七章的政策研究以及全书的统稿校对工作；张杨承担了第三章第一节的城乡融合与创新要素流动部分；祁让坤承担了第五章的第四节技术市场的金融支持部分；张年承担了第一章的第一节、第二章的第三节、第六章的第二节；李娜承担了第一章的第二节、第三节以及第四章；齐翠玲承担了第二章的第一节和第二节、第三章的第二节和第三节、第五章的第一节和第二节。

当然，本书还存在着一些不足之处和进一步研究的空间。随着技术创新研究领域的进一步拓展，学界和政府部门对与技术创新相关的社会问题和可持续发展日益关注，包容性创新、负责任创新、可持续创新等领域的研究必将对区域技术协调发展问题研究产生新的影响。这也为课题组未来的研究方向提供了新的思路。

张保胜

2023 年 3 月 29 日

目　录

绪　论

随着经济技术和社会环境的不断变化，技术创新主体和组织对创新的内容及创新方式的看法在不断地发生变化。基于研究的线性创新模式遵循了“基础科学—应用科学—创新”的过程，基于发明的线性创新模式遵循了“发明—创新—扩散”的过程。这种线性创新模式中的信息流严格按照时间顺序从一个阶段转移到另一个阶段，遵循可加性和同质性，并按照线性关系运行（Müller，2013）。但是，随着创新主体和参与者之间相互作用的增加，线性创新模式对创新链中“反馈循环”的回避被认为是有问题的。这样线性创新就开始向非线性创新转化，原有的单向流动开始转变成创新主体之间的双向流动，以及不同参与者之间互动的网络化行为。随着创新过程中参与主体的多元化以及创新过程和成果的社会影响逐渐受重视，人们在关注开放式创新的同时也开始关注负责任创新。开放式创新多元主体的参与目标是进一步促进创新成果的产生，负责任创新多元主体的参与目标是让创新过程和创新成果在不对社会公众产生危害的同时，还能够让弱势群体享受到技术发展的好处。

一、负责任创新：实现机制层面的演进

尽管科技创新就是承担社会责任、改变人类的生活或者减轻人类的负担，但这只是技术上的。实际上，技术创新不仅仅是技术上的，还应该是社会和政治上的（Winner，1977）。特别是当一项新技术对人类的健康、环境造成负面影响的时候，这种创新本身就进入了社会层面。所以，从 21 世纪初期开始，负责任的研究和创新（Responsible Research and Innovation，RRI）或者负责任创新（Responsible Innovation，RI）就成为研究的热点。Stilgoe 等（2020）提出了一个基于四个维度的负责任创新框架，即预期（Anticipation）、反思（Reflexivity）、包容（Inclusion）和响应（Responsiveness），在学术界产生了较大的影响。预期是指在技术创新的前期就要思考如果创新在未来对社会产生破坏性影响怎么办；反思是指参与者对技术创新活动自身举起镜子，检视和思考其能否被普遍接受；包容是

指技术创新应该把利益相关者甚至更广泛的公众纳入其中，满足他们的期望；响应是指技术创新要考虑需求方的需求或者未来的市场，也包括对新出现的观点和看法做出反应。

当前，负责任创新的研究重点集中于技术对社会产生的影响，也就是仅仅从技术供给方进行研究。从技术的需求方来看，除了需要关注需求者本身对技术的评价，一个重要的方面就是基于公共产品属性角度思考技术创新能否让弱势群体受益。在区域技术方面，更多的文献关注成功的区域或创新集群，而对技术落后地区与发达地区之间的差距，以及如何实现区域间平衡等问题关注较少，甚至引发了平衡创新的经济收益以及社会公平问题的讨论（Iammarino et al.，2018）。Elvira 等（2019）认为，RRI、公共采购和区域创新政策之间存在有趣的交叉点，应该为缺乏更高技术水平和创新能力的人所在的地区制定政策，为他们提供“更好的机会，以协助、促进其从社会经济环境的发展进程中受益”，而通过公共采购引导技术创新向欠发达地区转移，既是一种实现区域间技术协调发展的机制，也是 RRI 从需求角度在区域创新方面的体现。Voegtlin 和 Scherer（2017）从另一个角度对负责任创新进行了分析，认为负责任创新（Responsible Innovation）应该和责任创新（Innovation of Responsibility）同时进行。也就是说，当我们认识到了技术创新应该承担社会责任时，那么如何承担社会责任、用什么样的创新性机制来实现就显得更加重要。至此，负责任创新在区域协调发展方面的实现机制研究就变得逐步明朗。

二、负责任创新：政策层面的演进

支持和保障技术创新行为的技术创新政策大致经历了三个阶段的演变（Schot and Steinmueller，2018）。第一个阶段是 20 世纪 80 年代之前，技术创新政策的重点是促进经济增长，关注的是科学发现的商业化以及创新在潜在市场上的价值和回报。所以，这个阶段的参与者有着明确的分工，科学家的主要职责是科学研究，致力于新的科学发现。政府部门的职责是对科学研究进行资助和监管。这个阶段的创新模式主要是线性创新。第二个阶段是 20 世纪 80 年代到 21 世纪初，技术创新政策的重点是促进创新体系的形成。20 世纪 80 年代之后，世界多极化格局逐步形成，综合国力的竞争成为关注的重点，在经济领域的竞争日益激烈，科学技术在经济增长中的作用更为凸显。国家之间经济差距的拉大开始让人们思考科学技术问题。尽管有学者认为经济落后的国家更容易采用富裕国家的技术实现快速的经济增长（Gerschenkron，1962），但国家之间经济差距的现实开始让学者们思考其他原因。Von Hippel（1994）认为，技术知识的跨区域传播并不是自由的，而是具有黏性的；Cohen 和 Levinthal（1989）认为，世界范围内的知识传播与国家的吸收能力有紧密联系，这种吸收能力取决于教育水平等多种因素。为了解决国家之间的技术知识传播问题，学者们开始研究创新链中技术知识的互动（Kline and Rosenberg，1986）以及组织间的关系。Freeman（1988）和Lundvall（1992）进一步提出了国家创新体系这一概念，从国家角度强调了学习能力，并认为区域性创新体系对技术知识的扩散具有重要作用。第三个阶段是21世纪初至今，技术创新政策的重点是“转型变革”。其产生的国际背景是联合国千年发展目标（MDGs）到期后制定的2015~2030年联合国可持续发展目标（SDGs）。这个时期的技术创新政策目标侧重于“创造美好世界”，技术创新政策除了关注创新能力的提升以外，更加关注减少贫困、不平等、环境污染等重大社会问题，促进包容性创新和可持续发展。当然，由于各个国家的国情不同，需要解决的社会问题也是不同的。在以上三个阶段研究的基础上，Bergkvist等（2022）从系统性转型角度对技术创新政策进行了分析，认为第一代是基于线性创新模式的研发政策。第二代是基于创新系统研究启发的技术创新政策，Etzkowitz等（2000）的三螺旋模型被认为根植于这个政策框架。第三代是技术创新政策的系统性转型。从创新政策的提供支持和应对阻力两大功能来看，技术创新政策的系统性转型一方面是为解决重大社会问题的创新工程提供政策保障和支持，另一方面也为解决当前面临的社会问题从技术创新角度提供政策思路。

三、中国科技创新政策的阶段划分和关注重点

（一）科技创新政策的阶段划分

尽管中国科技创新政策在演变过程中面临的内外部环境与西方发达国家不同，但如果从上述三代技术创新政策的演变特征进行分析，仍然具有一定的合理性与相应的理论和实践价值。根据薛澜（2018）关于中国科技创新政策改革开放40年以来的回顾，我们可以从上述三代技术创新政策演变的角度将其分为三个阶段：第一个阶段是1978~1997年。这个阶段科技政策的主要作用是保障科技创新促进经济发展。从邓小平提出“科学技术是第一生产力”到《中共中央关于科学技术体制改革的决定》明确提出“改革的目的是使科学技术成果迅速地广泛地应用于生产……解放科学技术生产力”，以及国家为了促进特定领域的发展而设立的各类科研计划，都是基于科技创新的经济增长动力这一基本的视角。第二个阶段是1998~2013年的科技创新体系构建与发展阶段。以中国科学院在1997年底向中央提交的《迎接知识经济时代，建设国家创新体系》为主要标志，经历了科研院所市场化改制、企业科技创新的支持、普通高等教育规模的扩大等产学研三个领域的重要举措的出台，同时在《国家中长期科学和技术发展规划纲要（2006—2020年）》中提出了具有中国特色的“自主创新”概念，成为引领

学术界和产业界热烈探讨的重要议题，助推了国家创新体系的建设。第三个阶段是2014年至今，这个时期的科技创新政策把科技创新作为支撑国家发展全局的核心，结合这个时期提出的创新驱动、新发展理念和共同富裕等发展战略、发展理念和奋斗目标，进一步明确了科技创新政策在解决新时代我国社会主要矛盾上的重要意义。也就是说，这个时期的科技创新政策体现了多维价值取向，是创新主体、客体、中介和创新环境之间相互作用的复杂系统，涉及政治功能、科技进步、经济效益、社会发展和生态进化等多个方面（王再进等，2017）。

（二）科技创新政策的关注重点

通过总结上述Schot和Steinmueller（2018）对科技创新政策的阶段划分、Bergkvist等（2022）对三代科技创新政策的分析，以及薛澜（2018）对中国科技创新政策的阶段划分等文献的研究内容，我们发现第三代（第三个阶段）科技创新政策关注的重点是一个国家或地区的重大社会问题。这些社会问题包括环境污染、不平等、贫困等。所以，基于以上分析，从当前科技创新对新时期社会主要矛盾和共同富裕的关注来看，我国已经进入了第三代科技创新政策阶段，而且从时间阶段划分来看，二者基本上是一致的（见图0-1）。

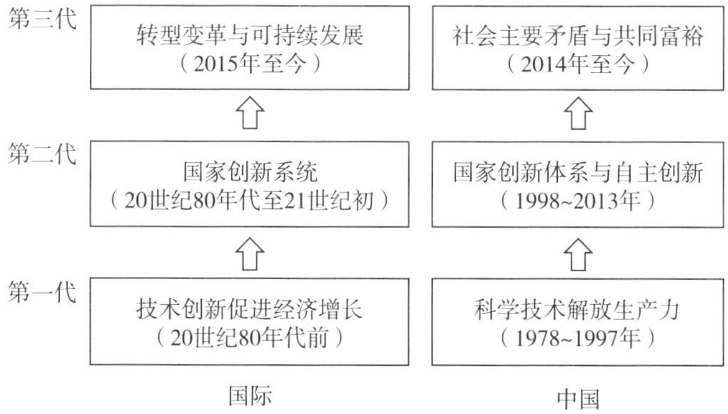

图0-1　中国科技创新政策演变的国际比较

当前，我国进入了新的发展阶段，区域和城乡之间发展的不平衡问题关系到区域间的不平等和贫困问题，不仅是社会和政府关注的热点，也是新时代我国社会主要矛盾之一，制约着未来我国经济的高质量发展。由于区域间技术协调发展是区域经济协调发展的必要条件，而技术协调发展的表现形式是区域间的技术收敛，所以解决区域间技术的协调发展问题理应成为第三代科技创新及其政策的重要内容。

从我国已经发布的具体政策来看，2018 年 11 月中共中央、国务院印发了《关于建立更加有效的区域协调发展新机制的意见》，强调了“引导科技资源按照市场需求优化空间配置，促进创新要素充分流动”①。2022 年 4 月，中共中央、国务院发布了《关于加快建设全国统一大市场的意见》，提出了“通过市场需求引导创新资源有效配置，促进创新要素有序流动和合理配置”“鼓励不同区域之间科技信息交流互动，推动重大科研基础设施和仪器设备开放共享”②。2022 年 3 月，科技部等九部门印发了《“十四五”东西部科技合作实施方案》，从具体实施方案角度进一步明确了区域间科技合作对于“提升西部地区创新能力和解决发展不平衡不充分问题具有重要意义”③。

可见，从我国新时代区域经济协调发展的现实需要和当前的政策实践来看，研究区域间技术收敛的实现机制和政策，具有十分重要的现实意义。

四、本书的研究内容

本书首先构建了区域间技术收敛实现机制的分析框架。其次，分别从区域创新基础的均等化机制、政府支持下的技术互助机制、重大区域发展战略引领下的技术合作与对接机制、市场作用下的技术市场一体化机制四个方面进行了理论、实证或政策研究。再次，结合欧盟和英国的技术创新政策实践，进行了国际比较。最后，通过区域间技术收敛的科技政策思路以及技术市场政策分析，提出了促进我国区域间技术收敛的政策建议。

---

① 中共中央，国务院. 关于建立更加有效的区域协调发展新机制的意见［EB/OL］. http：//www.gov.cn/zhengce/2018-11/29/content_5344537.htm.

② 中共中央，国务院. 关于加快建设全国统一大市场的意见［EB/OL］. http：//www.gov.cn/zhengce/2022-04/10/content_5684385.htm.

③ 科技部等九部门.“十四五”东西部科技合作实施方案［EB/OL］. http：//www.most.gov.cn/xxgk/xinxifenlei/fdzdgknr/fgzc/gfxwj/gfxwj2022/202203/t20220304_179644.html.

第一章　区域间技术收敛实现机制研究框架与理论简述

目前，区域间技术收敛相关研究文献的主要脉络为："经济收敛问题的研究及其技术的影响"—"技术收敛对经济收敛的促进作用"—"技术收敛问题本身的研究"。首先，经济收敛研究中的技术影响。20 世纪 50~80 年代，收敛问题一直是经济增长理论讨论的热点之一。在不考虑技术进步的新古典收敛机制下，如果满足资本边际报酬递减、经济体之间相同的经济系统参数以及稳态值的条件，落后国家将比发达国家具有更高的人均资本增长率，从而实现经济收敛（Solow，1956）。内生增长理论在新古典模型的基础上，通过引入知识、人力资本等技术要素形式，认为具有较高初始产出水平的国家往往也具有较高的知识或人力资本存量，可以提高整个经济体的生产能力，从而具有较高的增长率，经济收敛无法实现（Romer，1986、1990；Lucas，1988）。内生增长模型之所以否定了新古典模型的收敛结论，主要是因为其考虑了技术的作用以及不同经济体之间的技术差异（Bernard and Jones，1996）。在后期的很多实证研究中，尽管存在着结论的差异（刘夏明等，2004），但技术在经济收敛中的重要影响却没有受到质疑。其次，技术收敛促进了经济收敛。在经济收敛实现机制的研究中，创新、技术扩散及其相关研究之所以受到重视，原因在于技术水平差距已经成为决定区域间经济发展差异和赶超过程的关键（傅晓霞和吴利学，2013）。从区域技术基础角度来看，技术吸收能力是驱动经济收敛的重要力量（De Long，1988），而决定技术吸收能力的关键在于经济发展水平、整体教育水平（Baumol，1986）、技术的演进程度（Bernard and Jones，1996）以及技术选择与区域要素禀赋的匹配程度（林毅夫等，2004）等；从创新要素跨区域流动角度来看，知识溢出、技术落后地区的技术引进和人力资本流入都有利于促进地区经济收敛（Costa and Iezzi，2004；李光泗和徐翔，2008；彭国华，2015；张勋和乔坤元，2016）；从生产率角度来看，周卫峰（2005）认为全要素生产率（TFP）和劳均资本的收敛性是导致劳均产出收敛的原因。可见，区域间技术收敛是实现经济收敛的必要条件。最后，技术收敛问题本身的相关研究。区域间技术收敛的实现源于技术落后地区更快的技术进步速度。由于技术表现形式的差异，不同学者从不同的视角进行了研究。在生产率和技术效率收敛方面，Bloom 等（2002）构建了基于 TFP 的技术扩散模型并进行了实证研究，认为各国的 TFP 存在收敛趋势；颜鹏飞和王兵（2004）测度了 1992 年之前中国各省份生产率的收敛性，TFP 增长率的高低顺序表现为西、中、东部地区，呈现收敛趋势；潘雄锋和刘凤朝（2010）研究了我国各地区工业企业技术创新效率的收敛性，认为东、中、西部地区工业企业技术创新效率差异趋于收敛。在创新基础和要素流动方面，Fulvio（2011）利用不同国家的数据进行了实证分析，发现技术要素中的技术基础设施与人力资本在穷国和富国之间经历了一个收敛过程，而创新强度却是两极分化的，这最终导致穷国和富国之间创新差距扩大；阮建青等（2016）则从遗传距离角度探讨了区域间技术差距的原因，认为通过制度安排提高区域间人群交流和融合，能够促进技术扩散，进而缩小技术差距。在技术收敛的类型方面，Bianchi 和 Menegatti（2005）通过一个修正的 β 收敛方程研究了意大利地区间的技术赶超问题；陈向东和王磊（2007）借鉴经济收敛的检验方法研究了中国区域创新的俱乐部收敛特征，发现我国东、中、西部三大地区的“俱乐部收敛”特征并不显著，地区内及地区间的创新差异反而有逐渐扩大的趋势。

从目前的研究来看，区域间技术收敛的研究文献仍然较少且不成体系，而且主要集中于从技术外溢、TFP、创新效率等某一个视角进行实证研究和关系分析。虽然很多学者已经认识到了技术收敛的重要性，并且对中国技术收敛的现状及其对经济收敛的影响等问题进行了研究（张保胜，2016），但是，由于影响因素的复杂性和实证研究结论的多样性，还没有厘清区域间技术收敛的实现机制，同时也没有与实现机制相对应的政策研究。所以，本书基于我国相关政策文件和区域经济协调发展理论，从区域技术创新能力提升角度，提出了区域间技术收敛实现机制的研究框架（见图 1-1）。

在图 1-1 中，区域间技术收敛实现机制主要包括区域创新基础均等化机制、技术互助机制（政府）、技术市场一体化机制（市场）、重大区域发展战略引领下的区域技术合作与对接机制。政策研究主要是保障机制的运行与收敛的实现。具体来说，创新基础均等化机制包括传统基础设施的创新效应、新型基础设施、技术创新的软环境（技术公共服务等）。技术互助机制（提升技术落后地区特别是农村地区的技术创新能力）包括技术扶持与巩固脱贫攻坚成果、城乡融合与创新要素流动、技术扶贫、对口性技术支援（发达地区与欠发达地区之间的对口技术支援）。技术市场一体化机制包括欠发达地区创新集群的要素集聚与扩散、在线学习和创客空间等虚拟组织和平台、产业技术转移和产业技术联盟、金融市场

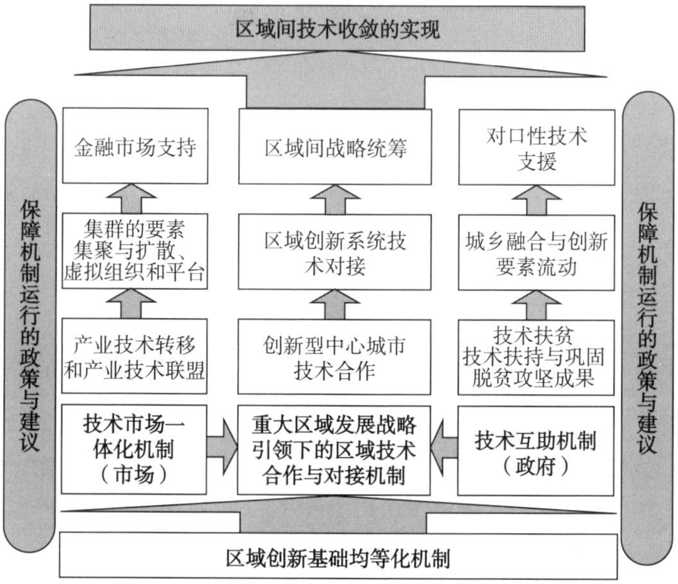

图 1-1　区域间技术收敛实现机制的研究框架

支持。重大区域发展战略引领下的区域技术合作与对接机制包括创新型中心城市技术合作、区域创新系统技术对接、区域间战略统筹。保障机制运行的政策与建议包括：强化创新基础、打造创新环境，促进农村创新要素回流和人力资本培育，探索区域发展战略融合与对接机制，促进技术市场中创新要素集聚与扩散，充分发挥金融发展对创新能力的提升作用，以数字经济与可持续发展为契机探索区域间技术收敛的模式与机制，建立同级行政区域之间政策协调会商机制，构建多层次的科技政策评估体系等。

第一节　包容性、均等化与技术帮扶

从发展经济学角度来看，包容性发展理论是欠发达地区经济发展的基础理论之一。包容性发展既要求公共服务的均等化，也要求基础设施的均等化。在均等化过程中，技术服务和技术基础设施发挥着基础性作用，也是巩固脱贫攻坚成果、实现城乡融合发展的重要抓手。本节从包容性发展、包容性创新理论出发，分析技术服务、技术基础设施建设以及共同富裕之间的理论关系。

一、包容性发展

包容性一般是指个体之间或主体对个体表现出的宽容，包容性会根据不同的语言环境和分析对象进行不同的解释。包容性增长源于21世纪以来发展中国家经济的快速增长和如何解决更为平等地享受经济增长带来的好处等问题。很多经济增长较快的发展中国家的发展战略，已经从原来长期的减贫战略转移到了解决区域间或群体间的不平衡发展问题。2004年9月19日，党的十六届四中全会提出了“构建社会主义和谐社会”的概念，强调了和谐发展。印度经过50年的减贫战略之后，印度计划委员会于2006年提出了促进经济增长并使增长更加包容（Ali and Zhuang，2007）。亚洲开发银行从1996年提出的区域协调增长，到2004年提出的包容性社会发展，再到2006年提出的强化包容性，也进一步印证了发展中国家包容性增长的经济发展背景。2007年，亚洲银行行长委任的由知名人士组成的一个专门小组要求亚洲银行的作用应该从减贫转向包容性增长（ADB，2007；Ali and Zhuang，2007），这也是最早提出包容性增长概念的官方来源。Ali和Zhuang（2007）认为，包容性增长就是具有平等机会的增长，所以实现包容性增长的任务主要聚焦于创造机会并让所有人都能够获得机会。当然，包容性增长关注的不平等问题主要是指背景、环境、制度等外部条件的不平等，如果个体努力程度不同导致的不平等是社会可以接受的，也不是关注的重点。2011年，博鳌亚洲论坛把会议主题确定为“包容性发展：共同议程和全新挑战”，这是从发展经济学角度对包容性增长概念的进一步升级和明确①。与经济增长和经济发展的区别相似，包容性发展除包括包容性经济增长之外，还包括社会发展中的教育、医疗、就业等多个方面。

二、公共服务均等化

无论是包容性增长还是包容性发展，都是基于外部条件的机会不平等而提出来的概念。自我国改革开放以来，与包容性发展紧密相关的就是基于区域和城乡发展不平衡而提出的公共服务均等化，公共服务均等化也是实现中国包容性增长和包容性发展的重要路径②。公共服务是指解决与社区的总体成员有关的特定需求的任何服务（McGregor et al.，1982）。在《中华人民共和国国民经济和社会发

① 亚洲银行提出的包容性增长的概念中也包含了发展内涵，但从经济学的角度来说，经济发展与经济增长是不同的。比如Rauniyar和Kanbur（2010）在对亚洲发展银行进行回顾的时候，并没有明确地区分，认为二者之间的区别并不清晰，同时认为包容性增长也包括了经济、社会、环境和制度维度。

② 纪江明．公共服务均等化是促进包容性增长的现实路径［N］．中国经济时报，2014-01-15.

展第十一个五年规划纲要》中，把公共服务划定为义务教育、公共卫生、社会保障、社会救助、促进就业、减少贫困、防灾减灾、公共安全、公共文化、基础科学与前沿技术以及社会公益性技术研究、国防等领域。在健全区域协调发展互动机制的任务中，明确提出了健全扶持机制，按照公共服务均衡化原则加大对欠发达地区的支持。在公共服务中，我国从“十二五”到“十三五”，专门针对基本公共服务均等化制定了五年规划，并明确了基本公共教育、基本劳动就业创业等八个方面的基本公共服务范围。可见，基本公共服务均等化是指政府一视同仁地为全体公民大致均等化提供并由全体公民大致均等化分享基本公共服务的一种制度安排①。这里均等化的核心是机会的均等化，不是简单的平均化和无差异化②。进入“十四五”时期，我国进一步制定了《“十四五”公共服务规划》，把规划内容从基本公共服务扩展到了普惠性非基本公共服务。

从技术角度来看，在《“十四五”公共服务规划》中，值得关注的是提出了“提高公共服务便利的共享水平”的任务。推动大数据、云计算、人工智能、物联网、区块链等新技术在公共服务中的应用，促进公共服务的数字化转型。也就是说，无论是基本公共服务均等化水平的进一步提升，还是扩大普惠性非基本公共服务供给，都需要在新的信息技术条件下提升传统公共服务的数字化水平。从某种意义上来说，在未来的经济社会发展中，大数据、云计算、人工智能、物联网、区块链技术将成为社会发展中的公共技术产品，是每个地区都需要的技术基础设施。它们不仅可为未来更高品质的基本公共服务提供保障，还能为国家公共技术服务平台、公共技术转移平台提供技术支撑。

三、包容性创新、技术基础设施与服务

（一）包容性创新

根据现有文献，大多数学者认为包容性创新理论源于包容性增长和金字塔底层（Bottom of the Pyramid，BOP）理论。BOP 理论认为生活在经济金字塔底层的群体具有巨大的潜力（Prahalad，2008）。具体可以描述为三个方面：一是私营公司通过开发金字塔底部的市场可以获得可观的利润；二是通过向穷人出售商品有助于消除贫困；三是大型跨国公司应该在这个过程中发挥主导作用（Prahalad，2008）。但是，Karnani（2006，2007）对 BOP 理论提出了批评，认为金字塔底层并没有什么财富，而是海市蜃楼。与其把金字塔底层的穷人视为消费者，不如把他们看作贫困群体，想办法提高他们的收入。

---

① 卢洪友．基本公共服务均等化：理论及其制度路径［N］．中国社会科学报，2012-09-15.

② 参见《国家基本公共服务体系“十二五”规划》。

从包容性增长和BOP理论的文献分析中可以发现，二者的研究视角有很大的差别。包容性增长侧重于给贫困人群以平等的增长机会，也就是要给这个群体创造与非贫困群体相同的或者更好的外部制度和环境条件，提高贫困群体的收入。BOP理论最初关注的是金字塔底层的群体或贫困群体具有的巨大的消费潜力，其侧重点在于公司如何开发这个细分市场来获得利润。所以，二者的区别在于包容性增长关注的是贫困群体本身的发展，而BOP理论关注的是企业如何开发贫困群体的市场。正是这种区别使学者们对包容性创新的定义出现了分化，即基于企业视角和基于贫困群体视角两类定义。

1. 企业视角和贫困群体视角下的包容性创新

基于企业视角的包容性创新的定义源于BOP理论。以Prahalad和Hart（2002）为代表的学者认为，金字塔底层的群体蕴含着巨大的商机，企业应该通过技术创新或商业模式创新满足其潜在的需求，从而获得经济回报。邢小强等（2015）对包容性创新的文献进行了综述，把研究内容归结为四个视角：一是如何利用或构建BOP市场资源能力的战略视角；二是如何为穷人开发与传递新产品或服务的营销视角；三是如何突破企业内部组织障碍的组织视角；四是如何克服BOP市场环境约束的制度视角。这些研究主要是从企业如何进行开发BOP市场的角度进行分析的。

在基于企业视角的包容性创新的定义中，尽管有学者强调了企业的技术创新和商业模式创新在使企业获得商业利益的同时也会提高贫困群体的收入，但这实际上是在强调一个基本的经济学常识——消费拉动经济增长并提高消费者收入。所以，就像BOP理论从提出开始就遭到了Karnani（2006，2007）的批评一样，基于BOP理论的企业视角的包容性创新也存在很多问题。Mortazavi等（2021）通过文献计量方法提取了包容性创新的核心文献，并把这些文献分为五类：作为一种实现负担得起的工具的创新、作为一种实现包容性的重要工具的创新、通过创新建立能力和社会赋权、与社会赋权相关的创新限制、作为一种包容性系统的创新（见表1-1）。

表1-1　五类包容性创新文献的解释

序号	文献类型	解释
1	作为一种实现负担得起的工具的创新	跨国公司在该地区的存在、组织在市场上的经验水平，以及在市场上的有效伙伴关系，都是影响公司提供贫困群体可负担得起的创新产品的因素
2	作为一种实现包容性的重要工具的创新	通过使用市场适应战略、作为克服市场不平等的促进者，以及最后提供一个了解市场供应和需求的迭代过程，可以实现包容性创新

续表

序号	文献类型	解释
3	通过创新建立能力和社会赋权	通过社区增长计划、支持当地企业家和提高该地区的创新能力来促进能力建设
4	与社会赋权相关的创新限制	创新的制约因素主要是围绕着资金限制、体制空虚以及跨国企业缺乏在发展中国家经营的意愿和动力而演变的
5	作为一种包容性系统的创新	创新是通过让当地人参与到生产本地化的过程中来实现的。然而，需要一揽子财政支持来帮助当地人

资料来源：Mortazavi 等（2021）。

从表 1-1 中可以看出，第一种和第二种文献类型都是基于企业视角的包容性创新，强调企业生产贫困群体可负担得起的创新产品以及适应贫困群体这个特殊市场并了解市场需求。第三种和第五种文献类型都是基于贫困群体视角的包容性创新，主要目的是支持当地企业家和增强该地区的创新能力，或者是让当地受教育水平较低的人群参与到创新产品的生产过程之中，在本地形成一个包容性创新系统。第四种文献并没有解释包容性创新的基本内涵，而是分析了在贫困群体中实现创新的制约因素。

2. 区域技术收敛视角下的包容性创新

由于区域间技术收敛是关注欠发达地区技术创新能力的提升从而实现区域间技术水平的协调发展，所以基于贫困群体视角的包容性创新是本书的研究内容之一。也就是说，要实现包容性增长，最根本的问题是让欠发达地区具有增长的动力和潜力，让技术水平低的人群具有适应社会和自我发展的能力。针对我国现实区域创新能力问题，邹秀萍等（2013）通过构建区域包容性创新能力评价指标体系，评价了 2008~2010 年我国 31 个省份（不包含香港、澳门、台湾地区）的包容性创新能力，发现从东部地区到西部地区呈现明显的梯度差异，东部地区包容性创新能力明显较高。高太山等（2014）通过构建包容性创新能力指标体系，评价了 2008~2011 年我国 31 个省份（不包含香港、澳门、台湾地区）的包容性创新绩效，其结论与邹秀萍等（2013）的结论基本相同。赵武等（2015）通过构建包容性创新指标分析了陕西省 10 个地市的包容性创新能力，也发现存在着较大的梯度差异，这种差异与地区收入差距和地区开放度有关。人均 GDP 较低的地区由于收入差距较大，地区包容性创新能力也较低。

可见，我国区域间包容性创新能力的不平衡分布说明了西部地区在创新主体、创新环境、创新支撑条件和创新产出等方面均落后于中部地区，而中部地区落后于东部地区。这进一步说明了在中西部地区开展包容性创新的重要性。实际上，为了解决这个问题，从 2013 年 11 月 3 日习近平总书记首次提出“精准扶贫”的理念以来（房琳琳和俞慧友，2021），基于包容性发展的共同富裕理论在我国一系列发展思想、发展理念和发展战略中得到了丰富和发展。

（二）技术基础设施与服务

不管是高质量基本公共服务的保障，还是包容性创新中欠发达地区创新能力的提升，都离不开区域技术基础设施的建设。吴建南和李怀祖（1999）对技术基础设施的文献进行综述，认为技术基础设施的开创性研究表现在三个方面：一是基于企业技术战略背景的研究，强调了技术基础设施在连接技术生产者和技术使用者之间的重要性；二是基于技术构成观点的研究，认为技术基础设施表现为共性技术、基础技术等方面，是竞争企业共同使用的产业技术的组成部分；三是基于结构主义观点的研究，把技术基础设施看成在经济增长中发挥作用的重要组成部分，与传统基础设施、人力资本基础设施和制度基础设施的作用相似。王鹏和王灿华（2014）在分析技术基础设施对区域创新的影响时，把技术基础设施指标设定为互联网用户的接入情况、移动电话和固定电话用户比例、人均电力消费等。可见，技术基础设施是企业技术创新、人民生活高质量发展和经济增长基础的技术支撑，它具有公共产品属性。另外，在技术服务中，具有公共产品属性的就是产业公共技术服务平台，为某一个产业提供共性技术研发和服务。由政府提供的科学技术普及、技术咨询、技术培训等也具有公共产品特性，类似于技术基础设施。所以，区域间技术基础设施和技术公共服务的均等化，对于促进区域技术协调发展乃至经济发展具有重要的意义。

四、共同富裕与科技扶贫

共同富裕是社会主义的本质要求，是中国特色社会主义现代化建设的根本奋斗目标。党的十八大以来，共同富裕理论在精准扶贫和乡村振兴、新发展理念、我国社会的主要矛盾、高质量发展等推动中国经济和社会发展提出的一系列新理念、新思想和新战略中不断深化，成为新时代中国特色社会主义理论体系的重要组成部分。

2015 年 11 月 28 日，习近平总书记在中央扶贫开发工作会议上强调，“消除贫困、改善民生、逐步实现共同富裕，是社会主义的本质要求，是中国共产党的重要使命”①。把共同富裕与精准扶贫、乡村振兴结合起来，是解决城乡发展不平衡的基本遵循。党的十八届五中全会提出的“创新、协调、绿色、开放、共

① http://www.xinhuanet.com/politics/2015-11/28/c_1117292150.htm?msclkid=378b5442ceb911ecad98673444fe6be7。

享”发展理念，特别是共享理念中的全民共享、全面共享、共建共享和渐进共享，进一步阐释了共同富裕的思想，它与创新、协调、绿色和开放理念一起，为共同富裕提供了思想引领。党的十九大报告对新时代社会主要矛盾进行了阐释，人民日益增长的美好生活需要和不平衡不充分发展之间的矛盾的解决成为实现共同富裕的必然要求。2021 年 8 月 17 日，中央财经委员会第十次会议研究了在高质量发展中促进共同富裕的重大议题，指出了高质量发展中促进共同富裕的基本路径（王婷和苏兆霖，2021；侯晓东等，2022）。从区域协调发展角度来看，精准扶贫和乡村振兴中需要解决的问题之一就是城乡协调发展问题，新发展理念中的“协调”理念可以用于指导区域之间的协调发展，新的社会主要矛盾中的“不平衡”也包含了区域间发展的不平衡。可见，党的十八大后一系列新思想、新理念和新战略不仅丰富了共同富裕思想的内涵，同时也深化了共同富裕理论与区域协调发展理论之间的关系。

与包容性创新在实现包容性增长中发挥的作用一样，创新仍然是实现包容性发展和共同富裕的重要工具。李民圣（2019）认为，当前制约新时代我国经济发展的主要问题有两个：一个是创新，另一个是共同富裕。创新解决了高质量发展问题，实现由“做大蛋糕”到“做好蛋糕”。共同富裕解决公平问题，实现在“做好蛋糕”基础上的“分好蛋糕”。实际上，创新和共同富裕问题也是紧密相关的。陈劲等（2022）认为，不论是从共同富裕的内涵还是实现机理来看，科技创新嵌套于整个共同富裕实现的进程并且对共同富裕的实现发挥着支撑作用。对于包容性创新，吉瑞（2022）认为包容性创新包括三个层面的内涵：支撑弱势群体生活需求的创新、提高弱势群体自身创新能力的创新以及创新本身的可持续性。同时他认为要实现共同富裕，需要在包容性创新理念宣传、包容性创新环境构建、包容性创新过程中政府作用的发挥、包容性创新成果的需求拉动等方面下功夫。

可见“包容性创新”的概念与我国 2020 年前开展的精准扶贫中的科技扶贫有相似之处。简单地说，科技扶贫就是依靠科学技术使贫困地区摆脱贫困的过程。根据张峭和徐磊（2007）的研究，科技扶贫分为科技供给主导和科技需求主导两种模式。科技供给主导型模式包括科技网络推广模式、区域支柱产业开发带动模式和易地科技开发模式。科技需求主导型模式包括龙头企业扶持模式、专业技术协会服务模式和小额信贷扶持模式。2007 年 5 月，《中国科技论坛》杂志针对新时期科技扶贫的战略选择组织了专家笔谈，杨起全等（2007）认为，首先，科技扶贫不仅要关注经济问题，还要关注文化和环境，从打造社会主义新农村角度思考科技扶贫。其次，对于科技扶贫的可持续问题，应该从组织形式、多元合作的扶贫机制以及扶贫资金的使用模式等方面建立可持续的扶贫制度框架。再次，农业科技成果应用到生产一线并转化为现实生产力的最有效方式就是农业技术转移。又次，科技扶贫项目是科技扶贫的亮点，是发展现代农业的重要载体。扶贫项目选择过程中要考虑符合地区产业发展需求、遵循项目实施规律以及有利于提高县域科技能力，科技扶贫项目的组织和实施应该在加强管理、完善机构、组织协调、示范引导等方面下功夫。最后，科技扶贫的重点能力的建设和培养包括科技创新能力和重点人群的致富能力、产业的开发和环境（主要是指创新环境的营造）。乌兰和李沃源（2020）通过构建和研究科技扶贫系统模型发现，科技扶贫是在政策、信息技术、人力资源和金融等环境保障，政府、科技组织、高校和企业等主体参与，政策、技术、资金和人才支持等方面的综合作用下，对贫困人口进行精准识别、精准帮扶和精准管理，以达到提高贫困人口素质和可持续发展目标的动态平衡系统。

五、技术帮扶、包容性发展与技术收敛

2020 年，我国脱贫攻坚取得了全面胜利，区域性整体贫困得到了解决，创造了彪炳史册的人间奇迹[①]。同时，我们也应该看到，脱贫不等于实现了城乡协调，不等于消除了城乡差距。强化农村地区的发展潜力、实现城乡融合发展，是未来很长一段时期的发展目标。所以，加强农村地区的技术帮扶、改善农村技术基础设施、实现创新要素从城镇向农村流动，是实现城乡一体化和区域间技术协调发展的关键。

从上述理论文献分析可以看出，科技扶贫的实现需要技术基础设施保障、外部供给方的多元主体和内部需求方的深度参与，才能最终实现提升落后地区技术创新能力的目标。在上述包容性创新的文献分析中，涉及企业的创新产品供给、本地的包容性创新系统形成以及外部制约因素等方面。可见，二者之间的分析内容和目标具有相似性，我们可以看成科技扶贫理论与包容性创新理论的融合对城乡技术协调发展的影响。具体框架如图 1-2 所示。

要实现包容性发展和共同富裕，需要发挥科技创新的作用，在良好的技术基础设施等创新环境下，通过政府、科研部门和高校、企业、地方贫困群体等创新主体的参与，在创新供给和创新需求的融合下，实现区域间技术协调发展，最终促进包容性发展和实现共同富裕。

---

① https：//baijiahao. baidu. com/s？ id=1699426930584032855&wfr=spider&for=pc。

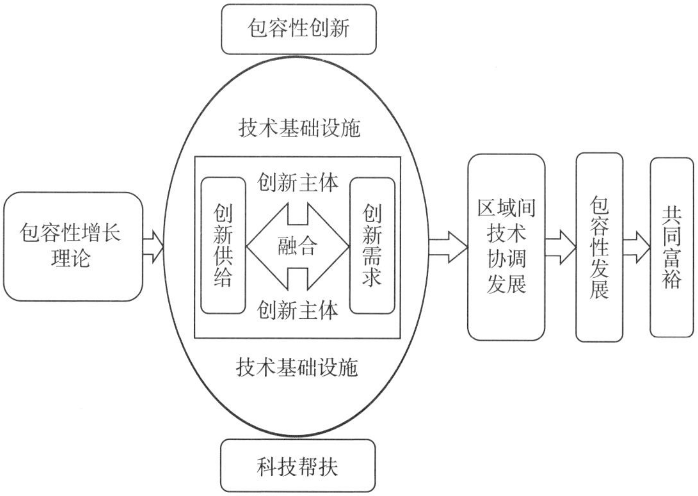

图 1-2　从包容性增长到共同富裕框架

第二节　创新网络与区域技术合作

一、创新网络概述

（一）区域创新网络

区域创新网络是指一定地域范围内，各区域行为主体在协同创新过程中，共同建立起的多种比较稳定的能够促进创新的关系总和，包括正式和非正式的关系（盖文启，2002）。区域创新网络最早出现在澳大利亚、德国及北欧国家，是创新与合作的结果，被认为是较为成功的区域创新网络。在区域创新网络中，除了作为技术创新主体的企业，配套的技术基础设施和服务机构也发挥着重要的作用。所以，创新网络中的企业和组织会有意识地参与该地区的公共基础设施建设来强化其在网络中的优势，如兴建职业培训机构和区域性研发机构、鼓励民间团体的企业创新行为等，通过增强区域整体创新能力，抵消区域企业集群存在的技术锁定问题。

（二）区域创新网络特征

区域创新网络的特征主要有五个方面：第一，一定的区域性，具备地域空间和开放边界；第二，创新主体的多元性，包括生产企业、高等院校、研究机构、地方政府和民间组织；第三，具备社会网络结构，不同创新主体之间存在社会交互作用；第四，强调制度因素和治理安排对创新的形成和扩散的重要性；第五，鼓励充分利用区域范围内的社会关系、有效资源和交互作用等增强区域创新能力和竞争力。

（三）区域创新网络实现机制

区域创新网络的实现机制主要包括四个方面：知识生产、互动学习、邻近性和社会嵌入性。这四个方面是区域创新网络的重要组成部分，也是区域创新网络有别于其他网络的本质特征（毛艳华，2007）。

第一，知识生产是知识流动和整合的溢出效应，包括驱动效应、模仿效应和创新效应，可以推动知识共享，有利于促进创新主体之间形成高度的信任关系。第二，互动学习是指网络各个主体之间在参与创新过程中进行互动学习和互相分享，有助于增进互动进步，进而促进创新。第三，邻近性可以解释为什么集群能够更好地促进创新。Gertler 等（2000）认为，邻近性在三个方面影响区域创新网络：一是邻近性通过空间聚集提升了交流速度且降低了学习成本，高度的空间集聚随着资源使用和内部学习互动，有利于产生大量的输入和输出；二是邻近性有利于降低交易成本，地理空间上的邻近提高了交流速度，同时降低了交易成本，减少了知识和信息交流的成本；三是邻近性与社会和文化密切相连，促使区域内各行为主体之间的文化认同和提高信任度。第四，社会嵌入性与知识交流紧密相连，是区域创新网络的社会文化语境，可以促进创新主体产生共同的产业认同以促进发展。诺斯（2014）认为，制度已经嵌入社会和经济生活的各个方面，在降低不确定性风险方面起着关键作用。

二、跨区域创新网络的技术合作

（一）技术合作的主要优势

不同区域之间创新网络技术合作的主要优势包括：①基于资源共享的协同效应。②网络之间企业的相互协作促进了网络内部合作的升级，进一步提高了企业的盈利能力。③知识、信息、技术和品牌形象等的资源共享，可以促进区域竞争活力、提升创新水平。④区域内的大型企业联合合作，可以充分发挥技术和管理创新的优势，促进整个区域技术和管理的进步，达成共赢。

（二）技术合作的主要障碍

跨区域创新网络的技术合作也有一些障碍，主要表现在：①行政区划体制下各地区各自为政，地区之间合作缺乏激励。产业同构越发严重，恶性竞争问题长期存在。②产业在空间上的分散状态制约了产业创新。同一产业企业间关联较小，企业之间关联度与黏合性不足，产业链上下游关联度较低，不利于企业核心技术与自主品牌的形成，以及产业升级与产业链向“微笑曲线”两端的攀升。③缺乏跨区域公共服务平台、技术创新平台和技术信息资源共享的基础设施。

（三）技术合作的运行机制

跨区域创新网络的技术合作可以通过技术联盟机制、国内产业价值链和全球价值链协同嵌入，实现区域经济一体化。技术合作需要构建完善的技术合作运行机制，突破行政区划限制，将空间上分散的和不同产业链环节上的优势整合起来，形成规模、集群优势，以及良性合作机制。

（1）建立跨区域技术联盟机制。区域产业的集聚离不开产业技术的合作，公司需要通过某些互补性技术来弥补自身技术上的短板，发挥整体优势。跨区域技术联盟可以促进跨区域技术合作。技术联盟机制包括厂商间合作和产学研合作。产学研有多种形式，如项目开发型、市场研究型、技术咨询型等产学研战略联盟等，但无论是什么类型的联盟，激励约束性的基础制度都是至关重要的。只有这样，才能达到技术联盟共享、产权保护的效果，培育技术开发人才，规范资金投入风险，提高信息交流反馈，巩固成本分担与成果分享。

（2）融入国内价值链和全球价值链的产业协作机制。不同区域具有自己在要素禀赋和技术方面的比较优势，通过不同产业的技术合作，强化彼此的竞争优势，提升参与国内价值链和全球价值分工的竞争力，依托整体优势嵌入全球价值链。中国经济发展离不开对外开放，区域产业的发展更是要逐步实现对外开放，通过充分发挥区域创新禀赋优势，通过嵌入价值链，把比较优势转化为竞争优势。依托产业技术合作，提升产业整体的竞争力，让全球市场成为产业发展的新动能。

（四）技术合作的模式

技术合作的模式有多种，发挥的作用各有侧重。例如，在突破地域界限上有独特优势的产业链纵向型合作模式，在发挥技术共享、资源共享等方面有重要促进作用的协同型合作模式，能够引领周边配套企业一同发展的龙头企业带动型合作模式，能够让产品相互补充的异构互补型合作模式等。

（1）产业链纵向型合作模式。由于客观存在的专业分工，产业链上下游企业往往分布在不同的区域，因此，基于产业链的技术合作应运而生。产业链的技术合作，使合作更加广泛，同时深化不同地域之间同质企业和产业间的社会分工，专业化与竞争优势更为突出。与此同时，进一步推进了产业结构的复杂化与高级化。

（2）协同型合作模式。协同型合作模式也称资源共享型合作模式，该模式具有较为共性的技术条件，是在面对相同市场时实施联合而形成的伙伴关系。在共享要素资源的基础上，企业与企业之间容易形成较广泛的认可规则，进一步促进了集群间的相互合作。该模式能够采取共同研发、合作培训、统筹服务等方式，不断创新技术开发，利用有效的人力资源，促进集群共同进步，提升整体竞争力。具体而言，一是如果企业研发资金有限，或者研究资源分散，则可以通过共建技术研发合作的方式进行解决，还能促使本产业共享新技术和新知识；二是发展专业市场和展会成为连接生产厂家与买家的纽带，带动不同市场产业集群企业参与其中，有助于整合资源，避免产品同构化和恶性竞争；三是提升人力资源素质，充分的合作可以造就大量熟练的劳动者，这些劳动者在不同地域、企业间流动，最终实现人力资源的共享。

（3）龙头企业带动型合作模式。这种模式主要以龙头企业为核心，与周边配套企业形成网络式的稳定的合作关系。这种模式中的龙头企业逐步放弃一些技术含量低、生产量相对较小的生产环节，让区域外部的配套企业提供服务，而自身则主要集中在技术研发、关键零部件制造和市场开发上，相互之间通过这样的细化分工而建立密切的业务合作关系。比如华为公司的总部位于深圳，主要辅助行政、研发和销售等关键环节；生产环节则放到东莞，用来集聚有关配套的生产企业；而位于硅谷、上海和南京等地的多个研发中心帮助华为整合了研发资源。

（4）异构互补型合作模式。在区域产业布局规划的过程中，必然伴随着产业梯度转移，形成了异构互补型合作模式。该模式主要是运用跨区域产业产品发展的差异，产生产业优势互补的动力，在共享网络资源合作过程中引发集群间的优势互补，以期达到共赢。企业间的合作模式的种类较多，有的采取正式的经济合同和战略联盟，有的通过非正式的交流沟通，这些企业既平等合作又互相竞争。异构互补型合作模式需要上级政府的高效介入，这主要是因为不同地区是不同的行政主体，在利益分享机制上会更多地为自身考虑，而不是从区域协调发展的大局出发。上级政府作为协调的主体，主要是从宏观上把握合作的必要性、合作模式以及合作方案的可行性。通过科学的产业体系规划和资源互补性分析，努力促进信息流通，明确区域职责分工，推动下一级政府部门的联合作战，凸显出整合产业后的综合竞争优势，提升集聚而产生的综合效益。如广东省政府实施“双向转移”战略，不断促进珠江三角洲地区与粤西北地区的产业互补，在粤西北地区兴建了大量的产业转移园区来承接珠江三角洲地区的产业转移，实现了有序对接和协同发展。

三、创新网络与区域间技术收敛

区域间技术收敛在本质上是实现区域之间技术能力的趋同、区域间技术差距由大变小直到消除的过程。创新网络需要不同区域的政府部门、同质企业、研究机构和服务机构等开展跨区域合作，合作的最终结果会促进技术落后地区与技术先进地区之间的技术要素流动和知识外溢，促进地区技术创新能力的提升。

一般来说，当技术落后地区和技术先进地区共同位于一个创新网络时，地区间的互动与合作对技术落后地区的技术具有促进作用，但前提是技术落后地区具有一定的技术形成条件。除了区域内部的技术生产与转化，区域创新网络之间通过互补与竞争关系进行技术要素的流动以及开放式技术吸收，进而使技术落后地区的技术水平得到提升，缩小区域间技术差距（见图 1-3）。

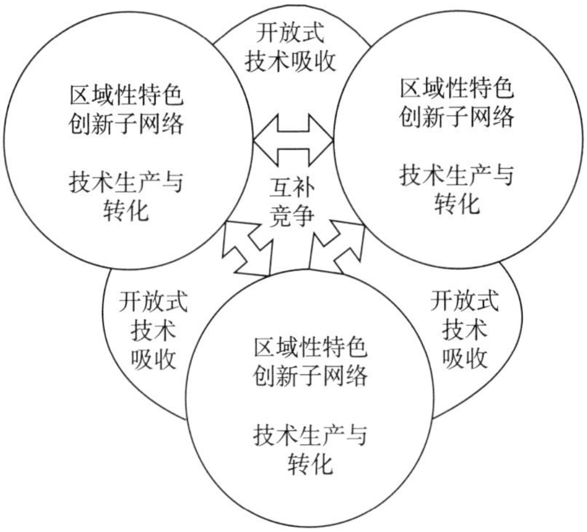

图 1-3 创新网络之间的开放式技术合作

第三节 技术市场一体化与区域创新能力提升

2020 年 3 月，《中共中央 国务院关于构建更加完善的要素市场化配置体制机制的意见》指出，要深化要素市场化配置改革，并从土地要素市场化配置、劳动力要素合理畅通有序流动、资本要素市场化配置、加快发展技术要素市场、加快培育数据要素市场、加快要素价格市场化改革等方面提出了要求。其中，劳动力要素中的人力资本要素流动，资本要素市场中的科创板、创业板等股票市场的建设，技术要素市场中的技术合作和技术转移等，对促进区域间技术协调发展具有重要的现实意义。2020 年 4 月 10 日，习近平总书记在中央财经委员会第七次会议上首次提出了要构建以国内大循环为主体、国内国际双循环相互促进的新发展格局。在国家“十四五”规划中，“加快构建以国内大循环为主体、国内国际双循环相互促进的新发展格局”被列入了这个时期经济社会发展的指导思想和战略导向。在畅通国内大循环方面，进一步从要素顺畅流动和畅通商品服务流通渠道两个方面提出了破除要素流动堵点和矫正资源要素失衡错配，以及畅通商品服务流通渠道、提升流通效率、降低交易成本的要求。2022 年 4 月，《中共中央国务院关于加快建设全国统一大市场的意见》把“立足内需，畅通循环”作为应该遵循的基本原则之一。在主要目标中，提出了“破除妨碍各种生产要素市场化配置和商品服务流通的体制机制障碍”“通过市场需求引导创新资源有效配置，促进创新要素有序流动和合理配置”。以上内容，是通过创新要素市场的发展促进我国区域间技术收敛的制度基础。本节首先从一般意义上分析了市场一体化的基本内涵和经济学解释；其次对中国市场一体化的影响因素、效应、测度方法、实现手段等方面的研究进行了综述；最后基于创新要素市场与技术创新的关系给出了市场一体化框架下的技术收敛思路。

一、一体化、经济一体化和市场一体化

所谓一体化，就是将各个部分整合成一个整体。从经济学角度而言，宏观领域的一体化是指国家或地区之间一体化，也就是所谓的经济一体化。经济一体化没有一个统一的概念，Balassa（1994）建议将经济一体化看成一个过程，也就是废除不同经济单位之间歧视的措施。也可以看成国家之间没有各种形式歧视的状态。经济一体化的形式包括自由贸易区、关税同盟、共同市场、经济联盟和完全经济一体化。自由贸易区仅仅致力于成员国之间取消关税，关税同盟则在自由贸易区的基础上缔结了对外的共同关税。共同市场在关税同盟的基础上实现了关税、贸易和市场的一体化。经济联盟是在共同市场的基础上，协调甚至统一成员国之间的货币和财政政策，在对外立场、货币制度、银行机构等方面实现全面的一体化。在一个国家或地区内部，从属性上来看已经完全超越了上述经济一体化中的经济联盟，但由于国家内部也存在着行政区划等其他经济属性差异，所以需要致力于商品、服务和生产要素在国家或区域内部的自由流动，这就是市场一体化。从微观角度来说，经济一体化侧重于企业的一体化行为，主要是指纵向一体化和横向一体化。

可见，经济一体化行为是一个国际贸易概念，市场一体化和企业的一体化行为是一个市场概念，市场机制在其中发挥着重要的作用。在自由市场条件下，市场一体化过程和企业的一体化行为是市场机制作用下的一个自动形成过程，政府仅仅关注商品、服务和生产要素流动过程中是否违反相关法规，企业的一体化行为是否存在不正当竞争等。但是，从计划经济向市场经济转换角度来看，市场一体化过程更多地表现为改变传统的市场分割现象，消除导致市场分割的政府和非

政府因素。

二、市场一体化的经济学解释：专业化分工、规模效应和竞争效应

专业化分工和市场交易相关理论可以用于解释市场一体化的意义。无论是在社会学中还是经济学中，专业化分工都是一个非常重要的概念。亚当·斯密在《国富论》中把专业化分工作为国民财富产生的原因。同时，亚当·斯密还进一步指出了专业化分工受市场范围的限制。也就是说，市场范围越大，社会分工的精细程度就越高。进一步地，社会分工越细，规模经济也就越显著，生产效率也就越高（唐为，2021）。Young（1928）通过解释市场规模的扩大对专业化分工的促进作用，进一步说明了市场一体化的意义。他在此基础上进一步指出经济是一个报酬递增的不断演化过程，市场范围的扩大促进了社会分工，社会分工的精细化又促进了市场范围的扩大，这种社会分工和市场范围之间的相互作用促进了报酬递增。Duranton 和 Jayet（2011）通过法国的城市数据，也进一步验证了亚当·斯密的“市场范围”假说。

根据亚当·斯密的“市场范围”假说，市场一体化存在着规模效应和需求效应。所谓规模效应，是指单个市场的较小市场范围无法实现更细的专业化分工，必须通过市场一体化实现市场规模的扩大，才会有更多的企业（人）参与专业化分工，使分工更细，生产效率会更高。规模扩大除了使分工更细，还会进一步促进技术创新。实际上，内生增长理论也正是在不完全竞争假设下把市场规模与技术进步结合起来，突破了新古典增长理论的规模报酬不变和外生技术的局限性。所谓需求效应，是指市场一体化打通了运输通道，扩大了企业的市场范围，增加了产品需求，进一步促进了专业化分工。除了上述效应，市场一体化还加剧了企业之间的竞争程度，存在着竞争效应。激烈的竞争促使企业进行技术创新，提高了企业的生产率（Jensen and Miller，2018；Desmet and Parente，2010）。另外，市场一体化还会强化市场的资源配置作用，促进市场的优胜劣汰，使生产要素流向高效率和高效益的企业。总之，经济发展的过程也是一个技术从低水平向高水平推进的过程，市场规模因素发挥着重要的作用（Rosenstein-Rodan，1943；Murphy et al.，1989；唐为，2021）。

三、中国市场一体化影响因素、现状及其效应

中国市场一体化的研究背景主要源于对中国区域间市场分割的关注和测度（白重恩等，2004），以及对市场分割原因和机制的研究。也就是说，市场一体化是打破并消除传统的地区市场分割从而建设全国统一大市场的过程（徐现祥和李郇，2005）。中国地方政府具有一定税收权力和支出责任范围，并能够自主决定

预算支出规模与结构的财政分权制度，被认为是市场分割的主要原因之一（沈立人和戴园晨，1990）。行政性分权和政府间竞争使地方政府往往借助对当地经济的信息优势（Hayek，1945），产生地方保护（Young，2000），刺激当地经济的发展，导致区域经济发展不协调（Lipscomb and Mobarak，2017）。还有一些学者关注到了地区利益分配、国有企业比重、历史原因导致的工业布局差异以及对外开放等原因（陈甬军和丛子薇，2017；银温泉和才婉茹，2001）。改革开放以来，以财政包干、地方国有企业为基本特征的行政性分权、历史原因导致的工业布局地区差异、行政区划下的地方领导业绩评价等，都是导致地方市场分割的原因。另外，陈红霞和席强敏（2016）分析了1994~2012年京津冀城市劳动力市场一体化的影响因素，发现城市间经济发展水平、使用外资规模、教育支出占比以及科技支出占比等方面的差异越大，城市间劳动力市场一体化程度就越低。范子英和周小昶（2022）通过微观上市公司数据，分析了所得税分享改革对资本要素市场一体化的影响。特别是在当前地方政府基于财政收入目的限制资源的跨地区流动的情况下，这项研究具有现实意义。研究发现，所得税分享改革以后，以地方国有企业为代表的企业异地投资显著增加，促进了国有资本的跨地区流动。

从市场一体化的现状来看，中国总体市场分割程度是下降的（甘清华和陈淑梅，2021），但研究对象和研究方法不同，具体结论存在着差异。苏剑等（2021）认为，从市场分割角度来看，中国整体区域市场分割程度在2004~2018年呈现下降趋势，主要是由于商品市场一体化趋势加强，要素市场一体化进程相对落后导致的。甘清华和陈淑梅（2021）认为，市场一体化在产业结构升级的中介效应下能够显著促进区域经济增长，但存在着空间异质性，对经济增长的影响效应从大到小分别为西部、中部和东部地区。也就是说，对于欠发达的西部地区来说，市场一体化的经济效应是最高的，这凸显了市场一体化对区域协调发展的促进作用。唐为（2021）基于Hsieh-Klenow的模型和微观企业数据研究了要素市场一体化问题，发现我国要素市场一体化整体水平不断提高，但中部、西部地区城市群与东部地区城市群相比要素市场一体化水平较低，认为以城市群建设为重点，促进生产要素自主有序流动，是我国要素市场一体化改革的关键。孙元元和张建清（2017）通过构建新经济地理模型框架并进行实证检验得出了新的结论，即市场一体化促进了产业向市场规模较大的地区集聚，从而扩大了区域间技术外部性差异，最终导致区域间生产率差距拉大。

市场一体化的效应除了上述经济学解释中的规模效应、需求效应和竞争效应以外，国内学者结合中国市场分割的现实背景和区域性数据资料，给出了市场一体化对经济社会发展的影响。首先，在促进经济增长方面，郭鹏飞和胡歆韵

（2021）认为，市场一体化在基础设施促进区域经济增长中的中介效应显著，特别是在网络基础设施①促进区域经济增长中的中介效应更为明显。吴群锋等（2021）研究了国内市场一体化对外向型经济的影响，发现交通基础设施建设导致的市场一体化会降低行业生产率出口门槛，促进出口市场的扩张，特别是对于地区发展潜力较大的企业或行业的促进作用更大。其次，在技术溢出方面，市场一体化对打破行政边界、促进要素流动、知识溢出和技术扩散具有推动作用。黎文勇和杨上广（2019）认为，市场一体化对经济发展质量的影响包括市场规模效应和竞争效应，这两种效应有助于促进要素的跨地区流动、知识溢出和技术扩散，推动技术创新和结构升级。强永昌和杨航英（2021）认为，市场一体化对城市创新具有抑制效应和促进效应。抑制效应表现为市场进入壁垒降低导致的本地企业创新资金的耗散、本地受保护创新企业获得资金的减少等；促进效应表现为进入异地市场企业的规模经济和创新激励、异地企业的技术外溢效应以及市场竞争加剧的技术创新效应等。通过对长三角 41 个城市的实证研究发现，只有当市场化水平达到一定程度时，市场一体化的创新促进效应才会大于创新抑制效应。孙久文和李恒森（2017）认为，区域市场一体化的意义在于打破行政边界，促进要素流动，促进市场规模扩大，深化专业化分工，促进空间溢出效应、关联效应和反馈效应的发挥。

四、市场一体化的测度方法与实现手段

市场一体化的测度方法包括贸易流量法、生产法、相对价格法、地区间误配程度法等。贸易流量法主要是测度不同地区之间的贸易流量，这种方法的数据容易获得，但是贸易流量的大小除了受市场一体化程度的影响，还会受到地区经济规模、要素禀赋、地区间产品替代弹性、交通便利程度等因素的影响，导致该指标对市场一体化测度的不准确。生产法主要是利用投入产出表，根据产出结构和生产效率等方法测度区域间市场一体化程度，这种方法反映了区域间商品的投入产出关系，但没有一个一致性测度指标，其可比性会受到很大影响。相对价格法是利用价格信号的空间传递机制，考察区域间商品价格的差异情况。相对价格越小，说明一体化程度越高。该方法是基于消费价格数据，数据获取相对容易。地区间误配程度法是基于市场分割导致的生产要素跨地区流动障碍和资源空间配置低效率而构建的一种测度方法。

为了促进中国区域市场一体化，建设全国统一大市场，学者们给出了以下建

① 基础设施分为点基础设施和网络基础设施。点基础设施是指地方性基础设施，包括市政、科教文卫，属于点状而非线性或网络结构；网络基础设施是指能够实现生产要素流动的能源、交通和通信设施。

议：首先，在降低商品市场分割方面，通过完善交通基础设施，打造互联互通的交通网络，组建大型物流集团，建设区域性公共物流信息平台，降低流通成本，提高流通效率。其次，在要素市场特别是劳动力市场一体化方面，建立国内城市联盟，促进跨区域合作，打造经济、技术、人才合作载体。深化户籍制度改革和社会保障制度改革，促进人力资本跨区域有序流动。充分发挥数据的价值，促进数据的跨区域、分布式生产和运营（苏剑等，2021）。最后，适当的政府公共政策干预是促进市场一体化的关键。陈甬军和丛子薇（2017）研究发现，适度的政府公共支出等政府干预措施能够在一定程度上促进市场一体化，但需要警惕“过犹不及”。

五、创新要素市场发展与技术创新

根据上述分析，市场一体化对于促进区域协调发展具有重要意义，在一体化推进过程中，要素市场的一体化具有基础性地位（夏立军等，2011）。特别是人力资本、技术、资本等创新要素市场的发展以及跨区域流动在区域间技术收敛中发挥着重要作用。

（一）技术市场

技术市场是指使用或创造技术的交易，它既包括完整的技术包[①]和基本专利的许可，也包括涉及未获得专利但体现在设计、软件或技术服务等人工制品中的知识的交易（Arora and Gambardella，2010）。如果把技术分为现有技术和将来技术，将技术交易分为横向交易和纵向交易的话，技术市场可以分为现有技术的横向交易（如同行业技术授权）、现有技术的纵向交易（如知识产权的授权）、将来技术的横向交易（同行业的研发合作）和将来技术的纵向交易（研发协议、技术联盟）四种类型。

“技术市场”的概念于 1985 年 1 月在《国务院关于技术转让的暂行规定》中提出。同年 3 月，《中共中央关于科学技术体制改革的决定》发布，进一步提出了“开放技术市场，实行科技成果商品化”，从制度层面对技术市场进行了规范（关延鑫等，2021）。按照中国科技统计数据，技术市场统计主要依据的是技术合同，主要分为技术开发（委托开发和合作开发）、技术转让（技术秘密、专利、软件著作权、设计专有权、设计著作权、植物或药品新品种权等）、技术咨询和技术服务（技术中介和技术培训等）。技术市场参与主体主要包括政府部门、事业单位（科研机构、高校、医疗卫生机构等）、社会组织、企业、自然人及其他组织。可见，中国的技术市场并没有明确区分是纵向交易还是横向交易，

① 技术包是指包括专利和其他知识产权，以及专有技术和服务等整套技术及服务。

但从现有技术和将来技术的角度来看，技术开发主要侧重于将来技术，技术转让主要侧重于现有技术，技术咨询和技术服务则是综合性的活动。

国内关于技术市场的研究主要有两个方面：一是技术市场发展程度的测度；二是技术市场发展对区域技术创新能力的影响。关于技术市场发展对创新能力的影响，大多数学者的研究结论基本相似，也就是技术市场的发展规模显著促进了区域科技创新水平的提升（周俊亭等，2021；赵志娟和李建琴，2015），对技术创新效率具有正向影响（俞立平等，2021）。从技术市场发展程度的角度来看，研究结论也基本相似，主要表现为技术市场落后、区域发展不均衡、以发达地区为中心的集聚等特征。张林和莫彩玲（2020）从“点—线—面”的角度研究了2003～2017年我国技术市场的时空演变，认为我国技术市场的空间联系程度总体水平较低，大部分地区的技术市场属于落后型技术市场，而且技术市场的中心腹地连片化趋势显著。刘凤朝和马荣康（2013）运用2006～2010年省际技术成交合同数据，分析了区域间技术转移的空间分布特征，发现技术转移网络呈现以北京为核心的“核心—边缘”结构并逐步削弱，整体技术转移积聚在几个区域板块，区域间由“弱弱”子群最终向“强强”子群转化。张江雪（2010）从广义技术市场角度对1991～2006年我国的技术市场发展程度进行了测度，认为我国的技术市场发展程度在整体不断提升的前提下，发展水平仍然很低，而且呈现区域的不平衡。

可见，从区域技术协调发展的角度来看，既然技术市场发展有利于促进区域创新能力提升，那么通过破解技术市场化程度低、信息沟通不畅、法律法规不完善等难题，解决区域间技术市场发展不平衡的现实（周正柱等，2020），促进欠发达地区技术市场的发展，促进跨区域技术交易的活跃度和便利度，实现区域间技术市场的一体化就具有重要意义。

（二）劳动力与人力资本市场

劳动力市场一体化通常是指劳动力在不同区域、产业间基于一定的规则自由流动，从而实现劳动生产率和收入均等及资源的优化配置（王海南和崔长彬，2020）。传统经济学对劳动力市场的解释是基于完全竞争假设下弹性工资对劳动力供给和需求的自由调节。也就是说，如果允许劳动力的自由流动，并且一个地区或部门的工资水平高于另一个地区或部门，劳动者通过比较转移成本和收入预期，就会选择未来净收入折现值最高的地区，劳动力的转移就会发生（Todaro，1969；Topel，1986）。在制度经济学的视角下，制度变迁、社会保障制度的完善程度、户籍制度等市场之外的非竞争因素分析成为主要的工具（宋锦，2016）。目前，我国学者关于劳动力市场一体化的研究主要集中于区域战略规划中的劳动力自由流动与城乡劳动力一体化问题。在区域战略发展规划中，制约劳动力市场一体化的因素包括分割的就业壁垒、歧视性的户籍制度以及不同的社会保障制度等（王海南和崔长彬，2020；周正柱和周鹃，2022）。在关于城乡劳动力市场一体化的研究中，则侧重于破除城乡二元分割以及乡村振兴和城乡融合过程中劳动力市场一体化的作用等问题（张福明，2012；李妍，2016）。

但是，在城乡劳动力流动中，由于低技能型劳动力比重偏高，高技能型劳动力比重偏低，劳动力的流动扩大了城乡收入差距（蔡武和陈广汉，2013），所以，高技能人力资本对区域经济发展至关重要。特别是人力资本流动伴随的知识和技术溢出效应高于对经济增长的直接效应（郭丽燕和庄惠明，2022），从而促进了区域技术创新能力的提升。因此，从区域技术协调发展的角度来看，劳动力市场在区域技术进步中的作用主要表现为人力资本积累与跨区域流动。由于人力资本的跨区域流动的影响因素非常复杂，既有城乡二元结构下的制度因素，又有不同城市之间公共物品供给效率差异（刘建国和王佳卉，2021）、空气污染程度（罗勇根等，2019）、交通便利程度（徐旭等，2019）等相关因素，所以，基于人力资本跨区域流动的区域间技术收敛问题研究不但要关注制度障碍，而且要关注地区本身的综合吸引力。

（三）金融市场

金融市场对技术创新的支持主要体现在资本市场上。资本市场促进经济高质量发展的核心在于以市场化的方式配置资源要素，促进区域创新能力提升的关键在于多层次资本市场对科技企业的支持。因为科技企业发展中技术的快速迭代，需要大量资金支持企业研发及其产业化，而多层次资本市场能够为不同类型和不同生命周期的科技企业提供投融资服务，以市场化的方式引导资金，配置效率相对较高，最具“适配性”。在企业发展初期阶段，私募基金介入；在上市前的最后一轮投资（Pre-IPO）阶段，与资本市场关联度更强的战略投资者或对冲基金介入；在上市阶段，新三板、科创板和创业板可供选择；上市以后，资本市场可以助力企业并购重组，实现规模经济[①]。可见，通过建设和发展区域性资本市场，培育本地科技企业，帮助本地不同发展阶段的科技企业进行投融资服务，将会进一步促进企业的发展和区域创新能力的提升。

六、市场一体化框架下的区域间技术收敛思路

根据上述分析，市场一体化机制下的区域间技术收敛主要表现在两个方面：一方面，商品市场一体化的规模效应促进了更细的专业化分工与技术创新，这是需求拉动的技术创新和竞争推动的技术创新。另一方面，要素市场一体化通过技

---

① 张歆．支持科技创新被资本市场放在更加突出位置［N］．证券日报，2020-11-05.

术市场的技术转移、人力资本市场的劳动力流动和金融市场的资本支持来实现。技术市场中横向技术转让促进了区域间技术转移，纵向技术开发促进了产业技术创新联盟的发展。人力资本市场一体化直接促进了知识和技术的跨区域外溢。金融市场中资本市场支持了不同发展阶段的科技型企业的发展，促进了企业技术创新能力的提升，进一步提升了区域创新能力（见图 1-4）。

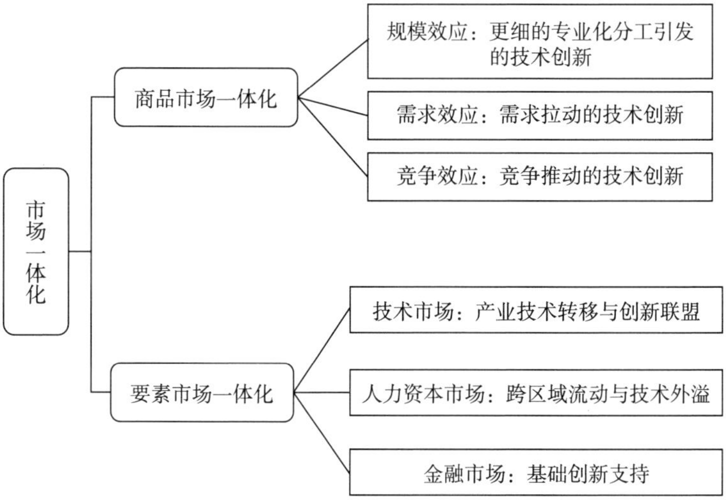

图 1-4 市场一体化框架下的区域间技术收敛思路

第二章　区域创新基础的均等化

在区域科技创新中，创新禀赋决定了知识吸收能力和技术创新能力。本章首先界定了创新要素、创新基础和创新环境等相关概念；其次分析了区域创新状况，以及技术创新在交通基础设施促进区域经济增长中的调节效应；最后基于科技服务分析了创新环境的相关政策，并进行了相应的评价。

第一节　从要素禀赋到区域创新基础：文献分析与概念界定

要素禀赋理论源于国际贸易理论中的 Heckscher-Ohlin 理论（H-O 理论）。它是在亚当·斯密劳动分工的绝对优势理论和李嘉图比较成本优势理论等古典贸易理论基础上的发展，认为资本丰富的国家生产并出口资本密集型产品，劳动力丰富的国家将出口劳动密集型产品，成为新古典贸易理论国际分工的基础。尽管 H-O 理论受到了质疑（Leontief，1956），但其为后期研究资源禀赋问题具有奠基性意义。Hicks（1932）最早分析了要素禀赋与创新的关系，认为创新者对生产要素的供给状况很敏感。Habbakuk（1962）也认为一个国家生产要素的相对稀缺性决定了创新的方向。Davidson（1979）通过分析 1945~1974 年美国、英国和日本的劳动力密集型行业和资本密集型行业的创新数量和比例，也发现创新活动集中于密集使用一个国家相对昂贵的生产要素的行业。也就是说，企业的创新是出于对某些生产要素稀缺的极端反应，产品创新和工艺创新的成果在一定程度上缓解了要素稀缺的现状。当然，这个时期关于要素禀赋的讨论主要集中于劳动力和资本，而且在新古典增长理论中，技术作为劳动力和资本以外的外生变量对经济增长产生了影响（Solow，1956）。后来，学者们开始从经济系统本身探索经济增长的原因。以 Lucas（1988）和 Romer（1990）为代表的内生增长理论者认为，人力资本和技术是经济增长的内生动力。在 Lucas 和 Romer 的模型中，人力资本被界定为劳动力这种生产要素中从事人力资本开发和研发（R&D）活动的人员。可见，技术和人力资本已经成为经济增长过程中的重要生产要素之一。从此，技术创新已经成为研究一个国家和地区经济发展不可或缺的要素。本节将从区域创新要素禀赋和创新基础设施两个角度进行理论分析。

一、区域创新要素禀赋

部分学者对创新要素的效应进行了研究，吕静韦和董微微（2021）把技术创新、人才资源和金融资本作为创新要素并研究了其经济效应，其中技术创新包括了技术研发阶段的 R&D 经费和技术市场化阶段的专利申请受理量，人才资源包括具有知识并能够创造知识的人才（高校毕业生人数）和具备技术并能够进行技术创新的人才，金融资本是指能够为创新活动和行为提供支持的资本（金融业增加值）。郝汉舟等（2020）从要素论和系统论角度分析了创新要素的内容，但在分析创新要素流动问题时却只分析了知识、技术和人才的流动问题。这说明如果从流动性角度出发，创新系统论中所说的要素并不能全部认为是创新要素。陈玉玲等（2021）在对区域间创新要素协同发展问题的研究中，认为创新要素涵盖了创新环境、创新投入和创新产出。高宏霞和王成（2021）在分析创新要素集聚时认为，创新要素主要由人才、资金和技术构成，其稀缺性、流动性和追逐自身边际收益最大化的特征导致其有显著的空间集聚特征。在实证分析创新要素集聚时，使用了 R&D 人员和 R&D 资本存量作为创新要素。贺灵和付丽娜（2021）在分析创新要素协同时，使用的创新要素指标包括 R&D 人员、金融市场的规模和水平、R&D 课题和项目数量、金融机构科技贷款和研发经费等。他们的分析结论是科技创新、现代金融、人力资源等创新要素的协同对制造业高质量发展具有显著的正向效应，但存在时间差异和空间异质性。王必好和梁荣成（2021）在分析创新要素的投入产出效率时，对指标的选取基本上是从传统的科技活动投入和产出角度，增加了技术获取和技术改造类指标、科技活动效率类指标、资本市场信息类指标等。如果从要素本身的含义角度理解，应该从投入角度进行区分，那么两位学者讨论的投入类指标主要包括 R&D 经费支出、研发人员和资产类指标。

通过对题目中包含“创新要素”文章的分析发现，创新要素包括的内容并不一致，主要是因为分析的视角不同。如果分析视角是技术本身，则会把技术等同于创新要素，从而把创新投入和创新产出都认为是创新要素。如果分析视角是整体的区域技术创新能力，创新要素涵盖的范围就会扩大，除科技投入、产出之外，还包括创新环境、基础设施之类的指标。如果从要素流动和生产要素角度进行分析，创新要素大多包括人力资本、资金、技术等，而这里对于技术的理解则包括了技术的投入和产出。

在对国外文献进行的检索中发现，并没有专门针对创新要素的研究，与其相关的文献大多集中于创新系统要素，这些要素既包括研发投入、研发人员、资金等流动类要素，也包括科研院所、中介机构等静态要素，也有文化环境、制度环境等软要素（郝汉舟等，2020）。这方面与国内关于创新系统的分析基本一致。

可见，关于创新要素并没有统一的定义和分类。鉴于本书主要研究区域间技术的协调发展问题，该问题涉及了静态的创新基础和动态的创新要素流动。所以，这里主要从动态角度界定创新要素，即人力资本、与创新相关的资金投入、能够流动的物化技术和纯技术（如专利）等，这些能够进行跨区域流动的要素称为创新要素。

二、创新基础设施

吴建南（1999）在其博士学位论文中较早地对创新基础设施的文献进行了综述。他认为，Justman 和 Teubal（1986）最早提出了创新基础设施的概念，认为作为整体经济结构的组成部分，创新基础设施是企业从事创新活动的前提，并把其分为人力资本基础设施、组织结构基础设施和实物资本基础设施三类，后期研究又把组织结构基础设施改为制度/机构基础设施。Tassey（1996）从技术角度进行了研究，认为技术基础设施是企业共同使用的基础技术。吴建南（1999）在进行综述的基础上，把技术创新基础设施归结为有形基础设施和无形基础设施。物质基础设施、能源基础设施和信息基础设施等属于有形基础设施；制度、文化、人力资本、科学和组织等属于无形基础设施。但是，其在关于技术基础设施的研究中，与美国学者 Tassey 的研究类似，主要从共性技术、基础技术与公共适用技术角度进行了分析。程雁和李平（2007）在研究创新基础设施对区域创新能力的影响时构建的模型变量更为广泛，包括知识存量、研发资本投入、教育投入、开放度、专利保护强度以及反垄断强度等。吴中超（2021）基于 Cooke（1996）的分析，把创新基础设施分为区域经济增长水平、信息基础设施、产业结构、区域研发投入强度、政府支持强度、市场开放程度六个方面。

2020 年 4 月 20 日，国家发展和改革委员会对新型基础设施建设的范围进行了界定，认为新型基础设施建设包括信息基础设施建设、融合基础设施建设和创新基础设施建设三方面。支撑科学研究、技术开发、产品研制的具有公益属性的基础设施属于创新基础设施，比如重大科技基础设施、科教基础设施、产业技术创新基础设施等[①]。吕拉昌等（2021）通过对创新基础设施的概念进行综合分析，认为创新基础设施不同于传统基础设施，内涵不能太宽泛，不应该包括研发

① https：//www. sohu. com/a/389505863_ 114988。

投入、政策、人力资本等变动性较大的要素。同时，创新基础设施不同于创新环境，更应该聚焦于影响创新的最基础的物化设备和公共服务系统，主要包括国家重大科技基础设施（重点实验平台和仪器装备）、科教基础设施（高校和科研院所）、产业技术创新基础设施（创新型产业集群、国家高新技术产业开发区和国家火炬计划软件产业基地）、创新创业服务基础设施（科技企业孵化器和众创空间）四个方面（于英杰和吕拉昌，2021）。俞翔等（2022）根据2020年国家发展和改革委员会确定的新基建的范围，对浙江省创新基础设施的现状进行了分析。在重大科技基础设施方面分析了大科学装置、科学技术奖、国家自然科学基金、国家级平台、省级创新平台等；科教基础设施方面分析了科教基础设施项目（研发平台）布局和一流高校；产业技术创新基础设施方面分析了国家企业技术中心、拥有研发机构的规模以上的工业企业、孵化器建设、众创空间数量、公共创新服务平台数量等。姚冠辉和郑晓年（2020）基于国家发改委界定的新基建内涵，认为创新基础设施担负着支撑信息技术前沿发展和技术进步的重任，是新型基础设施形态得以持续演进、功能拓展的动力。

三、区域创新禀赋的基本架构

从上述关于创新要素和创新基础设施的相关研究可以看出，内涵和外延并不统一。相关文献涉及的要素和基础设施内容包括人力资本、资金、文化、制度、科研院所、中介机构、重大实验研究设备、高新技术开发区和产业基地、孵化器和众创空间等。从区域技术创新能力提升角度来看，有交通基础设施（唐恩斌和张梅青，2019；马明等，2018）、网络基础设施（马明，2015；种照辉等，2022）等对区域技术创新的促进作用研究。根据本书的研究视角，这里试图从区域创新能力提升的角度构建区域创新禀赋的基本架构。区分的维度包括流动性、技术创新的紧密性以及软硬性三个方面。首先，从流动性角度来看，人力资本、资金（研发投入）是具有相对流动性的要素，而一个区域的创新禀赋具有相对稳定性，这里归结为创新要素。其次，根据技术创新的紧密性，国家发展和改革委员会界定新型基础设施建设范围时所指的创新基础设施与技术创新最为紧密，科教基础设施是基础研究的发源地，重大科技基础设施是《国家重大科技基础设施建设中长期规划（2012—2030年）》中提出的重大实验研究设备和设施，是在基础研究的基础上对国际前沿领域开展原创性研究和进行关键核心技术攻关的基础，产业技术创新基础设施是技术研究成果产业化的平台。最后，归于新基建范畴的信息基础设施、融合基础设施、交通基础设施、服务环境、金融环境等在区域技术创新中发挥着基础性作用，其中服务环境、金融环境等属于软环境，其他则属于硬环境。

区域创新禀赋的基本框架如图 2-1 所示。区域创新禀赋包括创新要素、创新基础和创新环境三个方面。创新要素包括资金要素和人力要素，创新基础包括依次递进的科教基础设施、重大科技基础设施和产业技术创新基础设施，创新环境包括硬环境和软环境。

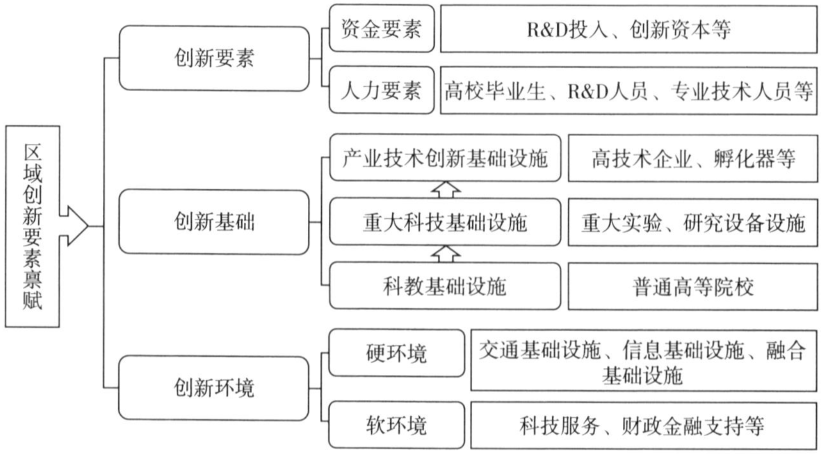

图 2-1　区域创新要素禀赋的基本框架

第二节　流动性创新要素与新型基础设施

区域创新禀赋包括了创新要素、创新基础和创新环境三个方面。本节首先从区域分布角度分析具有较强流动性的创新要素、创新基础和创新环境，给出分布现状和存在的问题。其次基于省级层面的政府工作报告文本，分析新型基础设施编码参考点的地区分布。最后在新型基础设施建设范围内把统计数据分析结果与文本分析结果进行比较分析，得出相应的结论。

一、基于统计数据的区域创新禀赋地区分布

（一）变量说明

创新要素包括资金要素和人力要素。资金要素中的 R&D 经费内部支出（万元）和当年获得风险投资（千元），人力要素中的高校预计毕业生人数（万人）和 R&D 人员全时当量（人年）都为 2020 年数据（这些数据通过《中国科技统计年鉴》获得）。图 2-1 中的创新基础也就是新型基础设施建设范畴中的创新基

础设施，包括科教基础设施、重大科技基础设施和产业技术创新基础设施。三者是依次递进的关系，科教基础设施包括高校和科研院所，是人才培养的基地和知识创造的源泉。科教基础设施中的普通高等学校数量上采用2020年的数据；重大科技基础设施包括重大实验和研究设备设施，主要分布在国家重点实验室、企业国家重点实验室、国家工程技术研究中心和省部共建国家重点实验室。根据这些实验室的年度报告，并没有相关的研究设备和设施的区域分布或每个实验室设备价值的数据，所以这里以每个省区的实验室数量作为分析对象。由于省部共建国家重点实验室仅有2016年的数据，其他实验室有2014年、2015年和2016年的数据，但三年的数据相差不大，所以本书以2016年的数据进行分析。产业技术创新基础设施中的在统孵化器数量和高技术产业企业数量上采用2020年的数据，国家高新技术产业开发区数量采用2019年的数据，众创空间数量等数据从历年的《中国科技统计年鉴》中获得。

创新环境包括硬环境和软环境。硬环境中的交通基础设施使用的指标是交通、仓储、邮政业全社会固定资产投资（亿元），信息基础设施使用的指标是信息传输计算机服务和软件业全社会固定资产投资（亿元），二者均为2017年数据；新基建竞争力指数采用福建省经济信息中心、清华大学互联网产业研究院和长威信息科技发展股份有限公司联合发布的《中国新基建竞争力指数白皮书（2020）》中的数据①。软环境借鉴了中国科技发展战略研究小组编写的《2020中国区域创新能力评价报告》，采用科技服务业从业人员数占第三产业人数比重（%）、居民消费水平（元）、规模以上工业企业研发经费内部支出中平均获得金融机构贷款额（万元）、大中专人口数所占比例（%）（6岁及以上人口）来表示。具体如表2-1所示。

表2-1　区域创新禀赋变量

一级指标	二级指标	三级指标
创新要素	资金要素	R&D经费内部支出（RDex）、当年获得风险投资（vencap）
	人力要素	高校预计毕业生人数（hedugr）、R&D人员全时当量（rdper）

① 新基建竞争力指数是福建省信息中心等组成的课题组根据三个一级指标和十一个二级指标综合计算的。一级指标包括新型网络基础设施指数、新型应用基础设施指数和新型行业基础设施指数。其中，新型网络基础设施指数包括感知网络发展指数和宽带网络发展指数两个二级指标。新型应用基础设施指数包括大数据发展指数、云计算发展指数和人工智能发展指数三个二级指标。新型行业基础设施指数包括智慧能源设施指数、智慧医疗设施指数、两化融合设施指数、智慧教育设施指数、智慧交通设施指数和智慧农业设施指数。

续表

一级指标	二级指标	三级指标
创新基础	产业技术创新基础设施	在统孵化器数量（TBIs）、高技术产业企业数量（htech）、国家高新技术产业开发区数量（htecz）、众创空间数量（masp）
	重大科技基础设施	国家重点实验室（slab）、企业国家重点实验室（elab）、国家工程技术研究中心（sencen）、省部共建国家重点实验室（pslab）
	科教基础设施	普通高等学校数量（hedu）
创新环境	硬环境	交通、仓储、邮政业全社会固定资产投资（trinve），信息传输计算机服务和软件业全社会固定资产投资（ininve），新基建竞争力指数（newin）
	软环境	科技服务业从业人员数占第三产业人数比重（tecserp）、居民消费水平（cons）、大中专人口数所占比例（collep）、规模以上工业企业研发经费内部支出中平均获得金融机构贷款额（loan）

注：指标后面括号内为数据分析时使用的变量名。

（二）区域创新禀赋的空间相关性与集聚特征

1. 空间相关性分析

莫兰指数（Moran's I）是最常用的空间自相关指标，这里通过构建权重矩阵①，来计算各个指标的莫兰指数。根据创新要素、创新基础和创新环境的三级指标变量的数据计算全局莫兰指数及其假设检验结论（见表 2-2），除当年获得风险投资变量不显著外，创新要素下的资金要素和人力要素以及创新环境下的创新软环境整体上莫兰指数显著性较强。其他的三级指标整体显著性较弱。在创新基础上，科教基础设施下的普通高等学校数量显著性较强（在 5%的水平上显著）。

表 2-2 区域创新禀赋变量莫兰指数及其检验

一级指标	二级指标	三级指标	莫兰指数	p 值
创新要素	资金要素	RDex	0.215**	0.030
		vencap	0.173	0.051
	人力要素	hedugr	0.235**	0.015
		rdper	0.190**	0.037

① 根据我国行政区划，构建权重矩阵时需要把海南省和台湾省设置为对应的邻接地区，这里把海南省的邻接地区设置为广东省和广西壮族自治区。台湾省的邻接地区为福建省。莫兰指数的分析暂不考虑中国港澳台三个地区。

续表

一级指标	二级指标	三级指标	莫兰指数	p 值
创新基础	产业技术创新基础设施	TBIs	0.018	0.230
		htech	0.087	0.093
		htecz	0.007	0.349
		masp	0.106	0.110
	重大科技基础设施	slab	-0.006	0.331
		elab	0.054	0.179
		sencen	0.066	0.149
		pslab	-0.027	0.450
	科教基础设施	hedu	0.249**	0.013
创新环境	硬环境	trinve	0.038	0.245
		ininve	0.084	0.164
		newin	-0.069	0.431
	软环境	tecserp	0.219**	0.018
		cons	0.163***	0.063
		collep	0.210**	0.020
		loan	0.233***	0.008

注：这里的 p 值源于 999 次置换的随机化结果。** 和 *** 分别表示在 5% 和 1% 的显著性水平上显著。

根据以上莫兰指数的整体显著性检验结果得到三个重要的结论：第一，凡是具有强流动性的创新禀赋要素，均表现出了较强的区域集聚特征（集中化趋势），如与资金有关的 R&D 经费内部支出、当年获得风险投资、规模以上工业企业研发经费内部支出中平均获得金融机构贷款额。与人力有关的科技服务业从业人员数占第三产业人数比重、R&D 人员全时当量和大中专人口数（6 岁及以上人口）所占比例两个变量。第二，凡是流动性较弱的创新禀赋要素，均表现出了较强的区域分散特征（均等化趋势），比较典型的是重大科技基础设施中的四个变量，创新硬环境中的交通、仓储、邮政业全社会固定资产投资以及信息传输计算机服务和软件业全社会固定资产投资变量，产业技术创新基础设施二级指标下的在统孵化器数量和众创空间数量两个变量。第三，创新硬环境中的新基建竞争力指数变量，没有表现出空间集聚特征。另外，在空间集聚具有显著性的变量中，莫兰指数均为正，说明都是具有相似属性对象的区域集聚。

同时，我们也发现了与上述结论不太吻合的现象和一个需要特别说明的现象。首先，科教基础设施中的普通高校数量。虽然普通高校属于科教基础设施，流动性较弱，但也表现出了空间集聚特征。其次，需要特别说明的是，人力要素中的高校预计毕业生人数尽管作为人力要素具有流动性，但由于与高校的分布紧密相关，其区域分布特征应该在普通高校分布特征的基础上进行分析。

2. 空间集聚特征分析

由于上述全局莫兰指数分析中为显著变量的莫兰指数均为正，说明具有相似属性的对象存在集聚特征，所以，这里进一步通过局部莫兰指数分析的集聚特征和显著性，考察高高（high-high）集聚和低低（low-low）集聚的空间分布情况。

（1）较强流动性创新禀赋要素的分布特征。从分析结果来看，流动性较强的要素高高集聚主要位于上海、江苏、北京和天津等发达地区，另外还有邻近的安徽和福建（见表 2-3）。

表 2-3 高高集聚特征的地区分布和显著性

一级指标	二级指标	三级指标	集聚地区及其在何种水平上显著
创新要素	资金要素	RDex	福建（0.05）、安徽（0.05）、上海（0.05）、江苏（0.05）
	人力要素	rdper	福建（0.05）、安徽（0.05）、上海（0.05）、江苏（0.05）
创新环境	软环境	loan	不存在
		collep	不存在
		tecserp	北京（0.05）、天津（0.05）

低低集聚区域主要位于新疆、内蒙古、甘肃、贵州、云南等欠发达地区（见表 2-4）。

表 2-4 低低集聚特征的地区分布和显著性

一级指标	二级指标	三级指标	集聚地区及其在何种水平上显著
创新要素	资金要素	RDex	新疆（0.01）、内蒙古（0.05）
	人力要素	rdper	新疆（0.01）、内蒙古（0.05）、甘肃（0.05）
创新环境	软环境	loan	不存在
		collep	云南（0.01）、贵州（0.05）
		tecserp	不存在

（2）普通高等学校及其毕业人数的分布特征。普通高校数量和毕业生人数局部莫兰指数分析的结果中，高高集聚区域是河南、安徽、山东和江西，低低集聚区域为新疆。从 2020 年统计的高校数量和毕业生人数来说，这些地区也是相

对较多的。北京、湖北、上海等地的高校数量尽管不在第一梯队，但其高校质量和水平却相对较高，在空间相关性分析中不显著的原因与这些地区周边地区的数据有关系（见表 2-5）。

表 2-5　普通高等学校及其毕业人数的高高和低低分布区域

空间分布	一级指标	二级指标	三级指标	集聚地区及其在何种水平上显著
高高集聚	创新要素	人力要素	hedugr	山东（0.01）、安徽（0.01）、河南（0.05）
	创新基础	科教基础设施	hedu	山东（0.01）、安徽（0.01）、江西（0.05）、河南（0.05）
低低集聚	创新要素	人力要素	hedugr	新疆（0.05）
	创新基础	科教基础设施	hedu	新疆（0.01）

3. 小结与讨论

从上述空间分析可以发现，区域创新禀赋中流动性较强的要素受市场机制的影响具有趋利性，在经济发达地区形成集聚效应。区域创新禀赋中固定性较强要素的空间特征有三个方面：一是创新基础上除了科教基础设施指标中的普通高校数量分布呈现空间集聚，其他没有表现出明显的空间集聚特征。这主要是因为国家在创新技术设施建设政策制定及实施过程中，对诸如国家重点实验室等重大科技基础设施、高技术产业园区、众创空间等产业技术创新基础设施，考虑到了地区均衡布局的结果。二是科教基础设施中的普通高校数量分布和高校毕业生区域分布呈现集聚特征，是历史原因导致的。三是主要侧重于信息基础设施和融合基础设施的新基建竞争力指数没有明显的区域集聚趋势，从上述空间描述统计可以看出，聚集性不显著地区的数量远远超过了显著地区的数量。所以，从板块分布来看，尽管少数西部地区与东部地区之间形成了鲜明的对比，但总体来看集聚特征并不特别显著。

在上述分析中，我们应该关注以下几个问题：一是在创新环境方面，科技服务业从业人员占第三产业人数比重呈现区域集聚特征，这主要是市场机制作用的结果。但是，从国家层面来说，要实现区域科技公共服务的均衡化，就要加强政府供给，避免市场机制导致市场化的科技服务向经济发达地区流动的极化现象。二是科教基础设施，特别是高水平大学的区域间均衡布局是实现创新基础均等化的重要方面。三是交通基础设施不但在区域经济发展中发挥着重要作用，也在区域技术创新中发挥着基础性作用。

二、基于新型基础设施政策的文本分析

新型基础设施建设是我国为了适应数字经济发展、社会主要矛盾变化和新时期经济高质量发展阶段的需要，自上而下提出的一个基于新发展理念的系统工程。从2018年中央经济工作会议首次提出“新基建”这一概念，到2020年4月国家发展和改革委员会正式明确“新基建”的范围，中间经历了一年多的时间（见图2-2）。特别是2020年，在不同的会议和场合，中央和国家领导人多次从新基建助力制造业发展和产业数字化转型，以及新基建发展中的优化统筹等方面进行了要求。2020年至今，全国大部分省份在年度《政府工作报告》以及“十四五”规划中都明确了新基建的建设任务和未来的发展方向。

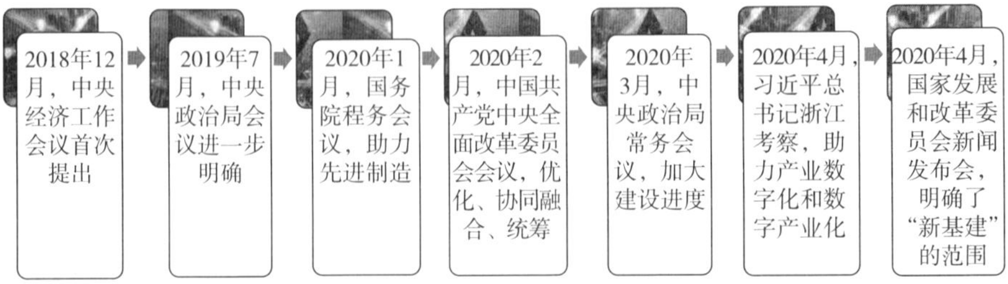

图2-2　中国“新基建”从提出到明确范围的发展历程

部分学者研究了新型基础设施建设的创新效应。沈坤荣和孙占（2021）认为，新型基础设施建设能够促进产业升级。宋德勇等（2021）运用专利数据分析了新型基础设施建设中的智慧城市建设对绿色技术创新的影响，发现智慧城市建设通过信息支撑效应、规模集聚效应和资金配置效应等显著促进了绿色技术创新。在效率提升方面，张宁（2021）发现新型基础设施建设在新型城镇化促进物流生产效率提升中有显著的调节效应。

在新型基础设施建设的区域分布方面，伍先福等（2021）测度了新型基础设施建设与战略性新兴产业之间的耦合程度，发现区域耦合水平呈现两头区域少中间区域多的“橄榄型”结构，同时经济集聚、人力资本、固定资产投资、市场化程度等能够促进二者之间的耦合。徐维祥等（2022）研究了新型基础设施和传统基础设施耦合协调的地区差异和驱动因素，发现二者之间的耦合协调呈现东强西弱的空间分布，财政支出、市场化程度、城市化、产业结构等因素对耦合有明显的驱动作用。

鉴于新型基础设施建设在我国实施的时间较短，而且没有针对性的数据，本

节主要借助2020~2022年中国大陆31个地区的年度《政府工作报告》等政策文本，运用Nvivo软件进行分析，研究了新型基础设施建设的区域分布特征。从关键词（指标）选取角度来看，文本分析更有优势。所以，这里基于国家发展和改革委员会关于新型基础设施的内涵界定进行分析。

（一）新型基础设施概念框架模型

根据国家发展和改革委员会对新型基础设施内涵的解读以及吕拉昌等（2021）、于英杰和吕拉昌（2021）、俞翔等（2022）、姚冠辉和郑晓年（2020）关于创新基础设施的研究文献，这里把“新型基础设施”构建为一级节点，把“信息基础设施”“融合基础设施”和“创新基础设施”构建为二级节点。在编码过程中，我们把在信息基础设施中的5G、物联网、工业互联网和卫星互联网归属于通信网络范畴，把人工智能、云计算和区块链归属于新技术范畴，把大数据、数据资产、数据中心和智能计算等归属于大数据范畴。融合基础设施主要是指用信息基础设施支撑传统基础设施的质量提升和升级改造，包括智能（智慧）交通、智慧城市、智慧能源、智慧园区、智慧警务和智慧消防等。创新基础设施主要是指致力于科学研究、技术开发和产品研制的公益性基础设施，包括重大科技基础设施、科教基础设施以及产业技术创新基础设施等。重大科技基础设施主要是指重点实验平台和仪器装备（大科学装置），科教基础设施主要是指高校和科研院所（研发平台），产业技术创新基础设施主要是指创新型产业集群、高新技术开发区、火炬计划软件基地、科技创业孵化器和众创空间等。

对于融合基础设施，三级节点的确定主要通过查询文本中“智慧”一词，通过树状结构图分析主要的节点。根据2020年、2021年和2022年的树状结构图，剔除与非基础设施或非基础服务搭配的词以及“智慧化”等动词，按照参考点多少排序，2020年依次是智慧城市（27）、智慧旅游（11）、智慧广电（9）、智慧小区（4）、智慧养老（3）、智慧学校（3）、智慧港口（3）、智慧物流（3）、智慧园区（2）、智慧教育（2）、智慧公安（2）、智慧公园（2）。2021年依次是智慧城市（24）、智慧广电（9）、智慧旅游（文旅）（8）、智慧物流（5）、智慧交通（5）、智慧小区（社区）（5）、智慧监管（5）、智慧海洋（港口）（5）、智慧医疗（4）、智慧教育（4）等。2022年依次是智慧城市（10）、智慧广电（8）、智慧交通（6）、智慧养老（5）、智慧社区（4）、智慧物流（4）、智慧医疗（3）、智慧学校（2）等。综合三年参考点的出现次数，这里选取相应的关键词。对意思相近的关键词，如高等院校、高等教育、大学等逐一进行文本搜索，并把查询到的信息进行合并。

由此，形成了问题分析的逻辑概念图（见图2-3）。

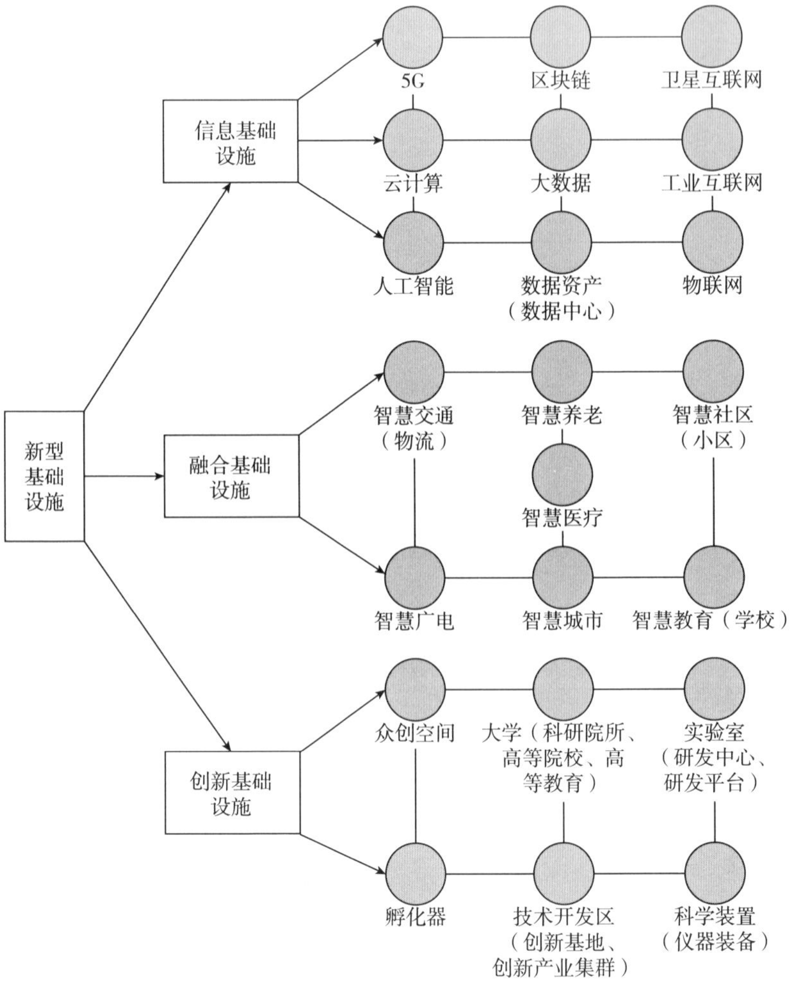

图 2-3 新型基础设施分析的逻辑概念图

（二）分领域关注度

通过对三个年份的文本进行矩阵编码，形成节点矩阵后，计算信息基础设施、融合基础设施和创新基础设施的编码参考点数，如表 2-6 所示。可以看出，从国家正式提出了新型基础设施建设以后，信息基础设施一直是关注的焦点，其次是创新基础设施，特别是到 2022 年，创新基础设施的关注度超过了信息基础设施，说明各个地区逐步关注基础创新能力的提升。相对于信息基础设施和创新基础设施，各个地区对融合基础设施关注较少，说明虽然信息基础设施本身关注度很高，但各个地区在利用这些信息基础设施对传统基础设施和传统公共服务的改造上关注度较低。

信息基础设施内部的5G、物联网、工业互联网等关注度相对均衡，融合基础设施中对智慧城市的关注度较高。创新基础设施中对实验室和高等院校的关注度较高，对技术开发区、孵化器和众创空间关注度不够，这说明各地政府对基础技术研究的关注度高于对应用技术开发的关注度。

表2-6　二级节点的编码参考点数

二级节点	三级节点	编码参考点数		
		2020年	2021年	2022年
信息基础设施	5G、物联网、工业互联网、卫星互联网、人工智能、云计算、区块链、大数据、数据资产（数据中心）	373	408	310
融合基础设施	智慧城市、智慧广电、智慧小区（社区）、智慧物流（交通）、智慧教育（学校）、智慧养老、智慧医疗	53	57	45
创新基础设施	孵化器、众创空间、实验室（研发中心、研发平台）、科学装置（仪器）、技术开发区（创新基地、创新产业集群）、大学（科研院所、高等院校、高等教育）	248	311	333

（三）分地区关注度

根据2020~2022年，我国除港澳台之外的31个地区政府工作报告中新型基础设施总的编码参考点数，以及信息基础设施、融合基础设施和创新基础设施三个二级指标的编码参考点数，得到莫兰指数及其检验的p值（见表2-7），可以看出，除了2021年的创新基础设施在5%的水平上显著，其他指标均不显著。这说明从各地区政府工作报告文本来看，我国新型基础设施建设在地区层面并没有显著的集聚趋势。

表2-7　新型基础设施各级指标编码参考点数莫兰指数及其检验

一级指标	二级指标	变量	莫兰指数	p值
2020年新型基础设施		Newin2020	-0.041	0.480
	信息基础设施	Newin20_1	0.111	0.125
	融合基础设施	Newin20_2	-0.109	0.246
	创新基础设施	Newin20_3	-0.136	0.182

续表

一级指标	二级指标	变量	莫兰指数	p 值
2021 年新型基础设施		Newin2021	-0.106	0.270
	信息基础设施	Newin21_1	0.066	0.206
	融合基础设施	Newin21_2	0.057	0.244
	创新基础设施	Newin21_3	0.256**	0.017
2022 年新型基础设施		Newin2022	-0.183	0.098
	信息基础设施	Newin22_1	-0.031	0.486
	融合基础设施	Newin22_2	-0.027	0.464
	创新基础设施	Newin22_3	0.051	0.263

注：这里的 p 值源于 999 次置换的随机化结果。** 表示在 5%的水平上显著。

通过 2020~2022 年的新型基础设施总体编码参考点数四分位图对比可以发现，从东到西各个地区并没有明显的减少趋势。如果我们根据 31 个地区编码参考点数（见表 2-8）随着年份变化增加和减少分别用"+"和"-"表示关注度变化，就会发现，关注度的变化并没有大的区域板块之分（见表 2-9）。这也进一步说明，新型基础设施关注度没有明显的区域集聚现象，这与上述关于新型基础设施竞争力指数的分析结论一致。

表 2-8　新型基础设施总体参考点数及其年度变化

省份	2020 年参考点	2021 年参考点	2022 年参考点	2020~2021 年	2021~2022 年	强化/弱化	强化/弱化
北京	39	23	14	-16	-9	-	-
天津	33	29	15	-4	-14	-	-
河北	26	17	21	-9	4	-	+
山西	19	37	28	18	-9	+	-
内蒙古	15	16	21	1	5	+	+
辽宁	29	18	20	-11	2	-	+
吉林	13	30	22	17	-8	+	-
黑龙江	9	18	20	9	2	+	+
上海	21	19	25	-2	6	-	+
江苏	16	24	27	8	3	+	+
浙江	18	17	9	-1	-8	-	-
安徽	26	33	29	7	-4	+	-
福建	20	20	23	0	3	+	+
江西	27	34	28	7	-6	+	-

续表

省份	2020年参考点	2021年参考点	2022年参考点	2020~2021年	2021~2022年	强化/弱化	强化/弱化
山东	35	36	40	1	4	+	+
河南	21	42	23	21	-19	+	-
湖北	21	24	23	3	-1	+	-
湖南	21	26	16	5	-10	+	-
广东	37	42	45	5	3	+	+
广西	25	21	19	-4	-2	-	-
海南	14	25	28	11	3	+	+
重庆	38	46	40	8	-6	+	-
四川	22	35	47	13	12	+	+
贵州	32	34	30	2	-4	+	-
云南	17	30	17	13	-13	+	-
西藏	14	12	7	-2	-5	-	-
陕西	11	19	21	8	2	+	+
甘肃	19	26	10	7	-16	+	-
青海	15	25	12	10	-13	+	-
宁夏	15	7	5	-8	-2	-	-
新疆	15	18	21	3	3	+	+
合计	683	803	706	120	-97	+	-

表 2-9　新型基础设施关注度变化

关注度	地区
逐步强化	内蒙古、黑龙江、江苏、山东、广东、海南、四川、陕西、新疆
逐步弱化	北京、天津、浙江、广西、西藏、宁夏
先强化再弱化	山西、吉林、安徽、江西、河南、湖北、重庆、贵州、云南、甘肃、青海
先弱化再强化	河北、上海

从总体关注度来看，2020~2022年关注度参考点数分别为683、803和706。由于国家发改委在2020年4月才明确了新型基础设施的内涵和范围，在此之前各个地区已经发布了2020年的政府工作报告，所以2020年在三个年份中关注的参考点数最少是正常的，2021年整体关注度从683增加到了803，是正常的。2021~2022年整体关注度的减少则不是正常现象。由于新型基础设施建设不是一年就能完成的，而是一个长期性的工作，这种关注度减少的情况在一定程度上说

明部分地区政府工作报告对热点关注较多，在新型基础设施项目建设持续性上重视程度不够。

三、主要结论

通过上述的描述统计分析发现，具有较强流动性的创新要素具有明显的向东部发达地区及其邻近地区集聚的趋势。从统计数据分析和文本分析的对比来看，结论基本一致。也就是说，虽然东部地区新型基础设施竞争力指数明显高于中西部，但流动性较差的新型基础设施并没有表现出区域集聚现象。

从对新型基础设施的关注度来看，全国各个地区按照板块划分并没有明显的规律，但 2021~2022 年整体关注度参考点的减少在一定程度上说明地方政府在新型基础设施建设的持续性上还需要进一步提高。

第三节　技术创新在交通基础设施促进经济发展中的中介效应

“要想富，先修路”，形象地表明了交通基础设施对经济发展的重要性。作为一个地区经济发展的基础，在上一节中验证了交通基础设施是创新要素禀赋中的硬环境的一部分。那么，交通基础设施在区域创新能力提升中发挥着什么作用呢？本节将进行验证性的实证分析。

交通基础设施是经济发展的前提（Rostow，1960），对国家、城市甚至农村均是如此。完备的交通基础设施能够通过提高生产效率（Aschauer，1989，1990）、加速区域经济一体化（Donaldson，2010）以及促进人口的空间集聚（Baum-Snow，2007）来促进城市的经济发展。中国自从改革开放以来，在交通基础设施方面的投资巨大，特别是高速公路和铁路的通车里程快速增长。根据《中国统计年鉴》（2019）的数据，我国铁路营运里程、公路营业里程由 1978 年的 5.17 万公里、8.92 万公里、14.89 万公里分别增加到 2021 年的 15.07 万公里、528.07 万公里、689.78 万公里。交通基础设施的快速增长和完善在缩短各城市之间空间距离的同时，交通枢纽功能的发挥也使枢纽城市的经济得以快速增长。在城市发展的过程中，各城市都在寻求枢纽效应带来的发展机遇，通过交通基础设施建设发展枢纽经济。但在枢纽效应外溢的过程中，中心城市与其他城市之间存在着极化效应、扩张效应和回流效应（Myrdal，1957）。这就引发一系列疑问，交通基础设施的发展能否真正形成枢纽效应？能否推动城市经济的快速发展？城市经济发展中枢纽效应的发挥是否需要借助其他条件？交通基础设施的发展能否带来创新能力的提升并促进城市经济发展？然而，现有研究主要关注交通基础设施和城市经济发展之间的因果关系，忽视了因果关系之间的传导路径和作用机制。在有效理顺和清晰解释交通基础设施、创新能力和城市经济发展之间关系的基础上，本书重点研究了创新能力在交通基础设施影响城市经济发展过程中的中介效应和传导机理。在理论层面补充和丰富了城市经济发展理论，在实践层面可以为城市主政者提供政策建议，通过优化交通基础设施结构增强城市的资源集聚能力和优质人才吸引力，提高城市创新能力和经济发展水平。在学者们前期研究的基础上，本节进一步研究了创新能力在交通基础设施对城市经济发展影响中的中介效应及其作用机理。研究贡献在于：①交通基础设施对非老工业城市的经济影响更为明显，工业基础比较薄弱的城市更需要改善交通基础设施。②创新能力的中介效应更依赖于一个城市的工业基础。相对于非老工业城市，在开通高速铁路的老工业城市，创新要素的集聚效应更强，创新的中介效应更大。

本节结构安排如下：首先，对交通基础设施、创新能力与城市经济发展的关系进行文献回顾和理论分析，进一步提出研究假设。其次，介绍了本书的数据来源、变量定义以及模型的构建，并进行了描述性统计分析。再次，在基础回归和稳健性检验之后探讨了创新能力的中介效应，并进一步阐述了创新能力中介效应的异质性。又次，对实证结果形成的原因进行了深入分析。最后，得出了研究结论和管理启示。

一、文献回顾与研究假设

（一）交通基础设施与城市经济发展

作为一个创新平台，基础设施特别是交通基础设施在支撑城市创新要素集聚中发挥着重要作用。同时，作为经济发展的前提条件，交通基础设施投资与经济增长之间的关系也一直是学者们重点关注的问题（刘生龙和胡鞍钢，2010）。一个城市交通条件的改善能否提升城市的创新能力和经济发展水平，很多学者对此进行了分析。由于交通基础设施对经济增长作用的实现需要制度环境改善、人力资本提高、科教技术水平提升等因素的协同作用，所以交通基础设施对经济增长的空间溢出效应比较复杂。交通基础设施的网络属性所产生的扩散效应包括正、负空间溢出。正的空间溢出效应使经济增长快的地区带动了增长慢的地区，负的空间溢出效应使生产要素更方便地流向发达地区，加剧了落后地区的经济衰退（张学良，2012）。也就是说，交通枢纽城市的可达性、中心性和中间性提高了创新要素流动的速度，对于一个城市的发展具有双重效应，正效应表现在促进生产要素向一个城市集聚，负效应表现在一个城市生产要素的流失。

交通基础设施的正效应包括正的经济效应和创新效应。在经济效应方面，冯伟和徐康宁（2013）通过对交通基础设施对经济增长的作用进行文献综述，把其归结为外部溢出效应、效率改进效应、产业集聚效应、区域发展效应和现代化效应五个方面。由于高铁开通提高了区域的可达性，小城市更接近中心城市，提升了区域市场的潜力，加速了区域一体化进程，为中心城市制造业外迁和中小城市制造业集聚提供了可能（李雪松和孙博文，2017）。刘勇政和李岩（2017）认为，高速铁路对地区经济增长的促进作用主要体现为增加资本投入、促进人口迁移、提高全要素生产率以及城市的集聚效应。李欣泽等（2017）发现，高铁开通促进了资本要素流动，优化了资本要素的配置，提高了企业生产率，但其影响具有区位异质性、行业异质性和所有制异质性。因此，提出研究假设：

假设1：交通基础设施建设有利于促进城市经济的发展。

另外，根据本书第一章对城市创新的研究文献，进行梳理发现城市为创新活动提供了要素集聚的场所，而技术创新过程比其他生产过程更需要知识共享和要素集聚，城市促进了创新，创新进一步促进了城市发展。因此，提出研究假设：

假设2：创新能力提升有助于促进城市经济的发展。

（二）交通基础设施与创新能力

交通基础设施对创新的正效应主要表现为提升城市的创新能力。Okabe（1979）和Sands（1993）在对日本新干线的研究中发现，高速铁路作为客运工具缩短了旅行时间，促进了R&D、教育活动中面对面交流的次数。Chen和Hall（2011）认为，英国高速铁路的修建加快了人才流动，促进了知识交流。由于知识溢出是空间距离的减函数（Krugman，1991），在距离中心城市1小时车程以内，知识密集型从业人员的集聚程度明显高于距离较远的地区（Graham，2007；Venables，2004；Chen and Hall，2012）。刘芳（2019）认为，高速铁路通过加快人才流动过程中的知识溢出，增强创新参与者及创新要素之间的相互作用，促进了城市的创新发展。韦功鼎和李雪梅（2019）研究发现，2009~2016年，由于中国长江三角洲地区高速铁路网的影响，知识溢出效应对第三产业的集聚具有促进作用。杨思莹和李政（2019）运用双重差分法实证检验了高铁开通对城市创新水平的影响，认为高铁开通能够显著提升科教发展水平较低城市和一般地级市创新水平，但对科教发展水平较高城市和规模较大的副省级城市、省会城市和直辖市的影响并不显著。杜兴强和彭妙薇（2017）发现，高铁的开通促进了城市对高级人才的吸引，特别是对没有兴建机场的城市促进作用更大。可以看出，交通基础设施的枢纽效应提升了城市的技术吸收能力，促进了地区创新能力提升（Cohen and Levinthal，1990；Antonio and William，2015），并进一步促进了城市经济发展。另外，资产、市场、制度和网络对城市创新也有重要的影响（Glenn，Max and Chris，2008）。从市场角度来看，交通枢纽的增加提升了企业效率和盈利能力，并进一步促进了企业和城市创新。从资产角度来看，城市物流产业的发展常常伴随着交通基础设施投资的增加，为城市创新提供了好的硬件环境。同时，信息技术的发展促进了物流产业技术和商业模式的创新，并进一步促进了相关产业的发展和技术进步。因此，提出研究假设：

假设 3：交通基础设施建设有利于促进城市创新能力提升。

（三）交通基础设施、创新能力与城市经济发展

交通基础设施建设对创新能力的提升也存在着负效应。部分学者认为高铁开通使大城市对周边非区域中心城市产生虹吸效应或者导致区域差距拉大的极化效应，影响了小城市的发展（Givoni，2006；Cao et al.，2012；Vickerman，2015；张克中等，2016；王雨飞等，2016；卞元超等，2018）。Gutierrez 等（1996）认为高速铁路网的发展一方面会产生中心地区集聚效应，另一方面会拉大外围城市与中心腹地之间的发展差距。

一般来说，如果一个城市的全要素生产率越高，创新要素的回报率就会越大，对邻近城市的虹吸效应就会越大（王裕瑾和于伟，2017；李瑞虎等，2019）。同时，高知识吸收能力城市相对于低知识吸收能力城市来说，借助于城市良好的枢纽经济地位，更容易吸纳更多的人力资本，促进现有技术的转化，提升城市的创新能力（陈婧，2015）。也就是说，一个城市的交通枢纽地位与其创新能力和经济发展水平是否匹配，在一定程度上取决于城市间全要素生产率和技术吸收能力的对比。那么，交通基础设施的枢纽效应是促进还是抑制了城市的发展？这不仅依赖于上述正效应和负效应的对比，还依赖于城市的全要素生产率和吸引能力。正效应是多元的、多方面的，负效应主要表现为高创新能力城市对人才的虹吸效应，是单方面的。例如，枢纽效应源于物质和人的流动。对于物质来说，产品和材料的流入和流出都有利于城市的经济发展和创新。对于人来说则是不同的，人力资本的流入有利于城市的发展和创新，人力资本的流出则不利于城市经济发展和创新。因此，根据假设 3，如果交通基础设施的枢纽效应提升了城市创新能力，则会弱化其他城市对该城市的虹吸效应，进而更有利于促进城市经济的发展。因此，提出研究假设：

假设 4：创新能力在基础设施影响城市经济发展的过程中起着重要的中介作用。

二、数据、变量与模型

（一）数据

上述假设能得到真实数据的支撑吗？为此，本书使用中国经验数据对上述假设进行验证，选用中国经验数据的时间段为 2000~2018 年，构建了涉及中国 285

个地级市的截面数据和19年的序列数据合并而成的面板数据。考虑到中国新疆和西藏等城市经济发展的特殊性，为避免异常值对估计结果可能产生的影响和偏差，剔除了这些省份所辖城市的样本数据。最终数据集包含5415条样本观测数据，来源于历年《中国城市统计年鉴》《中国区域经济统计年鉴》《中国统计年鉴》以及各省区统计年鉴等，专利数据来源于国家知识产权局。

（二）变量设定与说明

城市经济发展（CEDL）是被解释变量，其衡量指标主要有地区生产总值、人均生产总值和经济增长速度。地区生产总值是从总量层面衡量城市的经济发展状况，具有一定的局限性。人均生产总值是在充分考虑城市人口的情况下从静态层面衡量城市经济发展水平，经济增长速度则是把时间因素考虑在内从动态层面衡量城市经济发展情况。人均生产总值和经济增长速度在衡量城市经济发展方面均优越于总量层面的地区生产总值。本书在实证研究中主要采用人均生产总值来作为测度城市经济发展状况的代理变量。

交通基础设施（Tinfr）是主要解释变量。一个城市的交通基础设施包括一般城市公路、高速公路、铁路和桥梁等，其中高速公路和铁路的通车里程最能够反映一个城市的交通基础设施状况。考虑到中国有些城市未通铁路的事实，本书主要选用高速公路里程数量来衡量一个城市的交通基础设施状况。

创新能力（Innov）是中介变量和被解释变量，主要采用发明专利授权数量和实用新型授权数量两个指标进行衡量。考虑到有些城市的发明专利或实用新型授权数量为零的情况，实证中采用数量加一再取自然对数的形式。

结合学者们的研究成果，本书选用的控制变量主要有对外开放水平（Open）、产业结构（IndStr）、财政支出（Fexpen）和人力资本（HuCap）等指标。其中，对外开放水平（Open）用外商直接投资额占地区生产总值的比重进行衡量，产业结构（IndStr）用第三产业占地区生产总值的比重进行衡量，财政支出（Fexpen）使用地方财政的一般性预算支出的自然对数进行衡量，人力资本（HuCap）以城市每万人中在校大学生数量进行衡量。此外，实证检验过程中还控制了年度效应。

上述变量的具体内涵及定义如表2-10所示。

表2-10　主要变量的内涵及定义

变量类型	变量代码	变量名称	变量定义与说明
被解释变量	CEDL	城市经济发展水平	用人均GDP来衡量，使用中取自然对数
解释变量	Tinfr	交通基础设施状况	用高速公路里程数来衡量，使用中取自然对数

续表

变量类型	变量代码	变量名称	变量定义与说明
中介变量	Invent	发明专利授权数量	使用中采用 ln（1+发明专利授权数量）的形式测度
	UtiMod	实用新型授权数量	使用中采用 ln（1+实用新型授权数量）的形式测度
控制变量	Open	对外开放水平	采用外商直接投资额占 GDP 的比重进行衡量
	IndStr	产业结构状况	采用第三产业占 GDP 的比重进行衡量
	Fexpen	财政支出状况	采用财政一般性预算支出的自然对数进行衡量
	HuCap	人力资本	采用每万人中在校大学生人数的自然对数进行衡量
	Year	年份	年度效应

（三）模型构建

本书构建了模型（2-1）、模型（2-2）和模型（2-3），分别用于检验假设1~假设3：

$$CEDL_{it}=\alpha_0+\alpha_1 Tinfr_{it}+\alpha_2 Open_{it}+\alpha_3 IndStr_{it}+\alpha_4 Fexpen_{it}+\alpha_5 HuCap_{it}+\varepsilon_{1i} \quad (2-1)$$

$$CEDL_{it}=\beta_0+\beta_1 Innov_{it}+\beta_2 Open_{it}+\beta_3 IndStr_{it}+\beta_4 Fexpen_{it}+\beta_5 HuCap_{it}+\varepsilon_{2i} \quad (2-2)$$

$$Innov_{it}=\lambda_0+\lambda_1 Tinfr_{it}+\lambda_2 Open_{it}+\lambda_3 IndStr_{it}+\lambda_4 Fexpen_{it}+\lambda_5 HuCap_{it}+\varepsilon_{3i} \quad (2-3)$$

本书参考温忠麟（2014）的中介效应三步检验法，使用模型（2-1）、模型（2-3）以及模型（2-4）共同来检验假设4。模型（2-4）如下：

$$CEDL_{it}=\theta_0+\theta_1 Tinfr_{it}+\theta_2 Innov_{it}+\theta_3 Open_{it}+\theta_4 IndStr_{it}+\theta_5 Fexpen_{it}+\theta_6 HuCap_{it}+\varepsilon_{4i} \quad (2-4)$$

上述模型中，CEDL 表示经济发展水平；Tinfr 表示城市交通基础设施水平；Innov 表示创新水平，具体通过发明专利数量（Invent）和实用新型数量（UtiMod）来测度城市创新水平；i 和 t 分别表示城市和年份；Open、IndStr、Fexpen、HuCap 为控制变量，分别表示开放程度、产业结构、财政支出和人力资本状况；α、β、λ、θ 分别表示各模型的系数或截距；ε 表示各模型的随机扰动项。

（四）描述性统计分析

表 2-11 报告了主要变量的描述性统计结果，结果显示在 5415 个观测样本中，反映城市经济发展水平的变量 CEDL 在取自然对数之后的均值为 9.98，表明我国城市经济的整体发展水平将近达到中等发达国家水平。但是，CEDL 的最小值和最大值分别为 4.595 和 15.672，标准差为 0.947，极差为 11.077，表明各城市间经济发展存在较大差距。由高速公路里程的均值（9.351）、标准差（1.187）、最小值（5.143）和最大值（12.926）的对比可以看出，我国各城市的交通基础设施状况同样存在较大差异。从城市创新能力来看，发明专利和实用新型的授权数量均值分别为 2.628 和 2.993，我国城市的总体创新能力稍显不足，

而且两项指标的极差高达9.543和8.890，有些城市在某些年份甚至无一项发明专利和实用新型授权，表明我国城市之间创新能力的差距较大。

表 2-11 主要变量的描述性统计

变量	观测值	均值	标准差	最小值	中位数	最大值
CEDL	5415	9.980	0.947	4.595	10.051	15.672
Tinfr	5415	9.351	1.187	5.143	9.468	12.926
Invent	5415	2.628	1.906	0.000	2.398	9.543
UtiMod	5415	2.993	1.829	0.000	2.890	8.890
Open	5415	0.023	0.031	0.000	0.013	0.775
IndStr	5415	0.380	0.095	0.085	0.367	0.853
Fexpen	5415	0.611	0.083	0.023	0.608	0.965
HuCap	5415	10.051	1.518	3.401	10.065	13.911

资料来源：笔者整理所得。

三、结果分析

（一）数据检验与模型选择

对面板数据进行回归分析可以采用混合效应模型（Pooled Model）、固定效应模型（Fixed Effect）和随机效应模型（Random Effect），但具体采用哪一种模型的回归效果较好，需要对数据进行检验以选择最佳模型进行分析。本部分分别采用F检验、BP检验和豪斯曼（Hausman）检验方法对混合效应模型、固定效应模型和随机效应模型进行相互比较分析并择优选择，检验结果如表2-12所示。

表 2-12 模型选择检验

检验方法	模型	检验结果	结论
F 检验	固定效应模型 VS 混合效应模型	F（284，5152）=12.42 Prob>F=0.0000	固定效应模型优于混合效应模型
BP 检验	随机效应模型 VS 混合效应模型	chibar2（01）=3847.27 Prob>chibar2=0.0000	随机效应模型优于混合效应模型
Hausman 检验	固定效应模型 VS 随机效应模型	chi2（6）=396.60 Prob>chi2=0.0000	固定效应模型优于随机效应模型

F 检验用于检验混合效应模型与固定效应模型，其原假设为采用混合效应模型。BP 检验的原假设为采用混合效应模型，用于检验是采用混合效应模型还是采用随机效应模型。Hausman 检验的原假设为采用随机效应模型，用于检验是采用固定效应模型还是随机效应模型。

从表 2-12 的检验结果可以看出，F 检验和 BP 检验的 p 值均为 0，说明 F 检验和 BP 检验均是显著的，应该分别拒绝原假设，表明固定效应模型和随机效应模型均优于混合效应模型。Hausman 检验的 p 值仍然为 0，检验结果也是显著的，进一步表明固定效应模型更优于随机效应模型。综合分析 F 检验、BP 检验和 Hausman 检验的结果，本书回归分析中的最佳选择为固定效应模型。

（二）基础回归分析

1. 交通基础设施与城市经济发展

表 2-13 揭示了交通基础设施对城市经济发展的影响效果。结果显示，在加入相关控制变量和控制时间效应前后，Tinfr 对 CEDL 均具有显著的正向作用和效应。从加入控制变量后的第（3）列和第（4）列结果来看，CEDL 关于 Tinfr 的回归系数在控制时间效应前为 0. 138，在控制时间效应后为 0. 539 且均在 99%的置信水平上显著为正。加入控制变量并控制时间效应的回归结果说明，高速公路里程每增加 1%时城市人均生产总值就会提升 0. 539%。在 1%的水平上显著为正，表明交通基础设施对于城市经济发展水平的提升具有显著的正向影响，假设 1 得到了验证。

表 2-13　交通基础设施对城市经济发展的影响

变量	(1) CEDL	(2) CEDL	(3) CEDL	(4) CEDL
Tinfr	0. 176*** (0. 01)	0. 693*** (0. 00)	0. 138*** (0. 01)	0. 539*** (0. 01)
Open			0. 576*** (0. 12)	0. 799*** (0. 17)
IndStr			-1. 038*** (0. 07)	1. 476*** (0. 08)
Fexpen			0. 342*** (0. 06)	-0. 314*** (0. 08)
HuCap			0. 036*** (0. 01)	0. 261*** (0. 01)

续表

变量	(1) CEDL	(2) CEDL	(3) CEDL	(4) CEDL
_cons	7.422*** (0.06)	3.501*** (0.04)	7.560*** (0.09)	1.928*** (0.08)
Year Effect	No	Yes	No	Yes
N	5415	5415	5415	5415
F	3698.760	22010.844	3273.439	5796.759
R^2_a	0.928	0.801	0.933	0.841

注：***、**、*分别表示1%、5%、10%的显著性水平；括号内的数值为稳健标准误差。

2. 创新能力与城市经济发展

表2-14揭示了创新能力对城市经济发展的影响效果。结果显示，无论是否加入相关控制变量，在控制时间效应后Invent对CEDL均具有显著的正向作用和效应。从第（2）列和第（4）列的回归结果来看，Invent和UtiMod对CEDL的回归系数分别为0.324和0.372且均在1%的水平上显著，表明无论是发明专利授权数量还是实用新型授权数量的增加，均能够显著地提升城市经济发展水平，假设2得到了验证，证实了创新能力能够促进城市经济发展水平的提高。

表2-14 创新能力对城市经济发展的影响

变量	(1) CEDL	(2) CEDL	(3) CEDL	(4) CEDL
Invent	0.470*** (0.00)	0.324*** (0.01)		
UtiMod			0.514*** (0.00)	0.372*** (0.01)
Open		1.879*** (0.20)		1.586*** (0.19)
IndStr		−0.182* (0.09)		−0.471*** (0.09)
Fexpen		0.128 (0.09)		0.180** (0.09)

续表

变量	(1) CEDL	(2) CEDL	(3) CEDL	(4) CEDL
HuCap		0.462*** (0.01)		0.430*** (0.01)
_cons	8.746*** (0.01)	4.429*** (0.11)	8.443*** (0.01)	4.577*** (0.11)
Year Effect	Yes	Yes	Yes	Yes
N	5415	5415	5415	5415
F	12449.294	3929.413	14115.300	4274.799
R^2_a	0.692	0.781	0.719	0.796

注：***、**、*分别表示1%、5%、10%的显著性水平；括号内的数值为稳健标准误差。

3. 交通基础设施与创新能力

表2-15揭示了交通基础设施对城市创新能力的影响效果。结果显示，无论是否加入相关的控制变量，在控制时间效应后Tinfr对Invent和UtiMod均具有显著的正向作用和效应。从第（2）列和第（4）列的回归结果来看，Tinfr对Invent和UtiMod的回归系数分别为0.779和0.759且均在1%的水平上显著为正，表明高速公路里程越多越能够提高发明专利授权数量和实用新型授权数量，假设3得到了验证，表明完善的交通基础设施能够显著提升城市创新能力。

表2-15　交通基础设施对城市创新能力的影响

变量	(1) Invent	(2) Invent	(3) UtiMod	(4) UtiMod
Tinfr	1.068*** (0.01)	0.779*** (0.02)	1.018*** (0.01)	0.759*** (0.01)
Open		-2.381*** (0.44)		-1.375*** (0.39)
IndStr		5.923*** (0.19)		5.853*** (0.17)
Fexpen		-1.210*** (0.21)		-1.205*** (0.18)

续表

变量	(1) Invent	(2) Invent	(3) UtiMod	(4) UtiMod
HuCap		0.378*** (0.03)		0.323*** (0.02)
_cons	-7.355*** (0.11)	-9.907*** (0.21)	-6.528*** (0.10)	-8.811*** (0.19)
Year Effect	Yes	Yes	Yes	Yes
N	5415	5415	5415	5415
F	7688.669	2276.886	8730.773	2689.300
R^2_a	0.578	0.672	0.609	0.708

注：*、**、***分别表示10%、5%、1%的显著性水平；括号内的数值为稳健标准误差。

（三）城市创新能力的中介作用

1. 中介效应的基本检验

表2-16揭示了创新能力在交通基础设施影响城市经济发展过程中的中介作用。结果显示，Tinfr对CEDL的总效应为0.539且在1%的水平上显著，Tinfr对创新能力中Invent的效应为0.779且在1%的水平上显著。从第（3）列CEDL对Tinfr和Invent同时进行回归的结果来看，Tinfr对CEDL的直接效应为0.411，Invent对CEDL的直接效应为0.165，Tinfr和Invent均在1%的水平上对CEDL具有显著影响，而且Tinfr对CEDL的总效应（0.539）大于其直接效应（0.411）。由实证结果可以判定，创新能力的中介效应是客观存在的，它的中介效应为0.1278（0.779×0.164），占总效应的比重为23.7%（0.1278/0.539）。由此可知，假设4得到验证，即创新能力在交通基础设施影响城市经济发展过程中发挥重要的中介效应，且其中介效应占总效应的比重达到了23.7%。

表2-16 创新能力的中介效应检验结果

变量	(1) CEDL	(2) Invent	(3) CEDL
Tinfr	0.539*** (0.01)	0.779*** (0.02)	0.411*** (0.01)
Invent			0.165*** (0.00)

续表

变量	(1) CEDL	(2) Invent	(3) CEDL
Open	0.799*** (0.17)	-2.381*** (0.44)	1.191*** (0.16)
IndStr	1.476*** (0.08)	5.923*** (0.19)	0.500*** (0.07)
Fexpen	-0.314*** (0.08)	-1.210*** (0.21)	-0.115 (0.07)
HuCap	0.261*** (0.01)	0.378*** (0.03)	0.199*** (0.01)
_cons	1.928*** (0.08)	-9.907*** (0.21)	3.560*** (0.09)
Year Effect	Yes	Yes	Yes
N	5415	5415	5415
F	5796.759	2276.886	6076.889
R^2_a	0.841	0.672	0.870

注：*、**、***分别表示10%、5%、1%的显著性水平；括号内的数值为稳健标准误差。

2. 中介效应的稳健性检验

为了检验创新能力中介效应的稳健性，把表2-16中的发明专利授权数量指标（Invent）替换为实用新型授权数量指标（UtiMod），依然采用三步法（温忠麟，2014）进行验证，结果如表2-17所示。结果显示，Tinfr对CEDL的总效应为0.539且在1%的水平上显著，Tinfr对创新能力中UtiMod的效应为0.759且在1%的水平上显著。CEDL对Tinfr和UtiMod同时进行回归的结果显示，Tinfr对CEDL的直接效应为0.393，UtiMod对CEDL的直接效应为0.192，Tinfr和UtiMod均在1%的水平上对CEDL具有显著影响，而且Tinfr对CEDL的总效应（0.539）大于其直接效应（0.393）。由实证结果可以判定，创新能力的中介效应是客观存在的，它的中介效应为0.1457（0.759×0.192），占总效应的比重为27.04%（0.1457/0.539），假设4再次得到了验证。两次中介效应检验结果表明，创新能力在交通基础设施影响城市经济发展过程中发挥重要的中介效应，中介效应占总效应的比重达到25%左右。

表 2-17　中介效应的稳健性检验

变量	(1) CEDL	(2) UtiMod	(3) CEDL
Tinfr	0. 539 *** (0. 01)	0. 759 *** (0. 01)	0. 393 *** (0. 01)
UtiMod			0. 192 *** (0. 01)
Open	0. 799 *** (0. 17)	-1. 375 *** (0. 39)	1. 063 *** (0. 15)
IndStr	1. 476 *** (0. 08)	5. 853 *** (0. 17)	0. 351 *** (0. 08)
Fexpen	-0. 314 *** (0. 08)	-1. 205 *** (0. 18)	-0. 083 (0. 07)
HuCap	0. 261 *** (0. 01)	0. 323 *** (0. 02)	0. 199 *** (0. 01)
_cons	1. 928 *** (0. 08)	-8. 811 *** (0. 19)	3. 622 *** (0. 09)
Year Effect	Yes	Yes	Yes
N	5415	5415	5415
F	5796. 759	2689. 300	6151. 890
R^2_a	0. 841	0. 708	0. 871

注：*、**、***分别表示 10%、5%、1%的显著性水平；括号内的数值为稳健标准误差。

（四）异质性检验

上述实证结果表明交通基础设施对城市经济发展水平产生显著的正向影响效应，而且这一影响效应是通过城市创新能力的中介效应职能发挥作用的。然而，各个城市之间客观存在异质性，比如城市的工业基础和高速铁路等因素会在一定程度上影响着交通基础设施对城市经济发展水平的作用，同样也在一定程度上影响着创新能力的中介效应。因此，有必要进一步比较分析城市之间的异质性对上述基础作用和中介效应的差异性影响。本部分以城市是否为老工业基地和是否开通高铁为标准，通过分样本检验的方式深入探讨这些因素，并对上述基础作用和中介效应进行异质性检验。

1. 基础作用的异质性检验

工业基础状况是一个城市经济发展的底层经济支撑，现代化高速铁路的交通枢纽功能会使城市产生集聚功能和通道效应，这些会对城市经济发展水平产生不同的影响。为了检验这些因素的异质性影响，本部分分别以是否为老工业基地和是否开通高速铁路为标准进行分样本检验。参照史丹和李少林（2020）的分类方法把中国285个城市按照是否为老工业基地进行分组，高速铁路开通数据由历年《中国铁道年鉴》、中国国家铁路局网站和中国铁路12306网站的相关公告整理得到。

分样本回归的结果如表2-18所示。第（1）列和第（2）列的结果显示，Tinfr对老工业基地的CEDL的弹性系数为0.520，而对非老工业基地的CEDL的弹性系数为0.545，且弹性系数均在1%水平上显著。回归结果说明，无论是否为老工业基地城市，改善交通基础设施均有利于城市经济发展水平的提高。但是，相对于老工业基地城市，非老工业基地城市交通基础设施的改善对经济发展水平的影响显著高出0.025，进一步表明交通基础设施对非老工业基地城市的经济影响更为明显，改善交通基础设施更容易提升工业基础相对薄弱城市的经济发展水平。

表2-18　基础作用的异质性检验

变量	老工业基地 (1) CEDL	非老工业基地 (2) CEDL	高铁开通 (3) CEDL	非高铁开通 (4) CEDL
Tinfr	0.520*** (0.01)	0.545*** (0.01)	0.336*** (0.02)	0.544*** (0.01)
Open	0.362 (0.27)	0.801*** (0.22)	1.123*** (0.43)	0.544*** (0.20)
IndStr	1.051*** (0.12)	1.798*** (0.10)	2.524*** (0.14)	0.640*** (0.10)
Fexpen	-0.130 (0.12)	-0.367*** (0.10)	-0.206 (0.20)	-0.354*** (0.09)
HuCap	0.391*** (0.02)	0.210*** (0.01)	0.529*** (0.04)	0.251*** (0.01)
_cons	0.852*** (0.14)	2.292*** (0.10)	0.452 (0.42)	2.339*** (0.09)

续表

变量	老工业基地 (1) CEDL	非老工业基地 (2) CEDL	高铁开通 (3) CEDL	非高铁开通 (4) CEDL
Year Effect	Yes	Yes	Yes	Yes
N	1824	3591	1671	3744
F	2325.842	3691.999	406.361	3751.572
R^2_a	0.863	0.836	0.520	0.831

注：***、**、*分别表示1%、5%、10%的显著性水平；括号内的数值为稳健标准误差。

表2-18第（3）列和第（4）列的回归结果显示，交通基础设施虽然能够提升城市经济发展水平，但其影响效果还会因该城市是否开通高速铁路存有差异。在开通高速铁路的城市，Tinfr对CEDL的回归系数为0.336且在1%的水平上显著。而在未开通高速铁路的城市，Tinfr对CEDL的回归系数为0.544且也在1%水平上显著，但影响效应是开通高速铁路城市的1.62倍。回归结果表明，相对于开通高速铁路的城市，完善交通基础设施在未开通高速铁路的城市对经济的提速效应更强，改善交通基础设施更容易提升未开通高速铁路城市的经济发展水平。

2. 异质性下创新能力的中介效应再检验

城市之间工业基础和高速铁路状况的差异不仅影响交通基础设施提升城市经济发展的作用效应，而且会使城市创新能力及其中介效应产生差异。因此，有必要进一步探讨在工业基础和高速铁路状况存异的城市之间创新能力的中介效应异质性。本部分仍然采用分样本回归的方法，研究城市异质性存在情况下创新能力的中介效应差异，表2-19和表2-20揭示了创新能力在开通高速铁路但工业基础不同的城市之间的中介效应差异。

表2-19结果显示，在开通高速铁路的非老工业城市，Invent对CEDL的中介效应为0.159（0.648×0.246），占总效应的比重为46.22%（0.159/0.344）。而在开通高速铁路的老工业城市，Invent对CEDL的中介效应为0.186（0.742×0.250），占总效应的比重为55.52%（0.186/0.335）。相对于开通高速铁路的非老工业城市，Invent在开通高速铁路的老工业城市的中介效应和在总效应中的比重均较高，分别是开通高速铁路的非老工业城市的1.17倍（0.186/0.159）和1.2倍（55.52/46.22）。回归结果表明，在交通基础设施影响城市经济发展的过程中，创新能力的中介效应在开通高速铁路的老工业城市更高，作用机制更强。

表 2-19　异质性下 Invent 的中介效应再检验

变量	组Ⅰ：高铁开通并且是非老工业基地			组Ⅱ：高铁开通并且是老工业基地		
	(1) CEDL	(2) Invent	(3) CEDL	(4) CEDL	(5) Invent	(6) CEDL
Tinfr	0.344*** (0.02)	0.648*** (0.06)	0.185*** (0.02)	0.335*** (0.02)	0.742*** (0.04)	0.149*** (0.02)
Invent			0.246*** (0.02)			0.250*** (0.01)
Open	3.226*** (0.61)	0.340 (1.45)	3.142*** (0.49)	0.016 (0.57)	-4.377*** (1.13)	1.108** (0.50)
IndStr	1.703*** (0.18)	4.821*** (0.44)	0.516*** (0.17)	3.132*** (0.19)	8.611*** (0.38)	0.982*** (0.21)
Fexpen	-0.121 (0.29)	-1.272* (0.69)	0.192 (0.23)	-0.363 (0.26)	-0.737 (0.52)	-0.179 (0.23)
HuCap	0.538*** (0.07)	1.320*** (0.16)	0.213*** (0.06)	0.481*** (0.05)	0.966*** (0.10)	0.240*** (0.05)
_cons	0.619 (0.66)	-18.050*** (1.58)	5.065*** (0.61)	0.792 (0.53)	-17.104*** (1.04)	5.062*** (0.52)
Year Effect	Yes	Yes	Yes	Yes	Yes	Yes
N	1140	1140	1140	531	531	531
F	272.499	394.351	351.156	159.788	136.709	242.529
R^2_a	0.516	0.616	0.632	0.576	0.533	0.722

注：*、**、***分别表示 10%、5%、1%的显著性水平；括号内的数值为稳健标准误差。

表 2-20 的回归结果与表 2-19 非常接近。在开通高速铁路的非老工业城市，UtiMod 对 CEDL 的中介效应为 0.176（0.634×0.277），占总效应的比重为 52.54%（0.176/0.335）。而在开通高速铁路的老工业城市，UtiMod 对 CEDL 的中介效应为 0.229（0.691×0.332），占总效应的比重为 66.57%（0.229/0.344）。相对于开通高速铁路的非老工业城市，UtiMod 在开通高速铁路的老工业城市的中介效应和在总效应中的比重均较高，分别是开通高速铁路的非老工业城市的 1.30 倍（0.229/0.176）和 1.27 倍（66.57/52.54）。

表 2-19 和表 2-20 的回归结果共同表明，相较于开通高速铁路的非老工业城市，在交通基础设施影响城市经济发展的过程中，创新能力的中介效应在开通高速铁路的老工业城市更高，作用机制更强。

表 2-20 异质性下 UtiMod 的中介效应再检验

变量	组Ⅰ：高铁开通并且非老工业基地			组Ⅱ：高铁开通并且老工业基地		
	(1) CEDL	(2) UtiMod	(3) CEDL	(4) CEDL	(5) UtiMod	(6) CEDL
Tinfr	0.335*** (0.02)	0.634*** (0.03)	0.159*** (0.02)	0.344*** (0.02)	0.691*** (0.04)	0.115*** (0.02)
UtiMod			0.277*** (0.02)			0.332*** (0.02)
Open	0.016 (0.57)	-6.392*** (0.99)	1.784*** (0.52)	3.226*** (0.61)	0.735 (1.10)	2.982*** (0.48)
IndStr	3.132*** (0.19)	8.718*** (0.33)	0.721*** (0.22)	1.703*** (0.18)	4.801*** (0.34)	0.111 (0.18)
Fexpen	-0.363 (0.26)	-0.191 (0.45)	-0.310 (0.23)	-0.121 (0.29)	-1.351** (0.53)	0.327 (0.23)
HuCap	0.481*** (0.05)	0.951*** (0.09)	0.218*** (0.05)	0.538*** (0.07)	0.892*** (0.13)	0.243*** (0.06)
_cons	0.792 (0.53)	-15.864*** (0.92)	5.180*** (0.53)	0.619 (0.66)	-13.522*** (1.21)	5.103*** (0.60)
Year Effect	Yes	Yes	Yes	Yes	Yes	Yes
N	531	531	531	1140	1140	1140
F	159.788	202.035	252.030	272.499	464.062	342.014
R^2_a	0.576	0.637	0.730	0.516	0.656	0.626

注：*、**、*** 分别表示 10%、5%、1%的显著性水平；括号内的数值为稳健标准误差。

四、讨论

本书所有实证结果均支持了前述四个假设，这意味着完善的交通基础设施促进了城市经济发展水平的提升，在这一影响过程中创新能力发挥非常重要的中介作用。具体情况如下：

第一，实证分析表明交通基础设施对城市经济发展具有正的经济效应，假设 1 得以验证。这与李欣泽等（2017）、刘勇政和李岩（2017）的研究结论是一致的。交通基础设施之所以能够促进城市经济发展，原因在于交通基础设施所形成的枢纽功能外在表现为外部溢出效应、效率改进效应、产业集聚效应、区域发展效应和现代化效应。交通基础设施的枢纽效应优化了城市要素配置，提高了全要素生产率，促进了城市经济的发展。

第二，创新能力提升有助于促进城市经济发展，表 2-14 的回归结果也证明了这一结论，验证了假设 2，这与 Boyd Cohen 等（2016）的研究结论是一致的。可能是因为交通基础设施较为完善的城市更容易聚焦信息和物质资本，特别是更容易吸引优质人力资源。优越的创新资源和创新环境使城市引力增强，集聚的各类创造性人才提升了城市的创新能力和创业能力，最终也将推动城市经济增长。

第三，表 2-15 的回归结果也验证了假设 3，表明交通基础设施提升了城市创新能力，这与 Antonio 和 William（2015）、杜兴强和彭妙薇（2017）、杨思莹和李政（2019）的研究结论是一致的。如前所述，完善的交通基础设施有利于提升科教发展水平，促进城市优质人才流动和知识交流，增强创新参与者与创新要素之间的相互作用，知识的交流和溢出效应增强了城市创新能力。

第四，创新能力在交通基础设施促进城市经济发展过程中发挥着重要的中介效应，假设 4 得以验证。交通基础设施集聚人才的功能进而对城市创新能力的影响同时存在着虹吸效应和极化效应。虹吸效应表现为优质人才向交通基础设施完善的大城市集聚，提升大城市的创新能力。极化效应表现为交通基础设施相对完善的小城市优质人才的外流，使大城市与小城市之间的差距拉大。但是，当小城市由于枢纽经济地位的提高而使创新能力和技术吸引能力逐步增强时，能够弱化这两种效应。总体而言，城市良好的枢纽经济地位更容易吸引优质人力资本，提升城市创新能力，进而提升城市经济发展水平。

第五，交通基础设施在未开通高速铁路的城市对经济的提速效应更强，创新能力的中介效应在开通高速铁路的老工业城市更高，这是本书的一个全新发现。交通基础设施建设对城市经济发展的作用效应在一定程度上依赖于城市人力资本积聚与创新能力的提升，同时还依赖于城市的产业基础状况。当一个城市产业基础较好时，交通枢纽功能更容易集聚优质人力资本，快速提升城市全要素生产率。

五、结论与启示

（一）研究结论

本节利用 2000~2018 年我国 285 个城市面板数据，验证了交通基础设施、创新能力与城市经济发展之间的关系，并进一步分析了创新能力的中介效应在工业基础和高速铁路等方面存在差异的城市之间的异质性。得出如下研究结论：①完善的交通基础设施、较强的创新能力均会显著提升城市经济发展水平；②创新能力在交通基础设施影响城市经济发展过程中发挥着重要的中介作用，城市经济的快速发展源于交通枢纽的通道效应和人力资本集聚形成的巨大创新能力；③由于城市之间工业基础的异质性是客观存在的，交通枢纽的功能效应存异，通道效应和人力资本集聚能力存异，创新能力推动城市经济发展的中介效应存在差异。

（二）管理启示

本节的研究结论对城市主政者具有一定的启示作用。①城市经济的发展离不开完备的交通基础设施。主政者需要通盘考虑和合理规划交通基础设施建设和投资，充分发挥交通基础设施推动城市经济发展的作用。②对于处于交通网络节点的城市，特别是工业基础较为雄厚的枢纽城市，主政者更应该注重交通枢纽功能的发挥，只有充分利用交通枢纽的通道功能和人力资本集聚功能形成强大创新合力，才能更有效地推进城市经济的发展。③人才是创新的源泉和经济发展的根本动力，交通枢纽城市更应该出台一系列吸引人才、使用人才和留住人才的政策，提升城市创新能力，促进经济快速发展。

当然，本书还存在一定的不足。比如，在模型选择上，虽然经过比较使用固定效应模型进行估计，但受篇幅所限在进行稳健性检验时并没有使用随机效应进一步验证。在经验数据选择上，受数据可得性影响，仅选用中国的城市数据可能使结果并不具有较强的普适性，研究结论可能更适合于发展中国家的城市经济发展。由于本书研究的最终目的是解决中国不同地区的经济和技术协调发展问题，在未来的研究中，通过东部、中部和西部地区城市间枢纽效应和创新中介效应的对比，分析这些效应在区域间经济和技术协调发展中的作用是很有价值的。

第三章　政府支持下的技术互助与服务

区域经济的协调发展除了东、中、西和东北部的板块，还有城乡之间协调发展。由于我国长期存在城乡二元结构，农村经济结构、基础设施、社会保障、教育等方面与城市存在着较大差距。2020 年底，我国完成了新时代脱贫攻坚目标任务，下个阶段的主要任务是巩固脱贫攻坚成果，实现农村地区的可持续发展。通过城乡融合和创新要素流动，提高农村地区的发展基础和技术能力，是实现农村地区经济发展可持续性的关键。本章从技术互助角度首先分析了城乡融合与创新要素流动，其次从巩固脱贫攻坚成果角度分析了提高农村技术能力的重要性，最后分析了“科创飞地”这种新的技术互助方式。

第一节　城乡融合与创新要素流动

当前中国进入了高质量发展阶段，党的十九大报告提出，我国社会主要矛盾已经转化为人民日益增长的美好生活需要和不平衡不充分的发展之间的矛盾。而区域之间、城乡之间的发展不平衡正是这种矛盾的主要表现之一。因此，如何缩小城乡经济发展差距、振兴乡村一直备受政府部门和学术界的关注。虽然影响经济收敛的因素涉及资源禀赋、要素流动、产业结构、经济政策、历史基础等多个方面，但要素流动和技术收敛在经济收敛中的核心作用已经成为国内外学者的共识。与传统生产要素相比，人力资本等创新要素的流动本身就带有技术转移的特征。因此，从创新要素流动的角度研究城乡间的经济协调发展就成了一个重要的研究方向。

政府主导下的产业政策和制度改革，往往对经济活动有着不可估量的推动作用，所以研究政策变量和创新要素流动的互动关系对城乡经济平衡发展就显得尤为重要。长期以来，我国城乡发展深受二元结构的桎梏，在城市的虹吸作用下，各种要素不断地从农村单向流往城市，城乡之间的技术、经济差距不断出现极化效应。党中央对此高度重视，不断深化城乡发展理念，党的十九大报告提出了“实施乡村振兴战略，建立健全城乡融合发展体制机制和政策体系”，2019 年颁布了《中共中央　国务院关于建立健全城乡融合发展体制机制和政策体系的意见》，2021 年“十四五”规划中强调了“建立健全城乡要素平等交换、双向流动政策体系”，当前城乡融合已经成为彻底破除二元结构、缩小城乡差距的政策背景。

那么城乡融合与创新要素流动关系是怎样的？在城乡融合的诸多措施中，哪些会对创新要素流动产生影响？城乡融合究竟应该作为外生变量，来促成创新要素流动，还是与创新要素流动互为因果？为此，我们选择城乡融合背景下创新要素流动为研究目标，在梳理城乡融合的政策文件的基础上，解析政策措施的维度和目标，并试图从构建城乡融合的理论分析模型、研究城乡融合与要素流动的关系入手，进而通过数据模拟研究创新要素在城乡间流动的内在机制。

一、城乡融合与创新要素流动的文献回顾

本部分研究的是城乡融合与创新要素流动的关系，因此相关文献梳理的脉络为：城乡融合的内涵—创新要素的界定—城乡融合与创新要素流动的关系。

（一）城乡融合的内涵

通过前面梳理我国城乡关系相关政策演化，可以发现我国对城乡关系的定位经历了从城乡统筹到城乡一体化再到城乡融合的转变。城乡融合的内涵丰富，周德等（2021）从社会发展史（刘先江，2013；蒋永穆和周宇晗，2018）、经济规律（金成武，2019；黄小明，2014）、城乡社会协调发展（刘春芳和张志英，2018）、空间区域（车冰清等，2020）、生态学（罗新阳，2005）、系统论（周新秀和刘岩，2010）、城乡价值（陈坤秋和龙花楼，2019；张海朋等，2020）、要素流动（张海朋等，2020）八个角度总结了学者们对城乡融合的八种内涵。

国外关于城乡融合通常表述为“Rural-urban Linkage”“Rural-urban Interaction”等，以其理论基础（Preston，1975）和具体操作措施为研究对象，强调城乡间的相互联系和相互作用（叶超和陈明星，2008），围绕教育（Anlimachie et al.，2020）、资本（Zarifa et al.，2019）、农业发展（Boudet et al.，2020）、医疗服务（Baier et al.，2020）、社会福利（Seale，2013）等方面，评价城市和乡村在社会、空间、经济和制度等层面的差异性（迎昌，2019；Tacoli，2003）。

综上所述，我们将城乡融合的内涵概括如下：城乡融合是指将城市和乡村视为统一的有机整体，在开放、公平、公正的制度政策环境中，实现城乡之间资源优势互补、产业融合、要素自由流动、公共服务均等化的过程。

（二）创新要素的界定

经典经济学生产函数中的生产要素包括劳动力、资本、土地等。Solow（1956）作为新古典经济增长理论的先驱，指出技术进步在长期经济增长中起重要作用。Schultz（1961）从人力资本角度指出，人力资本是体现在劳动者身上、用劳动者数量和质量衡量的资本。Porat（1977）总结了信息经济分析的基本框架，并将信息定义为新的生产要素。Cooke 等（1997）将创新要素划分为直接要素和间接要素，直接要素是指与技术创新直接相关的部分，包括技术、人力资本、资金，间接要素是指与技术创新相关的环境塑造部分，包括基础设施、社会环境、宏观政策。之所以强调制度因素的重要性，是因为具体制度是在处理价格、工资、市场进入、技术标准等过程中发展起来的，能够通过供应链和跨区域协调创新行为，因而也是创新的要素。经济合作与发展组织（OECD）2001 年发布的关于创新集群的报告中提出“创新是由企业、研究机构、大学、风险投资机构、中介服务组织等要素相互作用的结果”（OECD，2001）。这一观点将创新的要素由单一的技术研发机构扩展到了企业、大学、风险投资机构以及中介服务组织。2004 年，美国总统科技顾问委员会（PCAST）发表的题为《维持国家创新生态系统：保持科技竞争力》的报告中列出了美国创新生态系统的构成要素，除 OECD 认可的研究机构、大学、风险投资机构及中介服务组织外，还特地指出了发明家、技术人才和创业者在创新中的重要位置。创新生产要素的多种主体观念以熊彼特的创新概念为思想基础，最初只包括机构要素，后期把重要个体也包括了进来（程都，2019），在创新要素主体不断演化的过程中，制度性因素也逐步被纳入创新要素之中（有关生产要素的产生与发展脉络见表 3-1）。从这个角度来看，城乡融合的相关制度也可以理解为城乡之间创新要素的组成部分，但由于政策制度的外生性，本书还是将其视为创新要素的环境因素。结合以往的研究和本部分的研究目标，这里和第二章的界定保持一致，将创新要素界定为人力资本、知识技术、信息、资本等流动性要素。创新活动正是在这些要素互动中展开的。

表 3-1　生产要素的发展

生产要素＼年份	1662	1803	1956	1961	1967	1977	2002
学者	Petty	Say	Solow	Schultz	Galbraith	Porat	Acemoglu
要素	土地、劳动	物资资本	技术	人力资本	知识资本	信息	制度

资料来源：陶长琪和徐茉（2021）。

（三）城乡融合与创新要素流动的关系

对于城乡融合与要素流动关系的研究，聚焦在以下四个方面：第一，部分文献认为要素自由流动是城乡一体化发展的内生动力，但城乡要素错配阻碍了城乡间经济收敛的内在机制正常发挥作用，因而需要理顺要素自由流动路径，促进城乡一体化发展（王颂吉和白永秀，2013；郭晓鸣等，2016）；第二，要素从农村向城市单向流动使农村要素匮乏的问题（张凤兵和乔翠霞，2019；刘明辉和卢飞，2019；李国正，2020），因此构建城乡要素双向流动的新格局是实施乡村振兴战略的根本路径（武小龙，2018；张强等，2018）；第三，部分学者通过城乡要素双向流动模型分析了多种要素在城乡间的配置，并提出相应的优化配套机制（夏春玉等，2009；解安，2011；张国献，2012；蔡秀玲等，2018）；第四，要素流动可以促进农村收入的增加，或与城乡收入差距是倒“U”型关系，并有利于促进城乡一体化或城乡融合（杨孟禹和杨芳，2015；赵康杰和景普秋，2019）。

通过梳理文献发现，有部分文献将要素流动视为城乡融合的内生动力，并认为要素自由流动可以弥合城乡收入差距、促使城乡融合。但要素流动性的限制正是因为城乡二元格局的存在，而二元格局是历史因素和人为因素的叠加结果，城乡融合就是从多个维度破除二元结构的系列政策、制度和措施，是消除二元结构、促进要素流动的因，不是要素流动带来的果。他们之所以得出这样的结论，还有一个技术上的问题，那就是将城乡融合的内涵片面地指标化，例如将城乡收入差距的缩小这一指标表达为城乡融合的实现，而要素的流动确实可以弥合城乡收入差距，因此便得出了要素流动可以实现城乡融合的结论。

另外，关于创新要素流动问题，目前局限于区域创新系统、产业价值链以及创新集群等研究领域，专门针对城乡之间的创新要素流动的研究较少。随着城乡融合发展目标的提出，城乡要素流动的目标和路径也将发生变化，尽管目前城镇地区良好的创新生态环境会吸引创新要素向城市集聚，但如何实现向农村地区的逆向流动更为重要，因此需要在城乡融合发展的框架下重构城乡创新要素双向流动的机制框架。

二、城乡融合的有关政策梳理与解读

党中央和各级政府一直以来都非常重视建设和谐的城乡关系，城乡发展理念经历了“城乡统筹”“城乡一体化”和“城乡融合”三个阶段，政策实施也是一脉相承的（具体政策见表3-2）。

表 3-2 城乡发展的相关政策汇总

时间	政策文件	核心理念
2002 年 11 月	党的十六大报告《全面建设小康社会，开创中国特色社会主义事业新局面》	首次提出“城乡统筹发展”
2007 年 10 月	党的十七大报告《高举中国特色社会主义伟大旗帜，为夺取全面建设小康社会新胜利而奋斗》	城乡一体化成为统筹城乡经济社会发展的目标
2008 年 10 月	党的十七届三中全会《关于推进农村改革发展若干重大问题的决定》	建立促进城乡经济社会发展一体化制度
2009 年 12 月	《中共中央 国务院关于加大统筹城乡发展力度进一步夯实农业农村发展基础的若干意见》	把统筹城乡发展作为全面建设小康社会的根本要求
2010 年 10 月	《中共中央关于制定国民经济和社会发展第十二个五年规划的建议》	“三化同步”，加快推进城乡一体化格局
2012 年 11 月	党的十八大报告《坚定不移沿着中国特色社会主义道路前进，为全面建成小康社会而奋斗》	明确提出实施“推进城乡发展一体化”的方针政策，从“三化同步”推进到“四化同步”
2015 年 10 月	《中共中央关于制定国民经济和社会发展第十三个五年规划的建议》	“十三五”期间全面建成小康社会
2017 年 10 月	党的十九大报告《决胜全面建成小康社会，夺取新时代中国特色社会主义伟大胜利》	实施乡村振兴战略，建立健全城乡融合发展体制机制和政策体系
2018 年 5 月	《乡村振兴战略规划（2018—2022 年）》	顺应城乡融合发展趋势，重塑城乡关系，更好激发农村内部发展活力、优化农村外部发展环境，推动人才、土地、资本等要素双向流动
2019 年 4 月	《中共中央 国务院关于建立健全城乡融合发展体制机制和政策体系的意见》	城乡融合分两步走的政策路径
2021 年 3 月	《中华人民共和国国民经济和社会发展第十四个五年规划和二〇三五年远景目标纲要》	建立健全城乡要素平等交换、双向流动政策体系，促进要素更多向乡村流动
2022 年 3 月	国家发展和改革委员会《2022 年新型城镇化和城乡融合发展重点任务》	提出“推进以县城为重要载体的城镇化建设”
2022 年 5 月	中共中央办公厅 国务院办公厅印发《关于推进以县城为重要载体的城镇化建设的意见》	提出“县城是城乡融合发展的关键支撑”

（一）城乡统筹发展阶段

长期以来，我国的经济社会发展逐步形成了城乡二元结构的特征。在中华人民共和国成立以后，为了加快发展民族工业和社会主义现代化建设，国家确立了重工业优先发展的战略决策，在高度集中的计划经济体系下，对农产品进行统购统销、对城乡户籍进行分隔管理，农业在为工业发展提供原始积累的基础上，还提供了大量低成本劳动力，这种工业优先的发展模式进一步固化了城乡二元经济结构。改革开放以后，随着一系列市场经济体制改革的推进，农业也以家庭联产承包制为突破口进行了市场化改革，农业市场化水平不断提高，城乡之间劳动力的自由迁移和就业领域也进一步拓展，城乡、工农之间的产品市场环境与要素市场环境均得到了改善，但城乡二元结构的特征并没有根本转变，"三农"问题越来越受到各级政府和社会高度的关注。在这样的历史背景下，党的十六大报告首次提出"统筹城乡经济社会发展，建设现代农业，发展农村经济，增加农民收入，是全面建设小康社会的重大任务"①。这是第一次从国民经济社会全局的角度提出的城乡共同发展战略，中央开始从城乡统筹发展和国民经济社会发展方面全面研究解决"三农"问题，从此关于城乡发展的学术理论研究步入新的境界。党的十七大报告和党的十七届三中全会进一步提出，"统筹城乡发展，推进社会主义新农村建设"②。要加强农业基础地位，走中国特色农业现代化道路，建立以工促农、以城带乡长效机制，形成城乡经济社会发展一体化新格局。同时，从制度建设、现代农业建设、农村社会事业发展等方面为实现城乡统筹发展和全面建设小康社会战略任务作出了全面具体的部署③。纵观城乡建设的实践历程，党的十七大报告提出的"城乡一体化格局"，属于城乡统筹发展的新的阶段性目标。在随后的"十二五"规划中引申出"三化同步"的发展战略，即在工业化、城镇化深入发展中同步推进农业现代化，同时从现代农业发展、城乡基本公共服务均等化、农村社会事业发展、体制改革和制度建设等方面对加快形成城乡发展一体化格局进行部署规划④。这些重大理论和政策创新准确把握了中国特色社会主义现代化的建设规律，体现了实事求是、解放思想、与时俱进、开拓进取的时代精神，促进形成了农业农村发展的10年"黄金期"（张岩松，2013），从总体上推进了全面建设小康社会的进程。

（二）城乡一体化发展阶段

在新的历史条件下，党的十八大明确提出要推进城乡发展一体化战略⑤，与之前的城乡一体化相比，党的十八大提出的实施方案体现了思维方式、规划内容、时空布局上的全面深化。这是我国经济社会发展战略和指导思想的又一次升华。

首先，从思维方式上看，"一体化"概念已经完全走出了城乡二元思维定

① http://www.cntheory.com/tbzt/sjjlzqh/ljddhgb/202110/t20211029_37374.html。

② http://www.cntheory.com/tbzt/sjjlzqh/ljddhgb/202110/t20211029_37372.html。

③ http://www.gov.cn/jrzg/2008-10/19/content_1125094.htm。

④ http://cpc.people.com.cn/GB/64093/67507/13066322.html。

⑤ http://www.cntheory.com/tbzt/sjjlzqh/ljddhgb/202110/t20211029_37373.html。

势。但从“统筹城乡经济社会发展”到“两个论断”① 的提出，表明原来根深蒂固的“二元”思维定式已经开始逐步松动，再到党的十八大提出“城乡发展一体化”，这是发展战略思维转变潜移默化的结果。

其次，从规划内容上看，“十一五”规划和“十二五”规划是在科学发展观的指导下，将城乡经济社会统筹发展作为规划制定的基本原则，以实现一体化格局为目标。相比而言，在党的十八大报告中，将城乡发展一体化作为解决“三农”问题的根本途径，也就是说城乡一体化不再是目标，而是解决城乡二元结构的总体方案，在这个总体方案中，农业的基础地位需要进一步加强，同时开展新农村建设，提高农民收入，逐步缩小城乡收入差距，让农村地区和农民能够参与国家社会的现代化进程，共享发展成果。与此相对应，在发展战略上开始由“三化同步”升级为“四化同步”，即“新型工业化、信息化、城镇化和农业现代化”。在这个四化同步的战略中，要实现信息化与工业化深度融合、工业化和城镇化互动、城镇化和农业现代化相互协调，促进工业化、信息化、城镇化、农业现代化同步发展，将农业农村发展真正融合在国民经济社会整体发展之中。此外，还需要设计城乡一体化的制度体系和完善机制，具体包括城乡区域发展规划、城乡基础设施建设、城乡公共服务保障等，其中促进各种生产要素在城乡之间平等自由的交换流动以及财政、金融、医疗、教育等公共资源在城乡之间的均衡配置最为关键，最终形成以工促农、以城带乡、工农互惠、城乡一体的新型工农、城乡关系。

最后，从时空布局上看，党的十八大报告也提出了进一步的要求，城乡发展的平衡性问题、协调性问题和可持续性问题。从收入方面来看，强调城市居民和农村居民的收入增长要协调一致，尤其注重提升农民的收入增速，遏制城乡收入差距继续扩大的趋势。从城镇化角度来看，农业现代化、新农村建设以及基本公共服务均等化，是在城镇化过程中实现的，也是高质量城镇化的体现。新型城镇化对城市群规模进行科学规划，加强中小城市和城镇在产业布局、公共服务、就业创业、人口聚集等方面的功能建设，平衡好大城市与中小城市的关系，除个别特大城市外，全面放开落户限制，有序推进村民市民化进程。在农民市民化的过程中，既要保障进城农民享受到与城镇居民相同的基本公共服务，又要加强城乡社会保障体系的可持续性建设。从国土空间开发方面来看，首先确保城乡一体化

① “两个趋向”的重要论断是胡锦涛在党的十六届四中全会上提出的，他说：“综观一些工业化国家的发展历程，在工业化初始阶段，农业支持工业，为工业提供积累是带有普遍性的趋向；但工业化达到相当程度以后，工业反哺农业、城市支持农村，实现工业与农业、城市与农村协调发展，也是带有普遍性的趋向。”

进程中基本农田的数量和质量，对农村集体用地和宅基地的使用、流转以及相关农民的权益保障给予足够的重视，以新农村建设和新型城镇化为导向，建设科学合理的城乡格局，保证农业安全、食品安全与农村自然生态安全。

（三）城乡融合阶段

习近平总书记高度重视城乡关系，指出“要把工业和农业、城市和乡村作为一个整体统筹谋划”，“要继续推进新农村建设，使之与新型城镇化协调发展、互惠一体，形成双轮驱动”，“推进城乡发展一体化，是工业化、城镇化、农业现代化发展到一定阶段的必然要求，是国家现代化的重要标志”[①]。

经过长期努力，我国解决了十几亿人的温饱问题，总体上实现小康，而社会主要矛盾已经转化为人民日益增长的美好生活需要和不平衡不充分的发展之间的矛盾。在新时代中国特色社会主义思想的指导下，党的十九大提出“实施乡村振兴战略，建立健全城乡融合发展体制机制和政策体系”[②]，自此城乡融合发展成为城乡一体化的最新命题。2018 年 5 月，中共中央、国务院印发的《乡村振兴战略规划（2018—2022）》指出，顺应城乡融合发展趋势，重塑城乡关系，更好激发农村内部发展活力、优化农村外部发展环境，推动人才、土地、资本等要素双向流动，为乡村振兴注入新动能[③]。为了更好地实施城乡融合发展，2019 年中共中央、国务院在《关于建立健全城乡融合发展体制机制和政策体系的意见》（以下简称《意见》）中提出了分两步走的政策路径：第一步，到 2022 年，城乡融合发展体制机制初步建立。城乡要素自由流动制度性通道基本打通，城市落户限制逐步消除，城乡统一建设用地市场基本建成，金融服务乡村振兴的能力明显提升，农村产权保护交易制度框架基本形成，基本公共服务均等化水平稳步提高，乡村治理体系不断健全，经济发达地区、都市圈和城市郊区在体制机制改革上率先取得突破。第二步，到 2035 年，城乡融合发展体制机制更加完善。城镇化进入成熟期，城乡发展差距和居民生活水平差距显著缩小。城乡有序流动的人口迁徙制度基本建立，城乡统一建设用地市场全面形成，城乡普惠金融服务体系全面建成，基本公共服务均等化基本实现，乡村治理体系更加完善，农业农村现代化基本实现。[④] 2021 年《中华人民共和国国民经济和社会发展第十四个五年规划和 2035 年远景目标纲要》强调了“建立健全城乡要素平等交换、双向流动政策体系，促进要素更多向乡村流动，增强农业农村发展活力”[⑤]。

---

① http：//www. chinanews. com. cn/gn/2022/02-24/9684774. shtml。

② http：//www. gov. cn/zhuanti/2017-10/27/content_5234876. htm。

③ http：//www. moa. gov. cn/ztzl/xczx/xczxzlgh/201811/t20181129_6163953. htm。

④ http：//politics. people. com. cn/n1/2019/0506/c1001-31065514. html。

⑤ http：//www. gov. cn/xinwen/2021-03/13/content_5592681. htm。

另外，还需要注意的是，在整个城乡融合发展战略中，县城成了城乡融合的空间载体。党的十九大报告提出“以城市群为主体构建大中小城市和小城镇协调发展的城镇格局”。《中共中央 国务院关于建立健全城乡融合发展体制机制和政策体系的意见》要求“选择有一定基础的市县两级设立国家城乡融合发展试验区”。2022 年 3 月中华人民共和国国家发展和改革委员会印发《2022 年新型城镇化和城乡融合发展重点任务》，提出“推进以县城为重要载体的城镇化建设”。2022 年 5 月，中共中央办公厅、国务院办公厅印发了《关于推进以县城为重要载体的城镇化建设的意见》，提出“县城是我国城镇体系的重要组成部分，是城乡融合发展的关键支撑”。

（四）政策解读

通过政策梳理发现，城乡融合指将城市和乡村视为统一的有机整体，使之在开放、公平、公正的制度和政策环境中资源共享、优势互补、相互增益、共同繁荣。城乡融合的主要内容包括产业融合、制度融合、基础设施和信息服务融合、管理方式和技术进步融合、基本公共服务融合以及生态融合（赵秋成，2020）。

经过对前文的政策梳理，我们总结了城乡融合的政策维度、具体措施和预期目标：①户籍改革，消除人口自由迁徙的障碍；②土地市场统一，建成城乡统一的建设用地市场；③公共服务均等化，实现农村居民和城镇居民享有均等的公共服务；④金融服务，实现普惠的跨城乡、跨区域的金融体系；⑤乡村治理与农村产权保护，在城镇化进程中，提高乡村治理水平，保护失地农民、进城农民的产权；⑥县域载体，县、镇是城乡融合的空间载体。这些政策维度恰恰对应着劳动力、土地、资本等要素在城乡之间的配置，实现城乡融合，从某种意义上说就是实现要素在城乡之间的配置达到最优的过程（见表 3-3）。

表 3-3 城乡融合的政策维度、具体措施和预期目标

政策维度	具体措施	预期目标
要素配置	户籍改革	劳动力自由流动
	金融普惠	资本边际效率
	技术培训、研究成果转化	技术转移
	统一建设用地	土地流转
产业政策	在保护基本耕地的基础上，按照规划布局相关产业	引导资本下乡产业布局、增加乡村的投资机会和投资收益率
空间载体	城镇化路线	以县域为中心的城乡融合
公共服务	安全、交通、基础设施	城乡公共服务一体化

续表

政策维度	具体措施	预期目标
社会保障	制度统一，统筹安排	城乡待遇均等化
农民产权保护	失地农民的补偿、宅基地的保护	保护农民市民化过程中的利益、减少产权交易成本
生态保护	城乡环境一体化治理相关措施	城乡融合过程中的耕地保护与自然资源的合理使用

与全面建成小康社会这一阶段性任务相比较，推进城乡融合发展是一个伟大而长期的历史任务。从21世纪前20年实现全面建成小康社会的目标，到21世纪中期我国基本实现现代化，推进城乡发展一体化进程、建立城乡融合的体制机制，真正实现发展现代农业、建设新农村与工业化、新型城镇化进程协调发展、互惠一体，仍需要经过几十年的艰苦努力。

（五）政策维度中的要素流动的重要性

从城乡融合的政策维度和相关措施中我们不难看出，要素流动或者说要素配置属于城乡融合的关键一环，为何在各类措施中如此重视要素流动这一政策目标？从经济学理论来看，要素和产品都需要自由流动，才能达到帕累托最优的均衡状态。在我国社会主义市场经济体制的建立过程中，要素市场的建立晚于产品市场，城乡二元结构一直限制着要素流动性，因此无论是城乡一体化还是城乡融合，要素的流动性都成为关切的要点。此外，要素自由流动本身也是推进城乡融合的内在动力，尤其是劳动力的自由流动可以有效缩小城乡收入差距，这一点已经被许多学者证实，城乡融合本质上是城市和乡村的经济活动实现动态均衡的过程，所有的政策措施都在围绕（或者说引导）这一过程，实现资源配置的最优状态，无论是村民还是市民，不因城乡之间的产业差异而产生身份差异，在融合区所享受的公共服务均等、待遇均等。在这样一个动态均衡的实现过程中，要素的自由流动其实是一个必要条件，如果没有要素的流动或者说因制度或人为因素阻碍要素的流动，那么城乡融合的其他目标将变成一个个相互割裂的标靶。

三、城乡融合与创新要素流动的理论分析

城市和乡村的要素禀赋不同，创新要素主要聚集在城市，实现要素的双向流动的关键在于如何实现创新要素从城市流向农村，但农村缺少科研机构、风险投资、中介服务等创新组织和专业技术人才，乡镇企业的技术水平总体不高，那么创新要素从城市流向农村的路径有哪些？落脚点在哪里？

基于前文对城乡融合政策维度和目标任务的解析，要想实现创新要素在城乡之间的自由双向流动，引导城市人才、技术、资本向乡村流动，关键在于找到一个合适的空间载体。由于在城乡融合的过程中，既要实现集体经营性建设用地入

市制度、完善农村承包地三权分置制度、健全土地流转规范管理制度，又要实现保护基本农田，因此仅允许土地经营权入股发展农业产业化经营。这实际上限制了城市产业链向农村延伸的产业取向，即进入农村的资本、技术等资源，在用途上只能从事农业生产，这就使立足于乡村的产业分工和集聚性生产难以大范围发展起来，乡村对生产要素的吸引力不强。所以 2022 年 5 月中共中央办公厅、国务院办公厅印发了《关于推进以县城为重要载体的城镇化建设的意见》，新型城镇化的基本思路也已经从中心城市化转变为以中小城市、县城为核心的城镇化，并鼓励推动建设一批“城乡融合示范区”，说明国家正在探索在县域层面整合资源和集聚要素，并形成“以县城为中心，以乡村为外围”的城乡融合模式，从而实现城市创新要素在距离乡村最近的县城积聚，并以此带动乡村融入县域经济体系，实现要素的双向流动。在这一政策框架内，我们认为采用克鲁格曼“中心—外围模型”（Core-periphery Model）作为最新的城乡融合理论框架最为合适。

（一）克鲁格曼中心—外围模型

1991 年，克鲁格曼在《收益递增与经济地理》一文中以规模报酬递增、不完全竞争的市场结构为假设前提，在 Dixit-Stiglitz 垄断竞争模型的基础上，建立了一个地理集聚模式即克鲁格曼“中心—外围模型”，在模型中有两种力量决定着经济行为和要素在空间上的收敛或扩散：向心力和离心力，向心力来自集聚效应，包括关联效应、知识溢出、其他外部经济，离心力包括不可流动的生产要素、土地租金、交通拥塞和其他外部经济。

“克鲁格曼中心—外围模型”的基本假定是：两个地区，每个地区包括两个生产部门（制造业和农业），农业部门是完全竞争的，以规模收益不变的方式生产单一的农产品，而制造业部门是垄断竞争模式，以规模收益递增的方式生产异质产品，两个部门仅使用一种生产要素——劳动力。从事农业生产的劳动力不可流动，制造业工人可以自由流动，工人流动的动力来自两地的工资收入差异，农产品没有运输成本，制造业产品存在运输中的“冰山成本”。最终经济的均衡将导致两个地区分别形成一个中心区域和一个外围区域的经济地理格局。在均衡形成的过程中，规模经济、运输成本、制造业份额三个变量起着决定性作用，当运输成本足够低、制造业产品差异足够大、制造业份额足够大时，要素就会集中，该地区成为产业集聚中心。

（二）以县城为中心、农村为外围的城乡融合模型

鉴于本书研究的是城乡融合中创新要素流动、集聚的均衡过程。参考李君华和彭玉兰（2011）、盖骁敏和张文娟（2011）、梁碧波（2016）等对“克鲁格曼中心—外围模型”的应用，我们将在“克鲁格曼中心—外围模型”的基础上进行一些扩展。

1. 基本假设

假定在自然资源均质分布的空间中有两个地区（记为1区和2区，其中1区为经济发达地区，2区为相对落后地区）。经济系统中有两个部门：农业部门和制造业部门，农业生产均匀地分布于两个区域。制造业集中在1区中。有两种生产要素：技能型劳动力 L_M 和一般劳动力 L_A（即农民），农民均匀分布于两个区域且不能在两个地区之间自由地迁移和流动，技能型劳动力既可以在制造业部门内部自由地选择职业，也可以在两个地区之间自由地流动。农业部门是完全竞争的，以一般劳动力作为唯一投入，在规模报酬不变的前提下生产同质农产品。制造业部门是垄断竞争的，以技能劳动力作为唯一的投入，在报酬递增的条件下生产差异化产品。农产品没有运输成本，制造业产品跨区域交易有“冰山成本”。无论技能型劳动力还是农民，效用函数都相同。总人口为L，$L=L_A+L_M$；L_A 为农民数量；L_M 为技能劳动力数量。

2. 两区域均衡模型

由假设条件可知，两个区域农产品的生产成本 $C_{1A}=w_{1A}.q_{1A}$，$C_{2A}=w_{2A}.q_{2A}$，农产品同质，农民收入没有差别（$w_{1A}=w_{2A}$），所以两个区域的农产品成本和产量相同，$q_{1A}=q_{2A}$，$C_{1A}=C_{2A}$。制造业产品i在1区生产，其生产成本 $C_{1i}=F+w_{1i}\cdot q_{1i}$，F为固定成本，$w_{1i}$ 为1区i产品工人的工资率。

1区农民的行为：

$$\max U_{1A}=\left[\left(\sum_{i=1}^{n}M_{1Ai}^{\rho}\right)^{\frac{1}{\rho}}\right]^{\mu}\cdot A_{1AA}^{1-\mu}$$

$$s.t.\ w_{1A}=np_{1i}\cdot M_{1Ai}+p_{1A}\cdot A_{1AA}$$

M_{1Ai} 为1区农民消费的i产品；A_{1AA} 为1区农民消费的农产品；w_{1A} 为1区农民的收入；$M=\left(\sum_{i=1}^{n}M_{1Ai}^{\rho}\right)^{\frac{1}{\rho}}$（不变替代性CES效用函数）；n为制造品种类；μ表示在制造品上的支出份额；ρ为消费者对制造品多样化的偏好，ρ越小，多样化偏好程度越强，产品的替代性越小，令 $\rho=(\sigma-1)/\sigma$，σ即制造品的替代弹性，$\sigma>1$；p_{1i} 为1区i产品的价格，p_{1A} 为1区农产品价格。由农民效用最大的一阶条件可得1区农民对农产品和i产品的消费量：

$$A_{1AA}=\frac{(1-\mu)w_{1A}}{p_{1A}},\quad M_{1Ai}=\frac{\mu w_{1A}}{np_{1i}}$$

1区生产i产品的工人行为：

$$\max U_{1i}=\left[\left(\sum_{i=1}^{n}M_{1ii}^{\rho}\right)^{\frac{1}{\rho}}\right]^{\mu}\cdot A_{1iA}^{1-\mu}$$

$$s.t.\ w_{1i}=np_{1i}\cdot M_{1ii}+p_{1A}\cdot A_{1iA}$$

同理，可得 i 产品工人对农产品和 i 产品的消费量：

$$A_{1iA}=\frac{(1-\mu)w_{1i}}{p_{1A}},\quad M_{1ii}=\frac{\mu w_{1i}}{np_{1i}}$$

2 区农民的行为：

$$\max U_{2A}=\left[\left(\sum_{i=1}^{n}M_{2Ai}^{\rho}\right)^{\frac{1}{\rho}}\right]^{\mu}\cdot A_{2AA}^{1-\mu}$$

$$s.t.\ w_{2A}=np_{2i}\cdot M_{2Ai}+p_{2A}\cdot A_{2AA}$$

同理，可得 2 区农民对农产品和 i 产品的消费量为：

$$A_{2AA}=\frac{(1-\mu)w_{2A}}{p_{2A}},\quad M_{2Ai}=\frac{\mu w_{2A}}{np_{2i}}$$

2 区没有制造业工人，因为两个区域农产品完全同质，价格也相同，农民收入也相同，故令 $p_{1A}=p_{2A}=p_A$，$w_{1A}=w_{2A}=w_A$。“中心—外围模型”中存在“冰山成本”，即如果 1 单位的制造品由 1 区运往 2 区，只有部分到达，那么 2 区制造品的数量少于 1 区。我们这里将“冰山成本”转换为运输成本，即制造品从 1 区运往 2 区存在运输成本，故 2 区价格高于 1 区，令 $p_{2i}=\tau\cdot p_{1i}$，$\tau>1$。

1 区农产品的需求为：$D_{1A}=A_{1AA}\cdot\frac{L_A}{2}+A_{1iA}\cdot L_M=\frac{(1-\mu)[w_{1A}\cdot L_A+2w_{1i}\cdot L_M]}{2p_{1A}}$

1 区产品 i 的需求为：$D_{1i}=M_{1Ai}\cdot\frac{L_A}{2}+M_{1ii}\cdot L_M=\frac{\mu\cdot(w_{1A}\cdot L_A+2w_{1i}\cdot L_M)}{2np_{1i}}$

2 区农产品的需求为：$D_{2A}=A_{2AA}\cdot\frac{L_A}{2}=\frac{(1-\mu)w_{2A}L_A}{2p_{2A}}$

2 区产品 i 的需求为：$D_{2i}=M_{2Ai}\cdot\frac{L_A}{2}=\frac{\mu\cdot w_{2A}L_A}{2np_{2i}}$

由农产品完全竞争的条件可知，农产品供给：$q_{1A}+q_{2A}=q_A=\frac{L_A\cdot w_A}{p_A}$，根据两地区农产品市场出清条件，$q_A=D_{1A}+D_{2A}$，可得：

$$\frac{w_{1i}}{w_A}=\frac{\mu L_A}{(1-\mu)L_M}\tag{3-1}$$

由式（3-1）可得，技能型劳动力的收入与农民收入的比例，取决于 μ 和技术工人、农民的比例$\frac{L_A}{L_M}$，仅当农民与技能型工人的比例达到$\frac{1-\mu}{\mu}$时，两者的收入相等。

模型假设制造企业处于垄断竞争市场条件，故 i 产品的供给为 $q_{1i}=\frac{F}{p_{1i}-w_{1i}}$，根据两个地区制造产品 i 的市场出清条件：$q_{1i}=D_{1i}+D_{2i}$，可得：

$$p_{1i}=\frac{(\tau+1)\mu w_{1i}w_A L_A+2\tau w_{1i}^2 L_M}{(\tau+1)\mu w_A L_A+2\tau w_{1i}L_M-2\tau Fn} \tag{3-2}$$

如果将式（3-1）代入式（3-2），则此时的制造品价格：

$$p_{1i}=\frac{(\tau+1)(1-\mu)+2\tau}{(\tau+1)(1-\mu)+2\tau-2\tau\frac{Fn}{w_{1i}L_M}}w_{1i} \tag{3-3}$$

在“克鲁格曼中心—外围模型”中，生产只有一种投入即劳动力，没有考虑固定成本，因此若 $F=0$，那么均衡的结果就是制造业产品的价格等于工资率，企业边际成本等于边际收益，利润为零。本书的模型中制造品的价格并没有等于工资率，这是因为受制造品份额（μ）、固定投入（F）、运输成本（τ）以及产品多样性（n）的影响。

3. 小结

城乡融合过程中的要素流动，可以表现为农民市民化过程，即我们放开模型中农民不能流动的假设，在人口总数既定的条件下，城乡融合意味着从事农业生产的 L_A 在不断减少，从事制造业的 L_M 在不断增加，当两者的比例达到$\frac{1-\mu}{\mu}$时，城乡收入差距缩小为零。同时，我们也应该注意 μ 的影响，μ 代表的是花费在制造品上的份额，根据经验，这一参数在城市居民和农村居民身上的数值应该是不同的，但运用我国城乡居民支出数据进行模拟，发现近年来二者之间基本相似，也进一步印证了原效用函数模型中使用了同一个 μ 的假定。也就是说，城市居民花费在工业制造品上的份额会多一些，但随着乡村振兴和农村收入水平的提高，城乡居民的 μ 值会趋同。现在我们对模型进行一个简单的数值模拟，假设 $\mu=0.6$，$L=1$，$\frac{L_A}{L_M}=\frac{0.8}{0.2}$，则$\frac{w_{1i}}{w_A}=\frac{6}{1}$，即城乡收入差距为 6∶1。在城乡融合的过程中，若$\frac{L_A}{L_M}=\frac{0.5}{0.5}$，则$\frac{w_{1i}}{w_A}=\frac{3}{2}$，城乡收入差距明显减小。仅当$\frac{L_A}{L_M}=\frac{1-\mu}{\mu}$时，城乡差距为零。这就不难理解为什么在城乡融合政策维度中，特别强调“户籍改革、技能培训、社保一体化等”措施了，因为取消城市落户限制、实现城乡社会保障待遇均等在很大程度上促进了农民市民化，而农村一般劳动力通过技能培训逐步转变为技能型劳动力，这些措施将大大缩小城乡收入差距。

此外，创新要素的流动也表现为制造业由 1 区向 2 区的转移，如果放开原模型中对制造品市场所设置的垄断竞争条件，即企业可以有利润，那么企业的利润函数为$\pi_i=(1-\beta)\cdot q_{1i}\cdot p_{1i}+\beta\cdot q_{1i}\cdot\tau\cdot p_{1i}-(F+w_{1i}\cdot q_{1i})$，$\beta$ 代表 i 产品产量运输到 2 区的比例，$0<\beta\leqslant 1$，$p_{2i}=\tau\cdot p_{1i}$，根据利润最大的一阶条件可得 $p_{1i}=\frac{1}{1+\beta(\tau-1)}w_{1i}$。由此可见，正是因为两个区域之间存在“冰山成本”造成的损耗和 2 区的价格偏高，使企业的边际收益小于边际成本，但企业能否最终愿意从 1 区转移至 2 区生产，除考虑运输成本τ以外，β 也是一个需要考虑的重要因素，两区域的经济营商环境、消费能力是决定企业产品分配的外在因素，因此城乡融合的各个政策变量之间要考虑其相互关系。例如我们只大力推进城乡交通建设一体化，那么可以减少区域之间的交通成本τ，但如果目标地区（农村地区）的营商环境和居民消费能力提升有限，即使τ=1，但 β 赋值不会改变，企业以及企业本身涵盖的创新要素仍然不会向农村地区转移，相反，便捷的交通有可能反向引致农村生产要素更快地向城市集聚。总之，固定投入（F）、运输成本（τ）、企业产品在城乡之间的分配（β）以及技术进步带来产品多样性（n）都会对企业是否转移产生影响。同时，模型中关于农业生产的假设条件之一是农业没有固定成本，实际上如果政策引导技术、资本、知识、信息等创新要素向农村农业流动，会使农业生产的固定成本增加、边际成本下降、农产品生产效率提高，这是否会对农村劳动力产生挤出效应，可能还需要进一步研究。

四、数据描述性分析

结合前面的模型，我们对创新要素指标进行描述性分析。首先选择“非农就业比重”（即第二、第三产业就业人员占总就业人员的比重）来衡量农民市民化水平，表 3-4 中数据显示，从 2002 年开始我国的非农业就业比重超过了农业就业比重，L_A/L_M 的比例逐年下降，2021 年下降至 3∶10，可见城乡融合所引起的农民市民化的发展趋势非常明显。

表 3-4　农业与非农业就业人口比例（L_A/L_M）

年份	就业人口（万人）	第一产业（万人）	第二产业（万人）	第三产业（万人）	非农业就业比重	农业就业比重	农业与非农业比例
2002	73280	36640	15682	20958	0.50	0.50	1.00
2003	73736	36204	15927	21605	0.51	0.49	0.96
2004	74264	34830	16709	22725	0.53	0.47	0.88
2005	74647	33442	17766	23439	0.55	0.45	0.81
2006	74978	31941	18894	24143	0.57	0.43	0.74

续表

年份	就业人口（万人）	第一产业（万人）	第二产业（万人）	第三产业（万人）	非农业就业比重	农业就业比重	农业与非农业比例
2007	75321	30731	20186	24404	0.59	0.41	0.69
2008	75564	29923	20553	25087	0.60	0.40	0.66
2009	75828	28890	21080	25857	0.62	0.38	0.62
2010	76105	27931	21842	26332	0.63	0.37	0.58
2011	76196	26472	22539	27185	0.65	0.35	0.53
2012	76254	25535	23226	27493	0.67	0.33	0.50
2013	76301	23838	23142	29321	0.69	0.31	0.45
2014	76349	22372	23057	30920	0.71	0.29	0.41
2015	76320	21418	22644	32258	0.72	0.28	0.39
2016	76245	20908	22295	33042	0.73	0.27	0.38
2017	76058	20295	21762	34001	0.73	0.27	0.36
2018	75782	19515	21356	34911	0.74	0.26	0.35
2019	75447	18652	21234	35561	0.75	0.25	0.33
2020	75064	17715	21543	35806	0.76	0.24	0.31
2021	74652	17072	21712	35868	0.77	0.23	0.30

资料来源：根据国家统计局数据库整理而得，非农就业比重为二三产业就业人数占总就业人口的比例。

模型中 μ 代表的是花费在制造品上的份额，是城乡市场均衡过程中的重要变量，我们通过数据整理，以“居民人均非农产品支出比例”来衡量 μ 的数值。从表 3-5 中我们可以看到，城镇居民与农村居民的 μ 值虽有差异，但差别不断缩小，尤其在 2017~2019 年，两者基本持平，均达到了 0.7 左右，2020~2021 年城乡居民的非农产品支出比例均有所下降，且农村居民的下降速度更快，这可能与新冠肺炎疫情的影响有关。

进一步地，如果我们假定 $\mu=0.7$，根据式（3-1）的均衡结果，当城乡收入差距消失时，即 $w_{1i}=w_A$，得到 $L_A/L_M=3:7$，也就是当二者之间的比例为 3∶7 的时候，是一个均衡结果。但是，根据对表 3-4 的数值模拟，已经达到了 3∶10，说明目前农村存在着劳动力外流过度的问题，反而影响了农业的生产。

表 3-5　城乡居民支出情况与 μ 值的估计

年份	城镇居民人均消费支出（元）	城镇居民人均食品烟酒支出（元）	城镇居民人均食品烟酒支出比例	城镇居民人均非农产品支出比例	农村居民人均消费支出（元）	农村居民人均食品烟酒支出（元）	农村居民人均食品烟酒支出比例	农村居民人均非农产品支出比例
2002	6089	2216	0. 36	0. 64	1917	861	0. 45	0. 55
2003	6587	2337	0. 35	0. 65	2050	900	0. 44	0. 56
2004	7280	2609	0. 36	0. 64	2326	1055	0. 45	0. 55
2005	8068	2786	0. 35	0. 65	2749	1191	0. 43	0. 57
2006	8851	2948	0. 33	0. 67	3072	1249	0. 41	0. 59
2007	10196	3423	0. 34	0. 66	3536	1433	0. 41	0. 59
2008	11489	3963	0. 34	0. 66	4054	1657	0. 41	0. 59
2009	12558	4136	0. 33	0. 67	4464	1695	0. 38	0. 62
2010	13821	4402	0. 32	0. 68	4945	1874	0. 38	0. 62
2011	15554	5023	0. 32	0. 68	5892	2186	0. 37	0. 63
2012	17107	5472	0. 32	0. 68	6667	2395	0. 36	0. 64
2013	18488	5571	0. 30	0. 70	7485	2554	0. 34	0. 66
2014	19968	6000	0. 30	0. 70	8383	2814	0. 34	0. 66
2015	21392	6360	0. 30	0. 70	9223	3048	0. 33	0. 67
2016	23079	6762	0. 29	0. 71	10130	3266	0. 32	0. 68
2017	24445	7001	0. 29	0. 71	10955	3415	0. 31	0. 69
2018	26112	7239	0. 28	0. 72	12124	3646	0. 30	0. 70
2019	28063	7733	0. 28	0. 72	13328	3998	0. 30	0. 70
2020	27007	7881	0. 29	0. 71	13713	4479	0. 33	0. 67
2021	30307	8678	0. 29	0. 71	15916	5200	0. 33	0. 67

资料来源：根据国家统计局数据库整理而得。

为了方便计算，取城乡居民人均非农产品支出比例的均值作为 μ，按照前文模型中城乡市场出清条件：$\frac{w_{1i}}{w_A}=\frac{\mu L_A}{(1-\mu)L_M}$，将 2002～2021 年的相关数据代入计算，模拟结果如表 3-6 所示，可以看出自 2002 年我国实施城乡统筹以来，非农业与农业从业人员收入的比值开始下降，城乡收入差距在减小，模拟结果也与实际数据的趋势是契合的（对比表 3-7）。值得注意的是模拟结果出现另一个与客观事实不符（事实数据参考表 3-7）的情况，那就是自 2011 年起农民的收入水平甚至超过了非农业从业人员的收入，原因可能在于模型中没有考虑城镇居民财产性收入以及大量城镇灵活就业人口收入的影响。而随着非农产品支出比例的逐渐稳定（2015~2021年稳定在0.7左右），农民市民化程度将对城乡收入差距起到决定性作用。

表3-6　非农业与农业从业人员收入数值模拟结果

年份	人均非农产品支出比例均值	农业与非农业就业人口的比例	w_{1i}/w_A
2002	0.59	1.00	1.460
2003	0.60	0.96	1.466
2004	0.59	0.88	1.292
2005	0.61	0.81	1.273
2006	0.63	0.74	1.265
2007	0.63	0.69	1.171
2008	0.62	0.66	1.084
2009	0.65	0.62	1.121
2010	0.65	0.58	1.083
2011	0.65	0.53	1.002
2012	0.66	0.50	0.979
2013	0.68	0.45	0.960
2014	0.68	0.41	0.889
2015	0.69	0.39	0.853
2016	0.69	0.38	0.850
2017	0.70	0.36	0.853
2018	0.71	0.35	0.853
2019	0.71	0.33	0.813
2020	0.69	0.31	0.690
2021	0.69	0.30	0.671

资料来源：根据国家统计局数据整理而得。

表3-7　城乡居民人均可支配收入

年份	农村居民人均可支配收入（元）	城镇居民人均可支配收入（元）	城乡可支配收入比
2002	2529	7652	3.026
2003	2690	8406	3.125
2004	3027	9335	3.084

续表

年份	农村居民人均可支配收入（元）	城镇居民人均可支配收入（元）	城乡可支配收入比
2005	3370	10382	3.081
2006	3731	11620	3.114
2007	4327	13603	3.144
2008	4999	15549	3.110
2009	5435	16901	3.110
2010	6272	18779	2.994
2011	7394	21427	2.898
2012	8389	24127	2.876
2013	9430	26467	2.807
2014	10489	28844	2.750
2015	11422	31195	2.731
2016	12363	33616	2.719
2017	13432	36396	2.710
2018	14617	39251	2.685
2019	16021	42359	2.644
2020	17131	43834	2.559
2021	18931	47412	2.504

资料来源：根据国家统计局数据库整理而得，城乡可支配收入比为城镇居民可支配收入/农村居民可支配收入。

根据模型中制造业产品市场出清得出的结果：$p_{1i}=\frac{(\tau+1)(1-\mu)+2\tau}{(\tau+1)(1-\mu)+2\tau-2\tau\frac{Fn}{w_{1i}L_M}}w_{1i}$。制造业产品的价格（企业边际收益）与运输成本（τ）、非农产品支出比例 μ、制造业收入总额 $w_{1i}L_M$、固定生产成本 F、产品种类 n 有关。虽然 n 的具体数值难以统计，但 F · n 的数据可以参考《国家统计年鉴》中固定资产投资总额的数据得出，而 $w_{1i}L_M$ 可以用城镇单位就业人员工资总额代替。计算结果如表 3-8 所示，从中不难计算出这一变量的均值为 3.27，再考虑到前面对 μ 值的估计（均值为 0.66，见表 3-4），即使完全实现城乡交通一体化（即τ=1）也不可能实现理论上的产品市场出清、企业利润为零的均衡状态。换句话说，“克鲁格曼中心—外围模型”中的均衡状态是一种非常理想化的设想，只有企业没有固定成本时才能实现。

表 3-8 非农固定资产投资总额与城镇就业人员工资总额

年份	非农业固定资产总投资（亿元）（Fn）	城镇单位就业人员工资总额（亿元）（$w_{1i}\times L_M$）	$Fn/w_{1i}L_M$
2003	44389	15329.6	2.90
2004	55474	17615	3.15
2005	68514	20627.1	3.32
2006	82831	24262.3	3.41
2007	101211	29471.5	3.43
2008	124434	35289.5	3.53
2009	156933	40288.2	3.90
2010	189965	47269.9	4.02
2011	229692	59954.7	3.83
2012	271843	70914.2	3.83
2013	318771	93064.3	3.43
2014	362881	102817.2	3.53
2015	395517	112007.8	3.53
2016	424399	120074.8	3.53
2017	451729	129889.1	3.48
2018	478461	141480	3.38
2019	504212	154296.1	3.27
2020	518907	164126.9	3.16
2021	544547	180817.5	3.01

资料来源：根据国家统计局数据库整理计算而得。

如果放开原模型中制造品市场出清条件，我们可以把企业的利润函数写为：$\pi_i=(1-\beta)\cdot q_{1i}\cdot p_{1i}+\beta\cdot q_{1i}\cdot\tau\cdot p_{1i}-(F+w_{1i}\cdot q_{1i})$，β 代表 i 产品产量运输到 2 区的比例，$0<\beta\leqslant 1$，根据利润最大的一阶条件可得 $p_{1i}=\frac{1}{1+\beta(\tau-1)}w_{1i}$，由于 β 受到经济营商环境、区域消费能力等因素的外在影响，难以对 β 进行数值模拟，因此我们只能定性分析企业在区域间转移的机制。

五、结论与建议

经过政策梳理发现，城乡融合的政策是多维的，涵盖的措施也是多方面的，但各项措施之间缺少相互影响的研究，与要素流动的目标之间也缺少机制框架。

在本书建立的理论模型中，我们有了一些新的发现：第一，农民市民化的过程，有助于缩小城乡收入差距，但城镇化要有一个合适的度，即在人口总数稳定的条件下，融合城乡过程中，农民与市民的比例只有在等于$(1-\mu)/\mu$时，收入差距为零。城乡融合的诸多举措恰恰是加速了农村劳动力转入城市的进程。第二，从企业行为的分析来看，均衡的结果并不一定会引起城市产业转入农村地区，因为企业能否愿意从区域 1 转移至区域 2，需要考虑到固定投入（F）、运输成本（τ）、产品销售分配比例（β）以及技术进步带来产品多样性（n）等的影响，产业转移的内生动力不足，就意味着创新要素很难流入农村地区，这就需要城乡融合政策中设计好各项措施之间的关系，多管齐下。第三，限于理论模型的假设条件，我们很难将各种创新要素设置为不同的参数来描述城乡融合的均衡过程，例如城乡建设土地的一体化方案，能否实现资本要素逆向流入农村地区，目前的政策措施缺少一个引导路径来实现要素的双向流动。第四，目前还缺少城乡融合与创新要素流动的测度指标，以量化两者之间的关系，因此需要进一步选择典型案例，来检验城乡创新要素流动实现机制，这正是 2022 年国家提出要建立城乡融合示范区的重要意义。所以，实现城乡融合和创新要素流动，需要进一步做到以下两点：

1. 借鉴国际经验建立城乡融合示范区

2022 年 5 月，中共中央办公厅、国务院办公厅印发了《关于推进以县城为重要载体的城镇化建设的意见》，提出开展县城建设示范工作，稳步有序推动其他县城建设，形成以县城为主要载体的城镇化建设有效路径，并鼓励推动建设一批“城乡融合示范区”，说明“县域—农村”将成为城乡融合的空间试点。因此，在这一理念的指导下，美国和日本的城镇化经验可以借鉴。

美国作为一个高度城镇化的发达国家，其城镇化过程具有科学清晰的规划，形成了中心城市群与周边中心镇相结合的城镇体系，值得借鉴的方面主要包括：第一，美国各州的城镇化模式是自由开放的，密集的城镇交通网络打破了区域之间、城镇之间的隔阂，城乡接合部形成了众多具有特色的小城镇和中心镇，这些城镇与中心城市圈具有良好的产业布局和良性互动；第二，由于耕地资源丰富，再加上美国政府十分重视农业发展，美国的农业生产率很高，在保证粮食安全的基础上，也释放了大量农村劳动力向周围城镇转移，由于没有户籍限制，劳动力可以在农村与城镇、中心城市之间自由流动；第三，各州政府均十分重视中小城镇的发展，相比中心城市，各个小城镇对劳动力、资本、技术等生产要素的集聚作用并不比中心城市弱，并且由于自然环境较好，创新要素其实更青睐中小城镇，比如位于旧金山湾区的帕罗奥图（Palo Alto）小镇，曾是硅谷城市群中最先创立的小镇，这里曾经孵化过 Google、Facebook、Apple 等巨头，如今仍是 Palo

Alto Network、Skype、VMware 等公司的总部所在地。

日本的城镇化与美国有很大差异，其城市化已达 93%，限制于国土面积，使城市群间距较小，在工业化的同时推进城市化，大规模劳动力转移到城市群就业，日本城市群人口占据了本国人口的绝大多数，城乡差别极小。此外，日本农业的精细化生产，也需要高新技术的不断加持，这也为创新要素流向农村提供了就业机会和产业发展机遇。综上所述，美国和日本城镇化的同时，也逐步消除了城乡差别，美国地域广袤，形成众多的、具有特色的地方小城镇、中心镇以及大都市圈三级层次的城镇体系与我国目前一、二、三、四线城市颇有类似，但我国三线以下城市和县城的建设缺乏特点，产业结构类似，过度依赖房地产等问题突出，因此美国的特色产业小镇、中心镇经验可以为我国建设城乡融合示范区提供借鉴，在示范区实现创新要素的集聚与融合才是城镇化的方向，同时对城乡融合也具有深远的影响。

2. 尽快构建城乡融合评价指标体系

除了上述建议，我们认为加快构建融合评价体系也是目前城乡融合需要尽快解决的问题。由于城乡融合涉及的因素很多，因此评价指标应更趋于复合视角。虽然国内学者（吴殿廷等，2007；李勤等，2009；焦必方等，2011）对这个问题已经做了一些研究，为我国城乡融合评价研究奠定了一定的基础，但随着国家层面对城乡关系的不断认识，城乡融合评价指标体系也应该呈现多维化。为了提高评价的全面性和系统性，评价应该囊括实体要素（产业、经济、人口、空间、交通等）和非实体要素（制度、文化、观念、思想等），故我们认为评价指标应包括空间载体、基础设施、产业融合、公共服务、生态环境、社会保障、文化观念等。目前有一些研究的测度指标还是以实体要素为主，且偏重于城乡经济发展、城乡居民收支水平、城乡公共服务与基础设施建设等方面，对城乡非实体要素融合的刻画较少。为此我们做了一些尝试，建立了城乡融合评价指标体系（见表 3-9）。

表 3-9　城乡融合评价指标体系

实体要素指标	非实体要素指标
城乡居民人均收入比	城乡教师学生比
城乡居民人均消费支出比	城乡每万人拥有医生数（或床位数）比
城乡恩格尔系数	城乡人均文教娱乐支出比
非农产与农业产出比	绿化覆盖率

续表

实体要素指标	非实体要素指标
农业支出占财政支出比	农机普及程度
城市化率	城乡消费品零售总额比
城乡固定资产投资比	城乡家庭拥有汽车的比例
城乡社会保障支出比	城乡技能培训支出
交通网密度指数	城乡高学历、高级职称人数占比

第二节　科创飞地反哺与欠发达地区创新要素回流

Pierre（1958）最早把飞地定义为完全被另一个国家或实体领土包围的部分。严格地说，应该是一个国家的部分领土被另一个国家的领土或领海包围。最早包含“飞地”一词的外交文件是1526年签署的《马德里条约》（Alexander，1968）。后来，“飞地”的内涵从两个方面得到了扩展：首先，有的学者把一个国家的某个地区被另一个国家大量投资，主导了该地区经济发展的情况，也看成了飞地投资。比如，Gallagher和Zarsky（2007）研究了墨西哥由于新自由主义导致20世纪90年代以电子为导向的外商直接投资（Foreign Direct Investment，FDI）的增加而形成的电子产业飞地不可持续的情况。瓜达拉哈拉（Guadalajara）是一个半导体和电子产业出口导向型城市，其总部设在美国的公司曾经占当地投资总额的91%，最后出口到美国的出口额占总出口额的64%。但是到2004年，FDI流向了其他发展中国家，剩下的企业只从事低端产品的制造，环境污染不容乐观。其次，在一个国家内部不同的行政区之间，一个行政区在另一个行政区内部的某个地区进行主导性投资，被看成一种飞地发展模式，这在中国解决区域经济发展不平衡的过程中被学者们广泛使用。比如，Chan（2021）基于“飞地经济”模式的理论框架，分析了深圳市深汕特别合作区的背景和历史演进，阐述了合作区演进过程中存在的主要问题。从检索到的文献中可以发现，除经济飞地以外，还有种族飞地（Waldinger，1993）、移民飞地（Portes and Manning，2019）等。本节根据研究主题需要，首先分析了我国区域经济协调发展中飞地经济研究的现状；其次分析了基于区域间技术协调发展的科技飞地研究与现实案例；最后给出了总结和建议。

一、飞地经济的内涵、发展条件和模式

付桂军和齐义军（2013）对飞地经济的理论基础、内涵和基本特征，以及飞地经济发展的模式和条件等进行了文献综述。关于飞地经济的内涵，主要体现在三个方面：一是合作，主要表现为两个行政区域之间通过协商在某一个行政区的一个地区或园区开展经济合作。二是互助，主要表现为发达地区对欠发达地区的帮扶。三是共赢，主要表现为通过市场化运作和创新利益分享机制，实现“双赢”。

飞地经济的理论基础主要包括比较优势理论、均衡发展理论、产业梯度转移理论、增长极理论、共生理论等（Chan，2021）。比较优势理论用于解释飞地经济现象主要是指飞出地和飞入地各自拥有自己的比较优势，如飞出地的资金技术相对优势与飞入地的土地和劳动力资源优势相结合促进了双方的合作。均衡发展理论源于新古典区域均衡理论中的劳动力、资本和技术等生产要素在市场机制作用下能够实现要素收益在不同地区的均衡，从而促进区域均衡发展。但是，在实践中，由于经济落后地区的资源和技术与发达地区有巨大的差距，市场自身的作用往往不是缩小而是扩大了区域差距，发达地区对欠发达地区的“飞地”互助模式就成为解决区域均衡发展的手段之一。产业梯度转移理论源于弗农（Vernon，1966）的产业生命周期理论，可以用于解释处于产品开发和创新阶段的地区向处于产品衰退阶段的地区实施基于“飞地”模式的产业转移。增长极理论主要解释了一些地区由于资源、制度或技术优势在一定时期内实现经济的快速发展并对周边产生辐射效应，从而形成增长极。当增长极对周边的回波效应大于扩散效应时，就会出现地理空间上的二元经济或“孤岛”，类似于“飞地”。对于共生理论，在生物学上是指生命有机体与新的新生群落实现融合共生的过程。在飞地经济中，主要是指通过打破行政区划界限，使飞出地与飞入地之间实现互补合作、利益共享、共生发展的过程。

飞地经济发展的基本条件是地区之间的资源互补、梯度差异和区位差异等。所谓资源互补，主要是指产业结构或资源上的兼容性和互补性。所谓梯度差异，就是根据产业发展水平差异实现产业转移。比如，江阴经济开发区靖江园区是经济发达地区与欠发达地区之间的合作，通过产业转移实现优势互补（冯云廷，2013）。所谓区位差异，是指地理区位的差异导致一个地区发展受限，从而寻求资源互补的另一个地区的支持与合作。

飞地经济发展模式比较复杂，从投资角度来看，分为一方投资和双方共同投资两种模式；从管理角度来看，分为一方管理和双方共同管理；从合作内容角度来看，又分为一方向另一方投入资金的开发投资型，投入资源（材料）的供需

互动型，投入人才、技术和设备的要素配给型等。

二、我国科技创新飞地的研究与实践

在看到飞地经济发展模式对欠发达地区经济发展促进作用的同时，还需要反思飞地经济发展的可持续性问题。Gallagher 和 Zarsky（2007）关于墨西哥电子产业飞地的研究值得我们反思，美国给墨西哥 Guadalajara 带来的是短暂的繁荣，产业再度转移之后为该城市留下的只是低端的加工制造和污染的环境。也就是说，飞入地要实现可持续发展，避免陷入“梯度陷阱”。刘友金和吕政（2012）分析了产业梯度转移过程中的阻滞因素，认为地区间劳动力的自由流动、产业集群黏性、地方政府的 GDP 竞争阻碍、发达地区创新主导产业尚未形成规模等因素是导致梯度陷阱的原因。在实践方面，欧阳华（2017）认为广西在承接广东产业转移过程中出现了粤桂产业梯度陷阱问题。可见，在飞地经济发展中，最根本的是要解决飞入地的可持续发展问题，单纯把梯度差异看成产业转移和飞地经济发展的原因，而不是为了减少梯度差异，就会落入梯度陷阱。所以，作为后发地区的飞入地要实现可持续发展，以技术突破和产业升级为核心实现跨梯度超越发展（廖才茂，2002）。

为了解决欠发达地区技术升级和可持续发展问题，以创新型反向飞地形式为基本特征的“科创飞地”便应运而生。这种发展模式是通过对接发达地区的创新资源，实现欠发达地区局部创新能力提升的一种新的可行路径（胡航军和张京祥，2022）。潘家栋和包海波（2021）以浙江杭州衢州海创园创新飞地为例，分析了衢州市政府通过与杭州未来科技城管委会签订项目投资协议，在未来科技城建设衢州海创园过程中反哺衢州科技经济发展的现状及其存在的问题。廉军伟和曾刚（2021）分析了浙江新昌县政府采用政府出资、企业化运作模式在浙江杭州建设的新昌杭州紫金科创港，在实现两地协同创新中发挥的作用。这种创新型反向飞地在促进欠发达地区技术创新能力方面的作用主要包括以下四个方面：第一，有利于实现飞出地产业与飞入地技术的精准对接，有针对性地实现飞出地产业的技术升级。第二，有利于实现飞出地人力资源在飞入地技能提升，为创新型人才回流并推动飞出地技术创新能力提升打下基础。第三，有利于飞出地产业嵌入飞入地主导的产业价值链，实现价值链升级。第四，有利于形成飞出地与飞入地之间的共生关系，促进飞出地融入飞入地创新系统，改善飞出地的创新生态。

三、启示

“科创飞地”是在克服传统飞地梯度转移陷阱而出现的一种新的飞地形式。这种飞地模式改变了传统的发达地区在欠发达地区建立飞地的模式，采用的是一种技术学习、能力提升、反哺产业的逆向发展形式。除上述的积极作用外，“科创飞地”还存在以下问题：

第一，“科创飞地”主要是政府主导下的“取经”式的技术学习模式，市场机制下的利益共享和运行机制是需要解决的问题。

第二，“科创飞地”是一种主动的生产要素向发达地区集聚，目的是反哺飞出地的产业，最终的反哺效果如何，飞入地向飞出地的技术溢出效应是否会大于人才资金流失的虹吸效应，还需要进一步观察。

第三，“科创飞地”需要政策支持。飞出地与飞入地在签订合同的时候，往往考虑的是各自的利益，如何在保障双方利益的情况下实现真正的反哺，既需要相应的政策保障，也需要政策执行过程中的效果评估。

第三节　科技服务及其区域分布

科技服务既是服务业的重要组成部分，也是实现科技经济结合，促进技术创新的重要推动力量。2007 年，《国务院关于加快发展服务业的若干意见》把大力发展科技服务业和充分发挥科技对服务业发展的支撑和引领作用作为优化服务业发展结构的重要手段之一。2011 年，为了落实“十二五”规划、《国务院关于加快培育和发展战略性新兴产业的决定》以及《国务院关于加快发展服务业的若干意见》，国务院于 2011 年发布了《关于加快发展高技术服务业的指导意见》，从研发设计、知识产权、检验检测、科技成果转化、信息技术、数字内容、电子商务、生物技术等方面给出了相应的意见和政策措施。2014 年 10 月，国务院印发了《关于加快科技服务业发展的若干意见》（国发〔2007〕7 号）（以下简称《意见》）。这样，一般意义上的科技服务业发展政策出台，作为服务业重要组成部分的科技服务业发展有了具体的政策指导。《意见》出台的背景是解决科技服务业市场主体发育不健全、服务机构专业化程度不高、高端服务业态较少、缺乏知名品牌、发展环境不完善和复合型人才缺乏等问题。政策目标是形成覆盖科技创新全链条的科技服务体系，服务能力、市场化水平和国际竞争力大幅提升，在科技服务品牌、龙头企业培育、科技服务产业集群打造等方面实现提升。重点任务主要有研究开发、技术转移、检验检测认证、创业孵化、知识产权、科技咨询、科技金融、科学技术普及等专业科技服务和综合科技服务。

一、研究开发服务

在研究开发服务方面的任务主要体现在高校和科研院所的资源整合、专业化研发服务和重大科技基础设施的社会开放，新型市场化研发组织的培育和产业联盟的协同创新。产业联盟问题在后续章节研究，这里仅仅分析重大科技基础设施和新兴市场化研发组织。

（一）重大科研基础设施和大型科研仪器社会开放

2014 年 11 月，国务院印发了《关于国家重大科研基础设施和大型科研仪器向社会开放的意见》，主要是解决大型仪器设备利用率和共享水平不高、仪器设备重复购置、仪器设备部门化个人化倾向严重、闲置浪费现象严重、创新服务的支撑作用没有得到有效发挥等问题，提升仪器设备的专业化服务能力和综合效益。其目的是通过建设统一的专业化网络管理服务体系，健全制度、机制，解决现有大型仪器设备利用过程中存在的问题。大型仪器设备开放共享的适用范围主要分布在高校、科研院所、企业重点实验室、工程技术中心、分析测试中心等。实施的主要举措包括六个方面：统一网络平台管理、分类开放共享、建立激励引导机制、建立评价体系和奖惩办法、知识产权管理和强化管理单位主体责任。整个文件的核心就是通过科研设施与仪器国家网络管理平台的建设，同时通过评价考核和激励的方式，促进跨部门、跨领域、多层次的网络服务，促进共享与开放。全国性的科研设施和仪器网络管理平台经历了 1997 年的八省市协作共用网、2007 年的全国大型科学仪器协作共用网和 2015 年的重大科研基础设施和大型科研仪器国家网络管理平台的演变（见图 3-1）。目前已经从覆盖八省市发展到覆盖全国，实现了仪器设备的区域共享和使用。

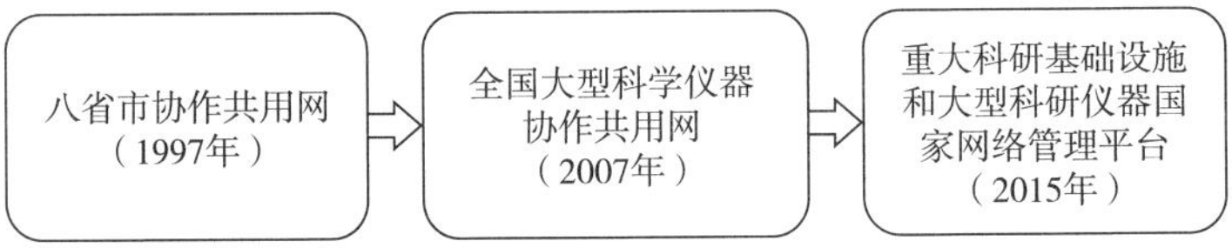

图 3-1　全国重大科研设施和仪器共享平台的演变

在考核方面，中华人民共和国科学技术部、中华人民共和国财政部和中华人民共和国教育部从 2018 年开始，开展了中央级高校和科研院所重大科研基础设施和大型科研仪器开放共享评价考核。通过考核，全国范围内的重大科研设备和仪器进入国家平台的比例和建立在线服务平台的比例逐步提高，考核优秀比例逐步提高，考核较差比例逐步下降（见表 3-10）。这说明，参评单位对开放共享重视程度增加，管理和共享应用水平也得到了进一步提升。

表 3-10　中央级高校和科研院所重大科研基础设施与大型科研仪器开放共享评价结果

	2021 年	2020 年	2019 年	2018 年
参评单位数量	346	356	344	373
50 万元以上仪器台套数（万套）	4.2	4.1	4.2	3.4
1000 万元以上仪器台套数（套）	359	341	358	1173（≥500 万元）
重大科研基础设施（个）	86	86	65	76
科研仪器年平均有效工作机时（小时）	1278	1450	1440	1340
进入国家网络平台的仪器比例（%）	98	97	95	79
建立自己在线服务平台参评单位比例（%）	92	90	80	80
考核优秀比例（%）	15	14	15	11
考核良好比例（%）	29	28	26	16
考核合格比例（%）	54	55	56	66
考核较差比例（%）	2	3	3	7

资料来源：根据科技部网站历年评价结果通知的数据整理，参考网址：http：//www.most.gov.cn/xxgk/xinxifenlei/fdzdgknr/。

2021 年 2 月，国家科技基础条件平台中心印发了《国家重大科研基础设施和大型科研仪器开放共享政策制度和典型案例学习辅导三十问》，进一步对一些主要问题进行了回答，并对科研仪器共享方面的政策进行了汇编整理，使大型仪器设备的开放共享更加规范和系统。

（二）新型研发机构（新型市场化研发组织）

根据中国政府网和中华人民共和国科技部网站政策检索以及新型研发机构的现实实践发现，新型研发机构的现实实践早于政策指导。1996 年 12 月，深圳清华大学研究院的成立，是我国在传统官产学研合作实践基础上新型研发机构的初期探索。从理论上来说，它是从以三螺旋理论为基础的产学研合作到产业技术创新联盟基础上组织形式的新的演变，由合同约束到虚拟组织约束，再到实体组织约束的一种新的组织形式（见图 3-2）。

这种新型研发组织的出现，使技术创新的合作有了更为规范的组织制度保障。朱常海（2019）认为，新型研发机构的出现是为了缓解科技创新需求和科技创新供给之间的矛盾。其产生的背景源于区域创新资源的分布失衡、科研院所的科技供给能力不足以及企业群体研发能力较弱，其核心特征是集成科研、孵化、资本等功能的微创新生态模式。

随着更多新型研发机构实践的出现，我国在《“十三五”国家科技创新规划》和《国家创新驱动发展战略纲要》中，提出了在壮大创新主体中要发展面

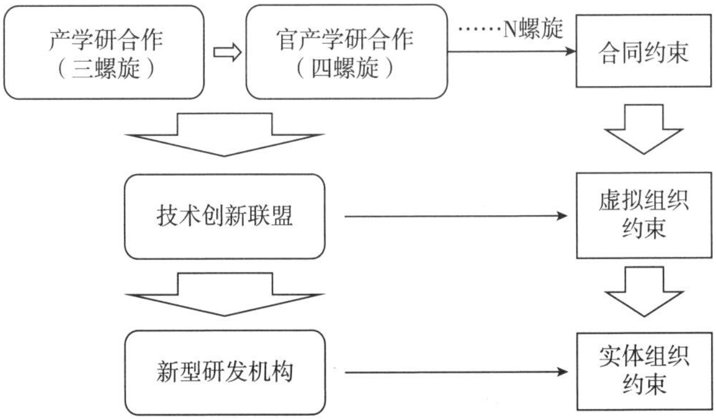

图 3-2　新型研发机构组织形式的演变

向市场的新型研发机构。为了促进新型研发机构的有序发展，科技部于 2019 年 9 月印发了《关于促进新型研发机构发展的指导意见》，明确了组织形式、设立条件、管理体制、用人机制、分类评价、地方政府支持、激励措施等内容，规范了新型研发机构的设立和规范运行。

二、技术转移、创业孵化与知识产权服务

（一）技术转移服务

技术转移是指制造某种产品、应用某种工艺或提供某种服务的系统知识，通过各种途径从技术供给方向技术需求方转移的过程①。比较典型的技术转移服务有技术开发、转让、咨询、评价、投融资和信息网络平台服务等。针对我国技术转移链条不畅、人才队伍不强、体制机制不健全等问题，2017 年，国务院印发了《国家技术转移体系建设方案》，从基础架构、转移通道、政策环境和支撑保障三个方面进行了设计。

在基础架构方面，一是从强化需求导向、促进产学研协同、面向经济社会发展急需等方面激发创新主体转移活力；二是通过建设全国性的网络技术交易线上平台、发展功能完善和辐射作用很强的全国性技术交易线下市场，提升技术转移服务水平等方面构建统一的技术市场；三是通过强化国家技术转移管理机构的职能，加快高校和科研院所技术转移机构以及社会化技术转移机构的建设与发展；四是通过完善人才发展机制和加强人才培养，壮大专业化技术转移人才队伍。

在转移通道方面，一是通过鼓励科研人员创新创业，推动开放共享的创新平台建设和创新资源共享等方式，依托创新创业促进技术转移。二是通过强化技术

① 参见《技术转移服务规范》国家标准（GB/T 34670-2017）。

供需对接、优化转移体制的方式深化军民科技成果双向转化。三是通过强化北京、上海等创新中心的辐射和引领作用，开展东北地区科技成果转移的专项行动以及技术落后地区的对口技术援助，关注重点区域技术转移；强化国内东中西部地区之间、省市县之间梯度技术转移；通过国际合作，开展“一带一路”沿线国家技术转移合作等，实现跨区域技术转移。

在政策环境和支撑保障方面，需要在正确的科技评价导向、政策衔接配套、多元化投融资服务、信息共享、知识产权保护和氛围营造等方面进行强化。

（二）创业孵化服务

作为科技产业化的重要服务机构，科技企业孵化器是创业孵化服务的重要平台，其活力和发展状况是反映一个地区经济发展潜力的重要标志[①]。

从2001年开始，在《中华人民共和国国民经济和社会发展第十个五年计划纲要》精神的指导下，我国制定了《中国科技企业孵化器“十五”期间发展纲要》，这是从1987年我国科技企业孵化器创办以来的标志性政策，主要是为了解决扶持和引导政策缺失、孵化器数量和质量不高、管理人员素质提升以及基础设施和孵化功能完善等问题。从《中国科技企业孵化器“十五”发展纲要》到《中国科技企业孵化器“十三五”发展纲要》，我国的科技企业孵化器行业取得了很大的发展。“十五”时期基础能力提升，主要是解决科技企业孵化器缺少扶持政策、数量质量以及人员素质水平不高、基础设施和孵化功能完善的问题；“十一五”时期开始突出孵化服务体系建设，主要解决孵化器服务从企业初创到毕业的全链条服务体系的建设，实现孵化器与毕业企业数量和质量的双提升；“十二五”期间，突出了创新创业服务体系，对创业企业的整体服务能力以及管理体制和机制的建设。2014年，李克强总理在夏季达沃斯论坛上提出了“大众创业、万众创新”；2015年，印发了《国务院办公厅关于发展众创空间推进大众创新创业的指导意见》，在全国范围内掀起了创新创业的高潮，科技企业孵化的社会氛围和群众基础进一步凸显。在“十三五”期间，《中国科技企业孵化器“十三五”发展纲要》突出了“围绕大众创新创业需求，完善多类型、多层次的创业孵化服务体系”，从“众创空间—孵化器—加速器”全链条层面强化孵化服务（见图3-3）。另外，值得一提的是，从“十五”到“十三五”，孵化人才、科技型企业家、职业化孵化导师队伍的培养与集聚等人才培养贯穿了每个时期，说明人才作为重要的创新要素，在整个科技企业孵化产业中发挥着重要的作用。

① 我国的科技企业孵化器的主要类型有：科技部批准认定的国家创业中心、火炬软件基地，科技部、教育部和人事部共同批准认定的留学人员创业园，科技部、教育部共同认定的大学科技园。

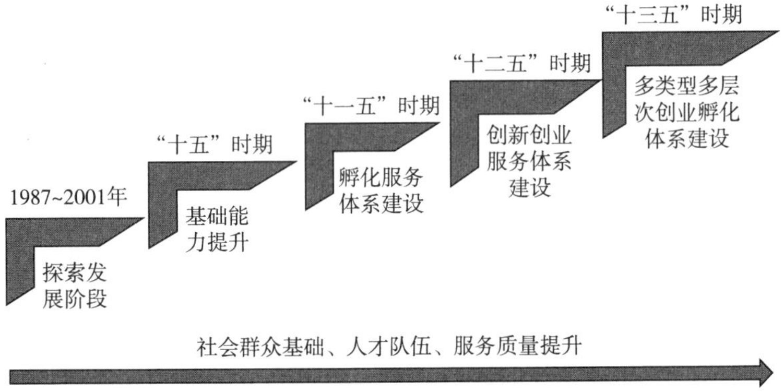

图 3-3 中国科技企业孵化器五年规划演进

(三) 知识产权服务

知识产权工作包括知识产权创造、战略实施和保护运用以及知识产权公共服务等内容。知识产权服务所涉及的业务形态包括知识产权代理服务、知识产权信息服务和知识产权咨询服务。其中信息服务侧重于知识产权的信息化和智能化基础设施建设和数据管理，提高知识产权信息的传播效能。在知识产权服务便利化改革方面，主要包括审查周期压减、流程优化、商标注册和专利申请全流程网络化服务等。从服务的知识产权种类来看，主要包括专利、商标、版权、商业秘密、地理标志及植物新品种权等。2014~2021 年，从国务院下发的政策文件来看（见表 3-2），与知识产权相关的文件 33 个，其中与知识产权保护相关的 23 个，与知识产权战略实施相关的文件 4 个，行业性的知识产权工作 1 个，知识产权管理与转让的文件 2 个，其他文件 3 个①。这说明我国近年来在知识产权服务中的知识产权保护工作是核心工作之一，也是在科技服务中以国家立法的形式对技术创新主体的激励和重视。

根据 2021 年全国知识产权服务业统计调查报告的数据，该行业的发展表现出了良好的趋势，行业规模不断扩大、吸纳就业作用持续加强、效益水平稳步提升、集约化发展趋势显著、服务支撑创新的作用持续增强。但是，从区域布局角度来看，根据 2020 年的数据，东部地区知识产权服务机构的数量占 66.8%，中部地区和西部地区占比相近，分别为 14.8%和 14.5%；东北地区占比为 3.8%。

① 中华人民共和国中央人民政府网站政策文件库，以“知识产权”为关键词检索国务院文件，网址：http://sousuo.gov.cn/s.htm? q =% E7% 9F% A5% E8% AF% 86% E4% BA% A7% E6% 9D% 83&t = zhengcelibrary&orpro =。

从省份分布来看，广东、北京、江苏、浙江、上海和山东等经济发达地区占比为55%[1]。从重点服务类型来看，与总体数据相似，仍然是东部地区占比最高，中部和西部地区相似，东北地区最低（见图 3-4）。

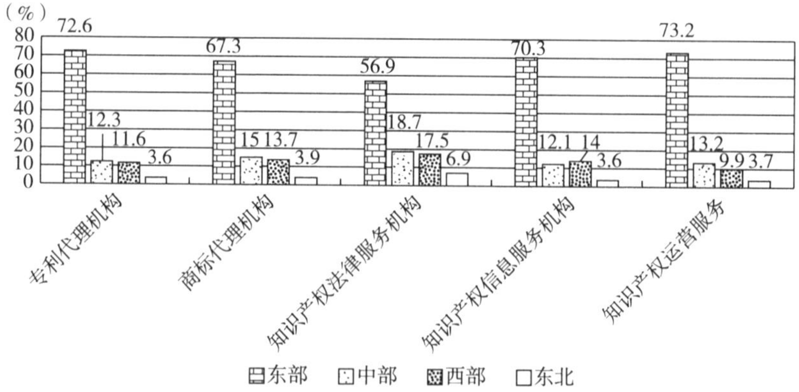

图 3-4　重点知识产权服务类型机构数量占比

三、科学技术普及服务

科学技术普及服务是科教兴国和可持续发展的基础性工作。2002 年 6 月颁布了《中华人民共和国科学技术普及法》，以法律的形式指出了科学技术普及的重要性、各级政府的职责、各类组织机构的社会责任、各级政府的保障措施以及相应的法律责任。具体来说，科学技术普及涉及科普人员的加入、科普场馆的建设、科普经费的投入、科普传播形式的多样化发展、科普活动的普惠性等内容。根据《中国科技统计年鉴（2021）》的数据，科学技术普及的变量数据计算如表 3-11 所示。

表 3-11　2020 年科学技术普及指标及计算方式

一级指标	二级指标	变量	计算方式
科普投入 Stinput	科普人员	aZper	科普专职人员和兼职人员标准化后的平均值
	科普场馆	aZst	科技馆数量、建筑面积和展厅面积标准化后的平均值
	科普经费	Zafund	科普经费年度筹集额标准化后的值

① 资料来源：《2021 年全国知识产权服务业统计调查报告》。

续表

一级指标	二级指标	变量	计算方式
科普产出 Stoutput	科技馆参观人数	Zvisit	科技馆当年参观人数标准化后的值
	科普图书	aZbook	科普图书出版种类和出版册数标准化后的平均值
	科技活动周	aZstw	科技活动周活动次数和参加人数标准化后的平均值

（一）空间相关性分析

根据科普投入中的科普人员、科普场馆和科普经费三个指标的数据计算全局莫兰指数及其假设检验结论发现（见表 3-12），除了科普场馆不显著以及科技馆参观人数在 10%的水平下显著，其他指标均在 5%的显著性水平上显著。如果把三个科普投入指标计算平均值得到一个科普投入变量，全局莫兰指数为 0.007，p 值是不显著的。把科普产出的三个二级指标变量计算平均值得到一个科普产出变量，全局莫兰指数为 0.152，相应的 p 值为 0.059，在 10%的水平上显著。

表 3-12　科学普及变量莫兰指数及其检验

一级指标	二级指标	变量	全局莫兰指数	p 值
科普投入		Stinput	0.007	0.360
	科普人员	aZper	0.215**	0.019
	科普场馆	aZst	0.043	0.243
	科普经费	Zafund	0.339***	0.002
科普产出		Stoutput	0.152	0.059
	科技馆参观人数	Zvisit	0.115	0.098
	科普图书	aZbook	0.223**	0.022
	科技活动周	aZstw	0.174**	0.039

注：这里的 p 值源于 999 次置换的随机化结果，重新操作运行结果会有差异，但不影响显著性。*、** 和 *** 分别表示在 10%、5%和 1%的水平上显著。

通过分析可以发现，科普投入整体上不存在空间集聚，但科普产出却在一定程度上存在着空间集聚，出现了投入产出之间的不一致现象。通过二级指标的显著性分析可以发现，之所以出现这种不一致现象，主要原因在于尽管在全国范围内科普场馆分布比较均匀（没有显著的空间集聚），但科普人员和科普经费的地区间差异（空间集聚），导致了科普产出的空间差异。特别是科普图书和科技活动周方面有着显著的区域差异。

（二）空间集聚特征分析

由于上述科普变量全局莫兰指数均为正数，说明具有相似属性的对象存在集聚特征。所以，这里进一步通过科普变量局部莫兰指数分析中的集聚图和显著性，考察高高（high-high）集聚和低低（low-low）集聚的空间分布情况。

从分析结果来看，高高集聚的地区主要位于发达地区的上海、江苏、浙江、北京和天津，另外还有邻近的安徽、福建和江西（见表3-13）。低低集聚区域主要位于内蒙古、甘肃、青海等欠发达地区以及黑龙江和吉林等东北地区（见表3-14）。

表3-13　高高集聚特征的地区分布和显著性

一级指标	二级指标	变量	地区及其在何种水平上显著
科普投入		Stinput	不显著
	科普人员	aZper	上海（0.05）、江苏（0.01）、浙江（0.05）、山东（0.05）、江西（0.001）
	科普场馆	aZst	不显著
	科普经费	Zafund	上海（0.05）、福建（0.05）、江西（0.05）
科普产出		Stoutput	江苏（0.05）、上海（0.05）
	科技馆参观人数	Zvisit	安徽（0.01）、江苏（0.01）、上海（0.05）、浙江（0.05）、福建（0.05）、江西（0.05）、山东（0.05）
	科普图书	aZbook	福建（0.05）
	科技活动周	aZstw	上海（0.05）、天津（0.05）

表3-14　低低集聚特征的地区分布和显著性

一级指标	二级指标	变量	地区及其在何种水平上显著
科普投入		Stinput	不显著
	科普人员	aZper	内蒙古（0.05）、吉林（0.01）、黑龙江（0.05）
	科普场馆	aZst	不显著
	科普经费	Zafund	内蒙古（0.001）、吉林（0.01）、黑龙江（0.05）、甘肃（0.05）
科普产出		Stoutput	内蒙古（0.01）、甘肃（0.05）
	科技馆参观人数	Zvisit	无
	科普图书	aZbook	内蒙古（0.05）、四川（0.05）、陕西（0.05）、甘肃（0.05）、青海（0.05）、新疆（0.05）
	科技活动周	aZstw	内蒙古（0.05）、吉林（0.05）、黑龙江（0.05）

四、科技金融服务

科技金融是促进科技开发、成果转化和高新技术产业发展的一系列金融工具、金融制度、金融政策与金融服务的系统性、创新性安排，是由向科技与技术创新活动提供金融资源的政府、企业、市场、社会中介机构等各种主体及其在科技创新融资过程中的行业活动共同组成的一个体系，是国家科技创新体系和金融体系的重要组成部分（赵昌文，2009）。科技金融包括科技财政、科技贷款、科技保险、科技资本市场、创业风险投资等基本内容。所以科技服务也就是围绕这些基本内容进行的服务活动，而这些服务的供给方就是政府财政部门、科技贷款机构、保险机构、风险投资机构、科技资本市场以及其他的服务平台和中介组织。2010 年 12 月 16 日，中华人民共和国科技部等五部门联合印发了《促进科技和金融结合试点实施方案》，指出通过创新财政科技投入方式，引导和促进银行业、证券业、保险业金融机构及创业投资等各类资本创新金融产品、改进服务模式、搭建服务平台，实现科技创新链与金融资本链的有机结合，为从初创期到成熟期各发展阶段的科技企业提供差异化的金融服务。同时要引导企业进入多层次的资本市场，建立技术产权交易所联盟，为企业股权融资提供服务。在保险方面，要完善保险服务，鼓励保险企业开展科技保险业务，提高科技保险中介服务质量，拓宽服务领域。在平台方面，鼓励地方科技部门和高新区建立科技金融服务平台，集中科技金融资源，提供综合性的科技金融服务。在信用体系建设方面，通过科技企业信用评级，建立高技术企业信用报告制度。

2011 年 9 月，《促进科技和金融结合政策文件汇编》出版发行，主要包括国家出台的科技财务、科技经费、科技税收、科技经贸、产业技术创新战略联盟、促进科技企业发展等综合性政策，创业风险投资政策，科技贷款政策，科技信用担保政策，科技保险政策以及资本市场的相关政策。

五、其他服务

相对于上述科技服务类型，科技咨询服务、科技金融服务、检验检测认证服务、综合科技服务的现实政策和数据较少。检验检测认证服务是科技服务的重要内容，是保障科技创新质量的重要抓手。2014 年国务院印发的《关于整合检验检测认证机构的实施意见》认为，检验检测机构未来的发展方向是规模化、规范化和市场化，同时需要分类推进事业单位改革，推进具备条件的检验检测认证机构与行政部门脱钩、转企改制，推进跨部门、跨行业、跨层级整合。科技咨询服务主要是为委托方提供特定技术项目的可行性论证、技术预测、专题技术调查、分析评价、信息数据采集等服务。

六、小结

从总体上看，我国各类科技服务政策日益完善，覆盖科技活动全链条的科技服务活动质量不断提高。重大科研基础设施和大型科研仪器社会开放工作取得了很大的进展，建设了重大科研基础设施和大型科研仪器国家网络管理平台，为科学研究跨区域科研仪器使用提供了良好的条件。同时，基于产学研合作的新型市场化研发组织发展迅速，知识产权工作不断强化。但是，从科技服务的区域分布来看，知识产权服务机构、科学普及投入资金、科普产出等存在着区域异质性，中西部地区和东北地区与东部地区之间的差距较大。

第四章 区域发展战略引领下的技术合作与对接机制

当前，我国区域层面的发展战略包括中心城市、城市群、经济带、沿海沿江沿河流域、经济区、协作区等，以及全国东、中、西、东北四大板块的发展战略。这些战略的实施促进了区域整体经济发展以及区域内部的相互合作，但是战略之间或区域板块之间的对接相对较弱。本章基于区域间技术收敛主题，结合我国政策和区域发展战略文本，从城市发展、区域发展和战略统筹三个方面分析了区域发展战略引领下的技术合作与对接问题。

第一节 城市发展：从创新型中心城市到城市间技术合作

一、中心城市：科技创新高地

（一）国家中心城市

1. 国家中心城市规划与发展

在中国城镇体系规划中，国家中心城市地位最高，处于最高层级，也称塔尖城市。从具体内涵来看，国家中心城市是指居于国家战略要津、肩负国家使命、引领区域发展、参与国际竞争、代表国家形象的现代化大都市，是一个国家综合实力最强、辐射集中度和驱动能力最大的城市代表①。国家中心城市的资源环境承载条件优良，经济发展基础稳固，可以引领全国新型城镇化建设，同时可以完善对外开放区域布局。一般而言，国家中心城市应当具有两大基本特征：一是中

① 国家发展改革委．国家发展改革委关于支持武汉建设国家中心城市的指导意见［EB/OL］．（2016-12-14）https：//www.ndrc.gov.cn/xwdt/ztzl/xxczhjs/ghzc/201701/W020190906342163565544.pdf.

心性，是全国范围内的经济活动的中枢，配备综合交通和信息网络枢纽，是资源配置的核心区域，在政治、经济、文化、技术创新等方面有引领作用；二是国际性，要在一定范围内具有国际影响力，发挥着连接国内外的作用，是国内外沟通交流的重要渠道，推动国内与国际社会的交流与合作，具有一定的国际竞争力和国际地位。

目前，国家中心城市包括北京、上海、广州、天津、成都、重庆、武汉、郑州、西安①，对应的国民生产总值和经济增速如表 4-1 所示。

表 4-1　2020 年中国国家中心城市经济指标

排名	城市	GDP（亿元）	GDP 同比增速（%）
1	上海	38701	1.7
2	北京	36103	1.2
3	广州	25019	2.7
4	重庆	25003	3.9
5	成都	17717	4.0
6	武汉	15616	-4.7
7	天津	14084	1.5
8	郑州	12003	3.7
9	西安	10020	5.2

资料来源：全国各省 2021 年统计年鉴。

2. 国家中心城市职能定位

国家赋予国家中心城市的职能定位，肩负政策目标和战略任务，要求国家中心城市发挥重要战略支撑作用，带动区域城市群的发展，促进区域经济协同高效发展，引领区域经济高质量发展道路。国家中心城市要不断完善提高自身功能建设，同时强化周边城市群资源管理，做到优势互补、协同发展，不断推进区域人口、经济产业、市场要素高效配置，建设经济发达、社会和谐的城市群，形成核心带动、区域协同的良性发展格局，充分发挥带动作用：一是充分利用区域城市群的资源创造新优势，逐步建立国际经济联系的纽带，强化国际竞争力。二是提升城市综合功能，提升科技创新力，扩大信息交流力，增强辐射带动力。三是推

① 国家中心城市的确定经历了 2010 年《全国城镇体系规划（2010—2020 年）》中的五个城市、2016 年《成渝城市群发展规划》中的成都、《促进中部地区崛起“十三五”规划》中的武汉和郑州，以及 2018 年《关中平原城市群发展规划》中的西安，共九个城市。

动城镇集群发展。发挥产业技术链和物流链优势，合理布局区域产业基地，全面覆盖区域中小城镇，形成以国家中心城市为核心，由内到外，从区域中心城市、其他中小城市到小城镇逐步扩展，多层级多功能的城市群，整体提升区域发展水平。

（二）国家区域中心城市

区域中心城市[①]指在一定的区域范围内具有引领、辐射、集散等作用的主导性城市。国家区域中心城市是中国官方对城市依据城镇体系规划进行的划分方式，是指中国地理大区的中心城市，处于中国城市体系中的第二层次，次于国家中心城市。每个大区有且只有一座国家区域中心城市，国家区域中心城市的培育将促进区域经济社会的发展，缩小地区间发展水平的差距，充分发挥辐射带动功能，让城市与城市之间的经济联系不断增强，促进区域经济一体化的进步。目前，中国国家区域中心城市为沈阳（东北）、南京（华东）、武汉（华中）、深圳（华南）、成都（西南）和西安（西北）[②]。

（三）中心城市的创新功能

第一章对城市与创新已经进行了理论综述，这里从中心城市集聚效应和产业集聚的创新效应两个层面进行分析。

1. 中心城市的产业集聚效应

中心城市集聚了资本、劳动力、技术等生产要素，这些生产要素的集聚和企业间的相互关联产生的规模经济、范围经济、集聚经济共同使中心城市更容易成为产业集聚的地方。“克鲁格曼中心—外围模型”指出，产业间前后向关联可集中产生规模经济，规模经济又反过来促进了企业集中和产业集聚。集聚可以显著降低上下游企业的成本和交易费用；集群内企业对生产分工进行细化，可以进一步提高协作效率和劳动生产率；集聚可以提高产品服务的稳定性，更加快捷地获得相关信息；集聚可以形成规模效应，提高谈判能力，从而低价获取公共物品或服务；集聚可以造成磁场效应，造就人力资本集聚，吸引专门人才聚集一堂，优化人力资源配置，降低用人成本；集聚还可以增加不同人员之间的交流沟通机会，有助于思想碰撞而产生创新思维，给企业带来创新灵感，体现出知识技术外溢的价值。同样，在产业集聚中，新的工艺技术能够迅速传播共享，大大促进了创新。

---

① 区域中心城市的概念范围在2010年的《全国城镇体系规划（2010—2020年）》中被调整为中国地理大区的区域中心，而非省级区域的区域中心。

② 中华人民共和国住房和城乡建设部城镇体系规划课题组编制的《全国城镇体系规划（2010—2020年）》提升了对区域中心城市的要求，将原先的省区级的区域概念的范围扩大，并确定中国的区域中心城市为沈阳（东北）、南京（华东）、武汉（华中）、深圳（华南）、成都（西南）、西安（西北）。

2. 产业集聚的创新效应

产业集聚有利于创新。关于产业集聚与区域创新的关系，学术界先后产生了三种观点：一是马歇尔外部性，以 Marshall、Arrow、Romer 为代表的产业专业化集聚或地方化集聚，即某一地区的单一产业集聚有助于劳动力市场共享和技术溢出效应，进而提升区域创新绩效（Galliano et al.，2015）；二是雅各布斯外部性，以 Jacobs 为代表的产业多元化集聚或城市化集聚，认为特定区域内不同产业的集聚形成的知识溢出和技术外部性，有助于互补性知识融合和碰撞，推动区域创新的提高（Antonelli，2016）；三是波特外部性，以 Porter 为代表的行业竞争模式，即行业竞争加剧，企业为了满足消费者多样化需求，加快创新和产品更新换代步伐（Porter，1998），通过企业间竞争合作，有利于发挥知识技术的溢出效应。

二、城市群：创新网络的空间载体

（一）城市群的内涵

城市群这一概念从大城市逐渐演化而来。Gottmann（1957）以“Megalopolis”来描述一个地理区域中的城市，认为该词应该描述一个独特的地理区域，其特点是巨大的城市和大都市增长，为城市群这一概念赋予了新的内涵，揭示了城市由传统单个城市结构向相互依赖的多个城市的发展趋势。城市群，也称“大都会”“都会区”“都市圈”“城市圈”①，是特定区域范围内若干不同数量不同性质、类型和等级规模的城市依托一定的自然环境和交通条件，通过产业、文化等关联，共同构成的一个集合体（马燕坤和肖金成，2020）。城市群有单核和多核之分，单核城市群依托一个较大城市形成，多核城市群一般依托规模相近的多个相互关联的城市形成。

城市群通过核心城市，与周边空间距离较近的卫星城市与次核心城市形成功能互补、资源优化的群落集合体。城市群的出现标志着经济快速发展，城市化进程加快，能在较大范围内进行资源的优化配置，可以产生巨大的集聚经济效益，辐射带动城市群内其他城市，促进城市群整体的协同发展水平。

① “城市群”（城市圈）为中国大陆地区自 20 世纪 90 年代以后常用的地域经济用语，1994 年 5 月出版的《结构论》用了“城市群”来分析大河流域与湖泊、海岸交汇区域形成的亚文化圈城市网络，提出长江、黄河的上、中、下游城市群，美国的东西海岸线、五湖区与密西西比河流域，以及欧洲的城市群与著名大学网络等地缘文化学。之前经常直接借用日文“都市圈”（都市群）来表示同一概念，日文“都市圈”即英文 Metropolitan Coordinating Region 之含义，北美地区的 Metropolitan Area，中文译作“大都会”或“都会区”，概念上和“都市圈”“城市圈”表示的意义相同或相近。

（二）城市群的形成与发展

1. 城市群的形成

城市的出现伴随着人类社会的发展，人们生活聚集在一个区域，为满足日常所需，逐渐形成聚集生活的区域中心地带，发展形成具有居住、生活、交通、文化、教育等诸多功能的城市。城市通过极化效应集中了大量的人口和产业，随着规模的不断扩大，会对周边区域产生辐射带动效应，逐步形成一个个城市圈。城市与城市之间进行交通道路枢纽的连接，经济联系和社会联系越发密切，相互影响作用，最后形成了城市群。由于地理条件、区位交通、历史文化、经济水平等诸多因素的影响，不同区域的城市群形成的规模和数量不一。一般而言，超过三个以上城市就具备形成城市群的基础条件，地势条件越平坦、交通状况越优良、经济水平越发达的区域，城市群越容易发展形成，并且扩张和示范引领的作用也更强。

2. 城市群的分布与发展定位

2018 年，中共中央、国务院出台的《关于建立更加有效的区域协调发展新机制的意见》明确指出，“以京津冀城市群、长三角城市群、粤港澳大湾区、成渝城市群、长江中游城市群、中原城市群、关中平原城市群等城市群推动国家重大区域战略融合发展，建立以中心城市引领城市群发展、城市群带动区域发展新模式，推动区域板块之间融合互动发展”。具体的城市群分布如表 4-2 所示。

表 4-2 我国主要的城市群

城市群	简介	城市名单
哈长城市群（已获批）	国土面积：约 26.4 万平方公里。 战略定位：重要增长极，重要开放门户，老工业基地体制机制创新先行区，绿色生态城市群①	哈尔滨、大庆、齐齐哈尔、绥化、牡丹江、长春、吉林、四平、辽源、松原、延边
成渝城市群（已获批）	国土面积：18.5 万平方公里。 战略定位：现代产业基地，创新驱动先导区，内陆开放型战略高地，统筹城乡发展示范区，美丽中国先行区②	成都、重庆大部、自贡、泸州、德阳、遂宁、内江、乐山、南充、眉山、宜宾、广安、资阳及绵阳、达州、雅安部分地区

① 《国家发展改革委关于印发哈长城市群发展规划的通知》（发改地区〔2016〕499 号）. 国家发展改革委. https://www.ndrc.gov.cn/xxgk/zcfb/ghwb/201603/t20160311_962177.html? code=&state=123。

② 《国家发展改革委 住房城乡建设部关于印发成渝城市群发展规划的通知》（发改规划〔2016〕910 号）. 国家发展改革委 住房城乡建设部. https://www.ndrc.gov.cn/xowolt/2t21/xxczhjs/ghzc/201605/t20160506_971905.html? code=&state=123。

续表

城市群	简介	城市名单
长江三角洲城市群（已获批）	国土面积：21.17 万平方公里。 战略定位：资源配置中心，科技创新高地，现代服务业和先进制造业中心，重要国际门户，新一轮改革开放排头兵，美丽中国建设示范区①	上海、南京、无锡、常州、苏州、南通、盐城、扬州、镇江、泰州、杭州、宁波、嘉兴、湖州、绍兴、金华、舟山、台州、合肥、芜湖、马鞍山、铜陵、安庆、滁州、池州、宣城
中原城市群（已获批）	国土面积：约 28.7 万平方公里。 战略定位：新增长极，先进制造业和现代服务业基地，创新创业先行区，双向开放新高地，绿色生态发展示范区②	郑州、洛阳、开封、南阳、安阳、商丘、新乡、平顶山、许昌、焦作、周口、信阳、驻马店、鹤壁、濮阳、漯河、三门峡、济源、长治、晋城、运城、邢台、邯郸、聊城、菏泽、宿州、淮北、蚌埠、阜阳、亳州
长江中游城市群（已获批）	国土面积：31.7 万平方公里。 战略定位：新增长极，新型城镇化先行区，内陆开放合作示范区，“两型”社会建设引领区③	武汉、黄石、鄂州、黄冈、孝感、咸宁、仙桃、潜江、天门、襄阳、宜昌、荆州、荆门、长沙、株洲、湘潭、岳阳、益阳、常德、衡阳、娄底、南昌、九江、景德镇、鹰潭、新余、宜春、萍乡、上饶及抚州、吉安部分地区
北部湾城市群（已获批）	陆域面积：11.66 万平方公里。 战略定位：重要枢纽，新的战略支点，海上丝绸之路与丝绸之路经济带有机衔接的门户，绿色产业基地，陆海统筹发展示范区④	南宁、北海、钦州、防城港、玉林、崇左、湛江、茂名、阳江、海口、儋州、东方、澄迈、临高、昌江
关中平原城市群（已获批）	国土面积：10.71 万平方公里。 战略定位：战略支点，引领西北地区发展的重要增长极，国家创新高地，世界级旅游目的地，内陆生态文明建设先行区⑤	西安、宝鸡、咸阳、铜川、渭南及商洛、运城、临汾、天水、平凉、庆阳部分地区

① 《国家发展改革委 住房城乡建设部关于印发长江三角洲城市群发展规划的通知》（发改规划〔2016〕1176 号）. 国家发展改革委 住房城乡建设部 . https：//www. ndrc. gov. cn/xxgk/zcfb/ghwb/201606/t20160603_962187. html？code=&state=123。

② 《国家发展改革委关于印发中原城市群发展规划的通知》（发改地区〔2016〕2817 号）. 国家发展改革委 . https：//www. ndrc. gov. cn/xxgk/zcfb/ghwb/201701/t20170105_962218. html？code=&state=123。

③ 《国家发展改革委关于印发长江中游城市群发展规划的通知》（发改地区〔2015〕738 号）. 国家发展改革委 . https：//www. ndrc. gov. cn/xxgk/zcfb/tz/201504/t20150416_963800. html？code=&state=123。

④ 《国家发展改革委 住房城乡建设部关于印发北部湾城市群发展规划的通知》（发改规划〔2017〕277 号）. 国家发展改革委 住房城乡建设部 . https：//www. ndrc. gov. cn/xxgk/zcfb/ghwb/201702/t20170216_962229. html？code=&state=123。

⑤ 《国家发展改革委 住房城乡建设部关于印发关中平原城市群发展规划的通知》（发改规划〔2018〕220 号）. 国家发展改革委 住房城乡建设部 . https：//www. ndrc. gov. cn/xxgk/zcfb/tz/201802/t20180207_962661. html？code=&state=123。

续表

城市群	简介	城市名单
呼包鄂榆城市群（已获批）	国土面积：约17.5万平方公里。 战略定位：能源化工基地，向北向西开放战略支点，生态文明合作共建区，城乡融合发展先行区①	呼和浩特、包头、鄂尔多斯、榆林
兰西城市群（已获批）	国土面积：9.75万平方公里。 战略定位：国家生态安全的战略支撑，国土开发格局的重要平台，我国向西开放的重要支点，支撑西北地区发展的重要增长极，沟通西北西南、连接欧亚大陆的重要枢纽②	兰州、西宁、海东及白银、定西、临夏回族自治州、海北藏族自治州、海南藏族自治州、黄南藏族自治州部分地区
粤港澳大湾区	意义：深化内地和港澳交流合作，有利于港澳参与国家发展战略。 战略定位：世界级城市群；国际科技创新中心；“一带一路”建设的重要支撑；内地与港澳深度合作示范区、宜居宜业宜游的优质生活圈	香港、澳门、广州、深圳、佛山、东莞、中山、珠海、江门、肇庆、惠州（待定）
京津冀城市群	战略定位：世界级城市群、区域整体协同发展改革引领区、经济增长新引擎、生态修复环境改善示范区	北京、天津、石家庄、唐山、保定、秦皇岛、廊坊、沧州、承德、张家口（待定）
辽中南城市群	辽中南地区工业化起步已近70年，在工业化推动下形成了中部城市密集圈和沈大城市走廊。逐步形成了以沈阳、大连为中心，以长大、沈丹、沈山、沈吉和沈承五条交通干道为发展轴线的城镇布局体系，提高了地区城市化水平	沈阳、大连、鞍山、抚顺、本溪、丹东、辽阳、营口、盘锦（待定）
山东半岛城市群	山东省发展的重点区域，黄河中下游广大腹地的出海口，同时又是距离韩国、日本地理位置最近的省份，地处我国环渤海区域	济南、青岛、烟台、淄博、潍坊、东营、威海、日照（待定）
海峡西岸城市群	与台湾省隔海相对，开展对台合作，促进和平统一的基地，又可在合作中加快发展	福州、厦门、泉州、莆田、漳州、三明、南平、宁德、龙岩、温州、丽水、衢州、上饶、鹰潭、抚州、赣州、汕头、潮州、揭阳、梅州（待定）

① 中国政府网．呼包鄂榆城市群发展规划，https：//www.gov.cn/zhengce/zhengceku/2018-12/31/5435195/files/aae973aacb2c487bafa3f058509b1b0f.pdf。

② 《国家发展改革委 住房城乡建设部关于印发兰州—西宁城市群发展规划的通知》（发改规划〔2018〕423号）．国家发展改革委 住房城乡建设部．https：//www.ndrc.gov.cn/xxgk/zcfb/ghwb/201803/t20180319_962248.html？code=&state=123。

党的十八大以来，围绕经济高质量发展主题，以“创新、协调、绿色、开放、共享”五大发展理念为基准，中国城市群经济地理不断演进发展。随着京津冀、长三角、成渝、长江中游、粤港澳大湾区等城市群建设的深入推进，目前城市群已成为我国经济增长中最为重要的增长极。可以说，城市群的出现标志着经济社会发展进入高级阶段，每个城市不但促进了本地区的增长与发展，同时也带动了其他城市协调发展，目前已经成为国际竞争与合作的重要平台。

推进国家级城市群建设，培育区域经济增长极，多级联动，推进区域经济高质量发展。将世界级、国家级和区域性城市群发展规划嵌入和国家尺度下的发展战略，构建网络化的空间格局。在“十四五”规划中，将城市群划分为三种类型：需要优化提升的、正在发展壮大的和仍然需要培育的。京津冀、长三角、成渝和长江中游以及粤港澳大湾区属于需要优化提升的。对京津冀协同发展提出的明确要求是打造我国自主创新的重要源头和原始创新的主要策源地；对长三角的定位是建设成为全国发展强劲活跃增长极，发展为高质量发展样板区、区域一体化发展示范区，形成改革开放新高地；对粤港澳大湾区的建设是希望广东联手港澳打造更具综合竞争力的世界级城市群。处于正在发展壮大的城市群包括山东半岛、中原、关中平原、粤闽浙沿海、北部湾。辽中南、哈长、山西中部、滇中、黔中、兰州西宁、呼包鄂榆、宁夏沿黄、天山北坡是需要继续培育的城市群。深入实施区域重大战略，充分发挥城市群的引领辐射和带动作用，健全区域协调发展体制机制，推动构建区域经济高质量发展的空间格局。

目前，我国已经形成以国家中心城市和区域中心城市辐射带动下的城市群网络结构。城市群的核心特征在于城市间的紧密联系与合作。城市群形成关键在于三个层面的城市间密切联系和协调互动：一是生产要素和创新要素的自由流动，二是基础设施和公共服务对接和均衡化发展，三是通过资源有效配置实现产业联动。只有这样才能充分发挥城市群的集聚效应、规模效应和协同效应。因此，要打破城市间的封锁、壁垒和保护，才能实现生产要素和技术的自由流动，实现资源高效配置，促进区域间技术收敛。

对此，“十四五”规划提出了一个重大战略安排，主要包括五个方面的内容：一是协同，即加快推动京津冀区域协同发展。二是绿色，以生态优先、绿色发展、共抓大保护、不搞大开发①的战略全面推动长江经济带的发展。三是领先，积极稳妥推进粤港澳大湾区建设，把粤港澳大湾区建设成为世界级城市群。2019 年 2 月发布的《粤港澳大湾区发展规划纲要》② 明确了大湾区应以香港—深

① 中华人民共和国中央人民政府 . http：//www. gov. cn/zhengce/2020-11/03/content_5556991. htm。
② 中华人民共和国中央人民政府 . http：//www. gov. cn/gongbao/content/2019/content_5370836. htm。

圳、广州—佛山、澳门—珠海为核心，构建极点带动、轴带支撑的高质量网络化城市群。四是一体化，即提升长三角一体化的发展水平，提升长三角创新增长极的引擎动力。五是生态保护，即推进黄河流域的生态保护，确保经济高质量发展。

三、区域技术收敛：城市间技术合作

2019 年，习近平总书记提出“推动形成优势互补高质量发展的区域经济布局”①。这是对区域合作中协调发展目标的进一步深化和明确。从区域技术合作角度来看，主要包含三个层次：一是中心城市要致力于打造技术平台新高地，提升辐射带动效能，加快形成国际竞争新优势。二是技术相对落后的区域要转型升级，加强技术互补合作，向价值链高端升级，加快产业集群发展和人口集聚。三是城市间要加强技术合作的机制建设，打造开放型城市群协同创新共同体。

（一）中心城市致力于打造高水平科技创新载体和平台

对于中心城市，要技术引领，打造高水平科技创新载体和平台。发挥中心城市的优势，带动周边城市合理分工、资源互补，提高城市群发展协同性，推动融合发展。一是通过极点带动，提升城市圈整体实力和知名度；二是通过交通枢纽作用，打造水陆空立体交通网络，形成高效连接的交通格局。

中心城市要发挥技术转移枢纽职能，带动周边区域的经济发展与技术提升。中心城市是知识流动与技术扩散的重要节点，通过架设完善技术转移体系的基础架构、打通国内外跨区域技术转移通道、强化服务和政策保障，推动技术转移枢纽的建设。

发挥城市比较优势，培养优秀创新型企业。随着城市群的聚集效应不断增强，更多优秀的企业和个人加速向其流动集聚，在企业与企业、个人与个人的交流与合作中产生思维的碰撞，加速创新的发展，更深层次地推动创新性企业的进步，为培养优秀的创新型企业创造条件。城市技术合作网络最重要的主体是创新型企业，通过引导创新型企业在城市的业务往来以及相关人员的流动，建立城市间长期合作关系，促进区域技术的综合实力与辐射带动力。

（二）周边城市充分挖掘自身要素资源，主动对接

技术落后的周边城市应该充分发掘自身的技术要素资源，为本地区企业与外部企业技术结盟牵线搭桥，共建实验室或共同进行技术攻关。对于没有共建实验室和共同进行技术攻关条件的落后城市，可以采用市场换技术或工程换技术的方

① http：//www. gov. cn/xinwen/2019-12/15/content_5461353. htm？ from=timeline&isappinstalled=0。

式提高技术创新能力。比如，对于本地区的高技术项目或工程项目，尽量不要采用完全技术引进或外包的形式，而是鼓励本地企业积极参与，与外来高技术企业主动合作，共同完成项目，以提高本地企业的技术创新能力。甚至必要时在工程项目协议中附加技术转移和技术培训的条款，提高本地合作企业的技术创新能力。

对于技术落后城市而言，实现与中心城市以及地域邻接地区创新系统的对接与融合对于知识流、信息流的跨区域传递具有重要意义。首先，建立多层级的科技信息交流平台，实现三级平台以及跨省科技信息平台的对接。其次，建立多层级技术创新服务平台，实现三级平台以及跨省技术创新服务平台对接。技术创新服务平台不同于科技信息交流平台，科技信息交流平台的交流主体是企业、科研机构和高校，主要目的是交流催生新的技术；技术创新服务平台的主体是政府，服务对象是企业和科研机构等，主要目的是发布科技政策、实施认证咨询、管理科技专项资金申报等。当前，很多发达地区已经进行了创新服务平台的探索，但技术落后地区比较少见，更没有实现平台的对接。最后，根据地区技术要素禀赋或产业资源禀赋，依托产业集群或产业集聚区建立具有自身特色的专业化技术创新系统，并实现与外部系统的互补性对接。

（三）明确定位城市优势产业，实现价值链的嵌入与升级

产业价值链嵌入和升级问题与产业技术密不可分。一般而言，要认真分析城市群主导产业在国内产业价值链和全球产业价值链中的地位，明确价值链嵌入和升级的方向。技术落后的城市群地区处于产业价值链低端，大多数仅能通过提供原材料或初步加工获取微薄的利润。要实现技术落后地区的创新能力提升，就必须通过产业转型和升级，使地区产业迈向价值链的高端。如果我们将产业价值链分为国内和全球两个层级，技术落后市场群与两级价值链的对接是实现地区技术创新能力提升的基础，但是如果技术落后城市长期锁定在产业价值链的低端，与价值链上的其他地区同步升级，则无法实现区域间技术收敛。所以，技术落后城市必须通过产业转型和升级，实现产业价值链的越级嵌入，逐步改变价值链的分布结构，缩小区域间技术差距（见图 4-1）。

（四）构建城市群合作与协调机制

加强科技创新合作，构建开放型城市群协同创新共同体。创新共同体的构建主要通过加强创新基础能力建设、支持布局重大创新平台和重大科技基础设施以及重要科研机构、加强产学研深度融合来实现。通过产业分类，在城市间具有互补优势技术领域，建立以企业为主体的产学研深度融合的协同创新平台，推动科研成果转化，推动城市群技术创新体系的完善和升级。

构建城市间，特别是城市群统筹协调机制，科技创新常态化合作机制。通过

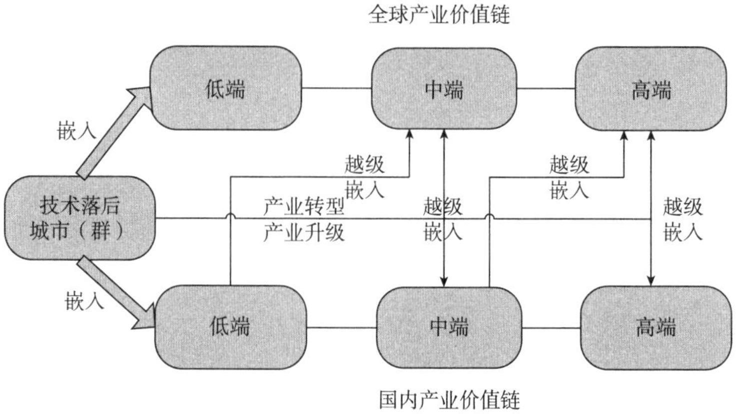

图 4-1　技术落后地区的低端嵌入和越级嵌入

政府协作推进基础设施的联通、资金的融通、贸易的畅通，共同制定科技创新政策，通过全局促进该区域长远发展。

完善区域科技合作的制度保障。不断完善财政、税收、科技、产业、投资、金融等方面的鼓励和扶持政策，加深共识、增加信任。不断优化知识产权环境，构建推进区域科技合作的重要制度保障。

第二节　区域发展：五大战略与四大板块

党的十九届五中全会通过的《中共中央关于制定国民经济和社会发展第十四个五年规划和二〇三五年远景目标的建议》中提出了中国区域协调发展的五大任务，即坚持实施区域重大战略、区域协调发展战略、主体功能区战略，健全区域协调发展体制机制，完善新型城镇化战略，构建高质量发展的国土空间布局和支撑体系。在我国区域协调发展战略规划中，五大战略、四大板块是谋划未来区域协调发展的重点区域，描绘了我国区域协调发展的新格局[①]。

一、五大战略及其特点

五大区域重大战略是基于各个地区的资源禀赋、区位特点和经济发展状况等

① 五大战略是指京津冀协同发展、长江经济带发展、粤港澳大湾区建设、长三角一体化发展、黄河流域生态保护和高质量发展。四大板块是西部大开发、东北振兴、中部崛起和东部率先发展。

综合因素而设计的。从区域创新角度来看，五个战略各有特点。

《京津冀协同发展规划纲要》提出，“实施创新驱动发展是有序疏解北京非首都功能、推动京津冀协同发展的战略选择和根本动力”。有学者认为，京津冀区域创新绩效不高的主要原因是没有形成协同创新的合力，需要整合创新资源，构建开放协同创新机制和创新网络，也就是要打造京津冀协同创新共同体①。2015 年 9 月 10 日，北京市科学技术委员会印发了《北京市科学技术委员会关于建设京津冀协同创新共同体的工作方案（2015—2017 年）》，给出建设协同创新共同体的三项任务：完善协同创新机制、建设协同创新平台和实施协同创新工程。在协同创新机制方面，强调了政策互动、资源共享和市场开放机制；在协同创新平台方面，指出要建设创新资源、创新公关和创新成果三大平台；协同创新工程包括高端产业培育、传统产业提升、生态安全和服务民生四大工程。

《长江三角洲区域一体化发展规划纲要》根据全国发展强劲活跃增长极、高质量发展样板区、率先实现现代化引领区、区域一体化发展示范区和新时代改革开放新高地的战略定位，在技术创新方面确定了建立科创产业融合发展体系的目标。在“科创+产业”融合的目标下，确定了构建区域创新共同体、加强产业分工协作、推动产业与创新深度融合的基本任务。

《长江经济带发展规划纲要》给出了“四项”战略定位，分别侧重于创新驱动、生态文明建设、内河经济带和东中西合作协调。在创新驱动方面，主要是增强自主创新能力，推进信息化与产业融合发展，培育世界级产业集群，加快发展现代服务业。在生态文明建设方面，打造沿江绿色能源产业带，提升长江三角洲城市群国际竞争力。在内河经济带发展方面，提升现代农业和特色农业发展水平，引导产业有序转移和分工协作。在东中西合作方面，推动黔中和滇中区域性城市群发展，强化城市群交通网络建设，创新城镇化发展体制机制，促进成渝城市一体化发展。其中，“引领全国转型发展的创新驱动带”的战略定位明确了强化创新驱动产业转型升级的任务。主要包括自主创新能力提升、创新基础平台强化、人才集聚、企业技术创新能力提升和创新创业生态的营造等方面。

《黄河流域生态保护与高质量发展规划纲要》核心任务是绿色高质量发展。具体包括着力加强生态保护治理、保障黄河长治久安、促进全流域高质量发展、改善人民群众生活、保护传承（弘扬黄河文化）。从技术创新角度来说，就是通过创新驱动，构建高质量发展的动力系统，探索富有黄河流域地域特色的新路子。

《粤港澳大湾区发展规划纲要》给出了五个战略定位，即构建极点带动、轴带支撑网络化空间格局，构建开放型区域协同创新共同体，打造高水平科技创新

---

① http://www.gov.cn/guowuyuan/2015-09/22/content_2936598.htm。

载体和平台，优化区域创新环境，建设具有全球影响力的国际科技创新中心。其中“具有全球影响力的国际科技创新中心”的战略定位明确了构建开放型区域协同创新共同体、打造高水平科技创新载体和平台以及优化区域创新环境三个方面的任务。五大战略的具体信息如表 4-3 所示。

表 4-3 区域重大战略概况

序号	区域发展战略	批准时间	覆盖区域	发展格局	主要思路	技术创新
1	《京津冀协同发展规划纲要》	2015 年 4 月 30 日	北京、天津、上海	一核、双城、三轴、四区、多节点	疏解北京非首都功能	协同创新
2	《长江三角洲区域一体化发展规划纲要》	2019 年 12 月 1 日	上海、江苏、浙江、安徽		引领示范	协同创新
3	《长江经济带发展规划纲要》	2016 年 3 月 25 日	上海、江苏、浙江、安徽、江西、湖北、湖南、重庆、四川、云南、贵州	一轴、两翼、三极、多点	生态文明、可持续发展	创新驱动
4	《黄河流域生态保护与高质量发展规划纲要》	2021 年 10 月 9 日	青海、四川、甘肃、宁夏、内蒙古、陕西、山西、河南、山东		绿色高质量发展	因地制宜；分类施策
5	《粤港澳大湾区发展规划纲要》	2019 年 2 月 18 日	香港特别行政区、澳门特别行政区、广东省（广州市、深圳市、珠海市、佛山市、惠州市、东莞市、中山市、江门市、肇庆市）	极点带动、轴带支撑、辐射周边	全球科技创新高地	区域合作、互助；市场一体化；建立合作平台 打造国际科技创新中心

二、四大板块及其对接

区域经济发展战略，是根据区域发展条件、发展要求和发展目标，做出的高层次全局性的宏观谋划。最早提出“发展战略”的是赫希曼①，尝试解释发展中国家如何利用自己的潜力、资源与环境，谋求区域经济社会发展的宏观策划。20

① 1958 年赫希曼在《经济发展战略》一书中，首次使用了发展战略的概念，把经济发展提到战略地位的高度。

世纪 80 年代初，经济学家于光远提出“经济社会发展战略”，我国区域发展战略的研究就此拉开帷幕。区域经济发展战略的制定和实施，一是国富强民的需要，二是解决区域发展重大问题的需要，三是保障区域卓有成效发展的需要。我国区域发展的总体战略思想是充分发挥不同地区比较优势，促进生产要素合理流动，深化区域合作，推进区域良性互动发展，逐步缩小区域发展差距。战略布局旨在优化经济发展的空间配置，充分依托核心区，向外围区扩展，推进经济布局有序展开。

从四大板块角度来看，我国区域发展战略集中于东部、中部、西部和东北部。在西部地区，主要是开展新一轮的西部大开发；在中部地区，主要发挥承东启西的优势，积极承接产业转移，发展优势产业；在东部地区，要求创新引领，实现率先发展；在东北地区，主要是深化改革，实现全面振兴。

在四大板块之间的对接方面，近年来国家在制定相关规划的时候，重点考虑了板块之间的对接与协调。首先，2020 年 5 月国务院印发的《关于新时代推进西部大开发形成新格局的指导意见》中，明确了“进一步深化东西部科技创新合作，打造协同创新共同体”，提升西部地区创新发展能力；在以共建“一带一路”为引领方面，明确了对接国家区域重大战略，拓展区际互动合作的任务。其次，2016 年 12 月国务院审议通过的《促进中部地区崛起规划（2016—2025 年）》，在总体思路中明确了与“一带一路”建设、京津冀协同发展以及长江经济带三大战略的衔接。再次，在我国“十四五”规划纲要中，鼓励东部地区率先实现高质量发展，其目的在于通过培育世界级产业集群、打造对外开放优势，进一步打通与中西部地区相衔接的供应链、产业链和技术链，拉动中西部地区产业发展。最后，在新一轮东北振兴战略实施过程中，2017 年 3 月国务院印发了《东北地区与东部地区部分省市对口合作工作方案》，规划了多个领域的合作。在技术创新方面，鼓励产学研用合作和成果转化，加强高校和科研院所的合作，共建科技园和创新平台，培养专业技能人才。搭建人才信息交流平台，加强高端人才交流，引导东部人才到东北地区开展创新创业等。

三、区域经济协调发展的要求

由于我国幅员辽阔，自然环境差异明显，经济文化发展极不平衡，因此促进区域经济协调发展，使生产力在不同地区合理布局，对于解决我国新时期社会主要矛盾、实现共同富裕极其重要。习近平总书记指出：“不平衡是普遍的，要在发展中促进相对平衡。这是区域协调发展的辩证法”，“不能简单要求各地区在经济发展上达到同一水平，而是要根据各地区的条件，走合理分工、优化发展的路子”①。区域协调发展是一个长期的、动态的调整过程，不能盲目追求公平的区域发展而忽视效率的提升。习近平总书记指出：“解决发展不平衡问题，要符合经济规律、自然规律，因地制宜、分类指导，承认客观差异，不能搞一刀切。”

党的十八大以来，我国经济发展空间结构正在发生深刻变化，中心城市和城市群正在成为承载发展要素的主要空间形态。我国不断推动经济发展空间结构的优化，中心城市和城市群的带动引领功能不断强化，正在成为发展要素的主要空间载体。了解并合理运用新形势下经济发展空间结构变化规律，凝聚不同区域经济标杆间的协同发展，有利于增强区域经济发展动力，助力提升区域协调发展新高度。为此，区域协调发展战略逐步成为我国经济社会发展中的重大战略和规划，内容上不断丰富和拓展，推动形成国内资源和经济优势互补高质量发展的区域经济布局。区域协调发展战略通盘谋划我国区域经济发展各个方面，提出了具有科学性和可操作性的行动指南，为我国区域协调发展的稳步推进和实现中华民族伟大复兴中国梦提供了强有力的支撑。党的十九大以来，我国区域发展战略的指向性和精准化越来越明确和全面，中央提出的政策方向是健全区域协调发展的体制机制、完善新型城镇化战略和构建高质量发展的国土空间布局和支撑体系，推动新发展格局的形成。

第三节　区域发展战略统筹与区域技术收敛

当前，中国全面建成小康社会取得了历史性成就。在推进共同富裕的过程中，解决城乡之间、地区之间发展不平衡问题将是未来一段时期的重点，具体表现为促进城乡融合发展和乡村振兴，建立健全区域战略统筹，实现市场一体化发展②。从技术创新角度来看，尽管我国五个重大战略区域的科技创新效率从党的十八大以来得到了快速提升，区域间差异呈下降态势，但区域间仍存在差异，技术市场交易额的区域差异成为科技创新效率区域间差异的决定力量（杨骞等，2022）。所以，本节试图从区域战略规划统筹对接的角度分析区域间技术收敛的实现机制。

一、五大战略和四大板块的关系

根据国家“十四五”规划中的区域总体战略以及区域重大战略，梳理各个规划纲要中的技术创新任务，可以发现区域高质量协调发展表现为创新、协调、

① https：//m. gmw. cn/baijia/2021-12/22/35397632. html。

② https：//baijiahao. baidu. com/s? id=1694721275431476915&wfr=spider&for=pc。

绿色、开放、共享的新发展理念。具体框架如图 4-2 所示。

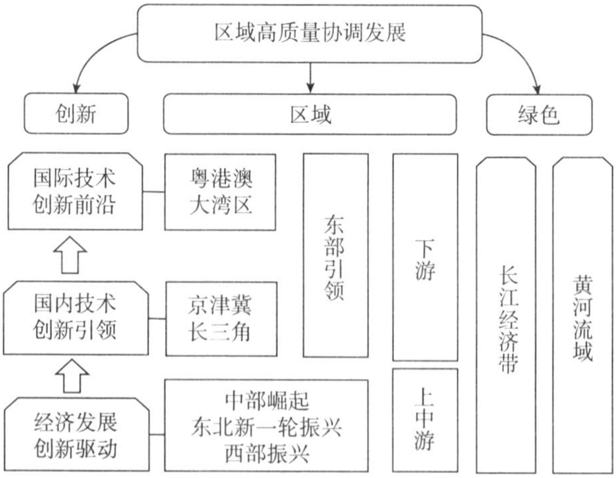

图 4-2　区域高质量协调发展中的技术创新框架

创新从西部、中部、东北到东部表现为创新驱动、国内技术创新引领和国际技术创新前沿依次递进。其中，粤港澳大湾区的定位为国际技术创新前沿，强调产学研协同和创新要素的跨境流动；京津冀和长三角区域定位为国内技术创新引领。京津冀强调原始创新和自主创新，实现产业链和创新链深度融合。长三角强调瞄准国际先进科创能力和产业体系，建设科创走廊和产业创新带。中部地区、东北地区和西部地区定位为在东部引领下的创新驱动，通过技术合作、技术引进和自主创新等实现技术创新能力的提升。

绿色发展表现为长江经济带和黄河流域的生态保护和高质量发展，通过区域技术创新驱动，结合本地特点，因地制宜，做好综合治理，发展绿色产业体系。

二、战略规划统筹与区域间技术收敛的框架

在区域战略统筹方面，鉴于一个城市或地区可能承载了多个不同层次的发展战略，为了避免在发展过程中出现盲从和“不知所措”的现象，应该基于三个主要目标设计重大区域战略统筹机制。这三个目标分别是“1+1>1”（多略合一）、“1+1>2”（事半功倍）和“1≥1”（帕累托改进）①。为了实现这三个目

① “多略合一”要求消除不同区域战略之间的摩擦力，增强匹配性、耦合性和系统性；“事半功倍”是指通过不同区域战略的互动、互补和正反馈，实现叠加优势；“帕累托改进”是指区域战略的实施应增进每个城市或地区的利益，至少不应该使其利益受损。

标，从区域统筹和技术协调发展角度来看，可以构建一个集整体空间、块状区域、点状区域、线状链接为一体的基本框架。如图 4-3 所示，线状链接是指通过区域间产业价值链链接形成跨区域产业技术创新战略联盟；点状区域是指通过创新型城市之间的合作实现城市群之间的对接；块状区域是指通过区域创新网络之间的对接实现跨区域技术合作；整体空间是指四大板块的对接形成了国家创新系统，促进了区域间技术收敛。

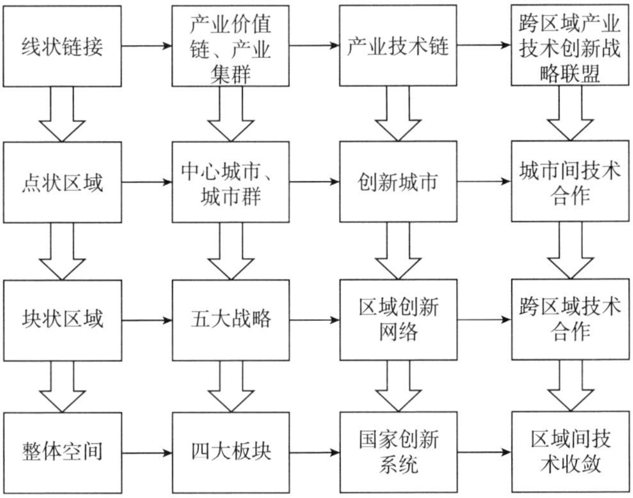

图 4-3　区域战略规划统筹与技术收敛

三、区域战略统筹下的技术联动与协作

在当前我国区域发展不平衡状况依然突出、区域分化依然较大、部分区域存在着无序开发与恶性竞争的情况下，区域发展不均衡问题的解决需要整体的战略统筹。另外，由于城市间、城市群之间、区域之间的协调机制欠缺，缺乏政策指导和监督，国家层面的政策制定存在难度，所以，需要进一步探索整体战略统筹视角下的技术联动和协作模式。

（一）以区域融合发展推动产业技术联动

建立跨区域城市群协调发展机制。城市群是我国经济增长的引擎，我国当前的主要城市群 10%的面积承载超过 2/3 的经济总量，超过全国 1/3 的人口（卢丽文等，2014）。技术创新依托城市群为主要平台，推动跨区域城市间产业分工、开展城市间基础设施建设、推动环境联合治理、建立城市群管理协调模式、健全城市群要素市场管理机制、破除行政壁垒和垄断，不断促进生产要素优化配置。

我国的城市化发展进程存在较大的地区差异，东部处于工业化中后期，中西部地区处在工业化初中期，两者工业化的差异客观存在，因此在区域城市群发展上要区别对待。对于东部地区城市群的发展而言，要优化提升城市群整体竞争力。京津冀、长江三角洲和珠江三角洲城市群经济实力强，外来人口多，因此要以打造世界级城市群为目标，建设技术平台的新高地，加快形成国际竞争新优势，提升东部地区在全球产业链的竞争力。对于中西部地区而言，要注重培育发展中西部地区城市群。中西部城镇体系比较健全、城镇经济比较发达、中心城市辐射带动作用明显，对于这些区域的开发要建立在严格保护生态环境的基础上，引导有市场、有效益的劳动密集型产业优先向中西部转移，吸纳东部返乡和就近转移的农民工，加快产业集群发展和人口集聚，培育发展若干新的城市群，促进形成区域协调发展新格局。

以区域合作推动跨产业跨地区技术创新协调联动。《中共中央 国务院关于建立更加有效的区域协调发展新机制的意见》中强调，积极探索建立城市群协调治理模式，鼓励成立多种形式的城市联盟、产业技术联盟。充分发挥相关主体的积极性，鼓励和支持企业以市场为导向，组建跨地区跨行业的产业、技术、人才等合作与创新平台。

对于经济带区域而言，在做好生态环境保护的基础上，实现上游或下游毗邻省市的技术合作与对接，协调解决区域间技术合作发展的重大问题。另外，还需要从政府层面完善流域有关省市政府协商技术合作机制，构建流域基础设施体系，提高流域环境准入标准，加强流域生态共建共治，以技术促进生态保护，以生态保护需求拉动相关环保产业发展，促进流域产业有序转移和技术创新优化升级，推动上下游协调发展。

对于省际边界地区而言，技术对接与合作要基于跨行政区的省际联席会议和管理机构，完善省际定期协商机制和目标考核机制。我国省际交界区较多，资源条件、基础设施和产业基础呈现多样化，要根据不同交界区特点，探索建立统一规划、统一管理、合作共建、利益共享的经济合作新机制。比如，豫鲁苏皖接合区，农业资源丰富、交通便利，是承接东部地区产业转移的桥头堡，在发展过程中应该结合枢纽经济与特色产业集群发展目标，探索吸纳东部先进产业技术，实现创新要素集聚的路径与合作机制。

（二）进一步推进区域间多渠道的对口技术协作

根据我国《“十四五”东西部科技合作实施方案》（以下简称《方案》），有针对性地提出了七个方面的重点任务，包括“科技援疆”“科技援藏”“科技援青”“科技入滇”“科技支宁”“科技兴蒙”六个方面，以及贵州贵阳—北京中关村、甘肃兰白—上海张江的跨区域结对合作。《方案》的一个重要特点是明确了特定技术的合作与支持，并明确了具体的合作地区和部门。在“科技援疆”中，支持新疆重点领域碳达峰碳中和技术联合攻关，以及棉花和林果等具有地域特色的产业技术合作，同时明确了在农业技术合作中从国家层面支持中国农业科学院与新疆开展联合攻关。在“科技援藏”中，明确了高原生态保护、特色农牧业、藏医藏药技术的联合攻关和成果转化。在“科技援青”中，明确了三江源生态保护、盐湖产业基地、农畜产品产业化技术等。“科技入滇”强调了西南边疆多民族地区通过提升生物多样性保护技术水平、打造清洁能源创新高地和建设国家可持续发展议程创新示范区等助力区域创新发展。“科技支宁”强调了通过支撑重点产业提质增效、推动科技园区跨区域合作以及深化引才引智交流合作等把西宁建设成为东西部科技合作引领区。“科技兴蒙”则从生态优先绿色发展方面强调了生态安全屏障的科技支撑、能源资源的绿色转型，以及现代农牧业的发展。《方案》为其他领域的跨区域合作提供了有益的思路。

四、构建跨区域技术合作体系

从区域技术合作层次体系来看，主要包括微观层面的企业间技术合作、中观层面的行业技术合作以及战略层面的全面技术合作。

（一）微观层面的企业间技术合作

企业是经济活动的微观主体。从微观层面来看，企业间的技术合作可以分担研究和开发费用，获取互补资源、技能和风险资本，避免竞争性内耗，共同抵御外来竞争。除此之外，传统的商业活动习惯和本地社会关系网络等也是促成企业技术合作的因素。企业技术合作是企业空间扩张的一种变相行为，是企业发展战略的体现。随着信息技术的快速发展，产业数字化的升级转型，企业技术合作的空间拓展，除了传统的邻近技术合作，还出现了政府主导下的对口支援技术援助，以及企业技术合作虚拟组织。

企业技术合作有利于区域创新网络的形成。企业不是孤立发展的，而是通过技术上相互合作，或者共享市场营销网络形成创新企业集群。并且在合作的过程中取长补短，不断形成创新网络，提升了企业的创新能力，对于区域经济持续健康发展具有促进作用。

企业技术合作有助于产业转移和产业结构优化。产业结构的演进具有不断向高级化和高度化演进的趋势特征。通过企业的技术合作，能够促进双方产业结构的高级化，双方都将获得更好的经济发展。

企业技术合作有利于缩小区域发展差距。通过企业间的技术协作，实现了资源在更大范围的优化配置，技术落后区域可以发挥自身在其他方面的比较优势，克服落后区域企业在技术、资金、人才上的劣势，从而实现跨越式发展。落后地区企业的发展，在一定程度上缩小了我国区域发展差距，促进了我国区域技术的收敛与经济的协调发展。

（二）中观层面的行业技术合作

从中观层面来看，相关企业按照一定的组织原则与方式相互结合、优势互补、共同发展，大大增强了区域间的联系，提升了区域经济整体的竞争力。在对《“十四五”东西部科技合作实施方案》的分析中，新疆、西藏、青海、西宁、贵州、甘肃等欠发达地区均列出了具有本地优势的具体产业技术项目，具有针对性。在此基础上，如果相关省份针对具体技术合作项目制定详细的执行方案，那么产业层面的区域技术合作才能真正落到实处。

除此之外，中观层面的技术合作还主要表现为不同地区各类开发区、产业园区、出口加工区之间的技术合作。在我国，区域技术合作层次包括省际间的技术合作、毗邻省的技术合作、省内不同地区区域合作以及城市之间的合作。目前常见的合作形式是有关区域的地方政府、企业，以及研究咨询机构共同组织的经济协作区、经济技术协作会、经济技术协作联席会、经济协作区等。例如，中关村的企业积极在全国其他地区设立研发中心、分公司、办事处等各类分支机构。园区之间的合作主要包括技术研发合作、招商项目推荐、技术项目推广、品牌输出和资本合作等。

（三）战略层面的全面技术合作

战略层面的技术合作一般是在有关政府的推动下，相互开展的多方面或者全面的经济技术合作。政府要营造一个普惠的创新环境，包括体制机制、政策支持等方面，使千百万企业家和科学家愿意冒险进入“无人区”展开创新创造。这方面的技术合作不但需要国家制定指导性战略合作规划，国家相关部门制定相应的工作方案，明确合作部门、合作领域以及合作目标，也需要省级层面或区域层面进一步制定每个技术合作项目的具体方案。

第五章　市场机制作用下的技术市场一体化

区域间技术协调发展既需要政府支持下的技术互助和合作，也需要发挥市场机制的作用。在打造全国统一的大市场过程中，统一的劳动力、技术和资本市场对于实现创新要素的跨区域流动具有直接的影响，作为物化技术的传统商品和服务的跨区域畅通流动也会间接影响区域创新能力。同时，除了制度因素，一个地区的交通基础设施、产业发展的资源禀赋、经济发展水平也会对创新要素的流动产生综合性的影响。从实现机制角度来看，市场作用下的跨区域技术转移、技术创新联盟、技术落后地区基于自身资源禀赋的创新要素汇聚、区域技术创新的金融市场支持等都是充分发挥市场的力量实现创新要素流动的重要手段。本章首先分析了技术转移和技术联盟的基础理论，其次从技术创新战略联盟的创新效应和技术落后地区技术要素的集聚和扩散方面进行了实证检验和案例分析，结合区域金融市场的发展现状对技术创新的金融支持进行了实证研究，最后对数字经济背景下区域间技术收敛的分析框架进行了展望。

第一节　技术转移的基本理论和现状

技术市场是重要的生产要素市场，是推动技术与其他生产要素结合促进产品创新和产业发展的基本动力。20 世纪 80 年代以来，我国技术市场得到了快速发展，在国家、地区、各省层面都建立了技术转移机构，形成了政府主导下的技术转移体系，对技术创新产生驱动作用（庄子银和段思淼，2018），促进了工业转型升级（金通和骆莙函，2021）和地区产业结构高级化（刘迪，2020）。但是，一方面，我国技术市场的发展在不同区域之间表现出了明显的差异性（张林和莫彩玲，2020）。另一方面，金雪军和刘汝姣（2004）认为制约中国科技创新能力的重要因素是资本对技术的支持力度不够，需要寻找资本市场和技术市场对接的有效模式，只有这样才能有效促进技术市场的发展（金雪军等，2004）。本节首先分析了技术转移的内涵和基本理论；其次分析了技术转移的途径、制约因素与扩散效应；最后分析了我国技术市场中区域技术转移的基本情况和组织体系。

一、区域间技术转移的基本理论

国际上不同的组织对技术转移的内涵进行了界定。经济合作与发展组织的定义为技术转移是指一国做出的发明（包括新产品和新技术）转移到另一国的过程（许庆瑞和王伟强，1992）。联合国《国际技术转移行动守则（草案）》的定义为技术转移是关于制造一项产品、应用一项工艺或提供一项服务的系统知识的转让，但不包括只涉及货物出售或出租的交易（牛芳，2005）。可见，技术转移是技术从一个所有者向另一个所有者转移的过程，技术转移和知识转移紧密相关。随着全球化的发展和一个国家国际化进程的加快，国家和地区之间的技术转移在企业生产中发挥的作用越来越大，对于一个国家经济的发展将产生重要的影响。

（一）产业技术与产业技术转移的内涵

产业与产业技术密切相关、互为依存。产业是国家和社会发展的经济基础，是国民经济按照一定的社会分工原则，为满足社会某种需要所划分的从事商品生产经营的各个部门。技术进步是推动社会分工和产业发展、产业升级、产业现代化的主要推动力。产业技术是技术在产业层面的一种演化形态，因此，研究区域间技术的协调发展，要深入把握和认识区域间产业技术转移的途径、机制和影响因素。

“技术转移”最早作为区域经济发展收敛的政策，是1964年第一届联合国贸易发展会议上提出的。当时认为产业技术转移是指发达国家（或地区）为促进自身产业结构调整，发展新型主导产业，而将某些产业的生产环节或产业技术转移到发展中国家（或地区）的行为。因此，产业技术的转移方往往以发达国家（或地区）的企业为主，而产业技术的承接方则以发展中国家（或地区）的企业和地方政府为主。需要注意的是，产业技术转移不仅可以在国际间进行，也可以在区域间进行，但都是从相对发达地区向发展中地区转移。

结合产业技术的内涵和各种理论学说，可以将产业技术转移的内涵归纳为以下两点内容：一是按照技术的表现形式解释产业技术转移。包括明示性产业技术转移和默示性产业技术转移。明示性产业技术转移是指存在于产品、设备、零部件以及生产企业中的技术（张洪潮和张培智，2007），也包括技术数据、技术说明书、技术标准、技术许可、技术文件、技术图纸等软件技术的移动。默示性产业技术转移多以工匠或企业组织形式表现，突出实践和经验，其转移只能通过

“干中学”的过程，即承接方自身的实践操作和学习体会来实现。二是按照技术类型解释产业技术转移，比如特定技术、通用技术和企业专有技术的转移。一般而言，通过技术贸易转移的产业技术多为特定技术，较少涉及通用技术和企业专有技术的转移，而后两种技术只能依赖企业自身的技术积累和技术投入来实现。对于承接产业技术的组织或地区来说，成功转移必须是三个有机组成的条件：具备吸纳转移技术的一定的通用技术能力，具备一定的新技术的学习能力，同时为企业专有技术的承接营造内生环境以便该技术的消化和吸收。只有三个条件得到了满足，才是真正完成了产业技术的转移过程。

由于本书的研究目的是区域创新能力提升，所以本书认为一切能够导致技术迁移促进创新能力的活动和过程都可被称为技术转移。从其范围来看，既包括不同国家和地区间，也包括企业或行业内部以及企业之间；既包括无偿和有偿转移，也包括成熟技术和新技术转移；既包括“软件”和“硬件”，也包括无意识的和有意识的知识等一切转移活动。

（二）产业技术转移的理论

1. 技术差距理论

技术差距理论是美国经济学家波斯纳（Posner，1961）为解释发达国家与发展中国家的国际贸易和技术转移问题而首次提出的。该理论认为技术作为一种生产要素，在各个国家的分布是不均衡的。由于技术领先国家与技术落后国家之间的技术差距，前者就可利用其技术上的比较优势向后者出口技术产品，从而实现该技术产品的国际贸易。随着该项技术产品国际贸易的发展，技术领先的国家为进一步追求特殊利润，便会通过各种途径和方式将其领先技术向技术落后国家转移，从而实现该项技术的国际转移；技术落后国家为了获取产品利润，会通过自主研发或者承接技术转移提高自身技术水平，进而生产同样或类似的技术产品。而当两国间的技术水平达到一致时，技术差距消失，技术转移也随之停止。

无论是在发达国家之间，还是在发达国家与发展中国家之间，技术差距是普遍存在的，这是由技术的“二元结构”所决定的。由于世界各国科学技术发展不平衡，所以技术水平有较大差异。即使是发达国家也存在技术的二元结构——先进技术与落后技术并存，但基本以发达国家占主导地位；而发展中国家的二元技术结构则以发展中地区、落后技术占主要方面。要改变技术的二元结构就要进行技术转移，而技术也总是从技术发达国家（或地区）向技术发展中国家（或地区）进行转移，并且前者支配和控制后者。

2. 需求与资源关系理论

日本学者斋藤优（1979）在《技术转移论》中首次提出了“NR 关系假说”用以解释国际间的技术转移。随后，斋藤优又在其《技术转移的国际政治经济学》一书中将“假说”发展为理论并加以运用（鱼金涛和郝跃英，1987）。该理论提出一国的经济发展要受到来自该国国民和与该国有经济、技术往来的其他国家的“需求”（N：Needs）和“资源”（R：Resources）两种因素的制约，这种制约关系即为NR关系。一国为了满足经济发展的需求，必须要有同等程度的资源与之相适应，若是现有的资源不足以满足需求，这种不协调的NR关系会对经济发展产生不利影响。解决资源不足以满足需求这一问题的方法，或者采用其他资源，或者改变使用资源的比例，而这些都可以用技术来解决。因为，技术与其他资源具有不同的特点，因为它是一种特殊资源，是一种能创造新资源的资源。所以，这时的NR关系不适应其实就是技术与需求的不适应。要改变这种不适应关系可以通过技术创新的途径来实现，新技术一旦出现不仅可以提高劳动生产率、节约资源，而且能创造出新的资源，从而弥补资源的不足，使资源适应需求，从而改善NR关系。

该理论还提出NR关系的不相适应也促使一些国家（或地区）向外进行技术转移，其中在发达国家（或地区）与发展中国家（或地区）之间最明显。发达国家（或地区）为解决和改善本国（或地区）的NR关系或追求NR关系的更高层次，会不断进行技术革新和再创造。对发展中国家（或地区）而言，他们的技术水平相对落后，自身创新能力有限，要发展经济则可通过承接发达国家（或地区）的技术转移来改善本国（或地区）的NR关系。此外，发展中国家（或地区）之间以及发达国家（或地区）之间，为了适应各自不同需求的资源需要，也会发生技术转移行为。

NR关系论从需求和资源的角度强调技术要素的重要性，认为通过技术创新和技术转移可以创造新资源和调节资源比例，最终改善原有的NR关系使需求和资源相适应。但随着经济发展和时间推移，NR关系还会出现新的不适应，此时就需要通过新一轮的技术创新和技术转移进行改善和调节，如此循环发展，经济亦得到发展。

3. 梯度发展理论

科学技术发展的不均衡性，使技术在一定范围内形成一种由高到低的有序的技术梯度差距。在世界范围内，可以划分为技术先进的发达国家、技术较先进的国家和技术落后的欠发达国家三大类。在我国范围内，则划分为东部、中部、西部、东北四大地带：东部沿海地区和部分中部地区是拥有先进技术的发达地带，中西部地区和东北地区由于技术力量薄弱，大部分处于中间技术地带，还有少数地区处于落后技术地带。

梯度发展理论认为，技术转移一般是由发达国家向发展中国家转移，技术先进地区向技术落后地区转移，中心部门向外围部门转移，转移过程则是从高技术梯度地区逐步向二级、三级梯度地区推移。这种梯度转移不仅考虑空间、地理位置的相对远近，还要考虑经济、文化水平和自然环境的优劣。发展差距较小的国家（或地区），梯度差距较小，技术转移就较为容易，产业转移也很活跃。发展差距较大的国家（或地区），梯度水平悬殊，技术转移就比较困难。

我国梯度理论的发展始于20世纪70年代末，在研究我国区域经济发展问题时，学者们认为发展先进技术应按照由东向西的梯度，首先加快东部技术地带的技术发展，其次逐步向中部、西部技术地带推移，如此随着经济的发展，技术转移速度加快，地区差距也会逐步缩小。

二、产业技术转移的途径与制约因素

（一）产业技术转移的途径

产业技术转移的途径有很多。具体可以分为通过产品或服务的市场交易进行的技术转移、通过技术援助进行的技术转移，以及通过其他的培训和信息交流等途径进行的技术转移等。具体如下：

（1）技术转让。技术转让也称作技术许可证，是指把商品化的产业技术以许可证的形式在技术市场中进行买卖，并获取报酬的一种方式。这种方式也是目前技术转移中最重要和最常用的方式，它往往适用于承接地区已经具备一定的技术基础的产业，但为了革新产业技术或获取所缺少的关键产业技术而进行的有偿技术转移。

（2）产学研结合。产学研结合是指产业、学校、科研机构通过合作研发、合作交流、合作生产等形式相互配合，充分发挥优势，利用合作伙伴的资源和技术弥补不足，从而获取产业技术的一种方式。这种方式成本较低、风险较小，且转移后效果较好，因此是产业技术转移诸多途径中最有发展前景的一种途径。但由于产学研各合作伙伴有着不同的利益目标，在研发、交流、生产、利益分配等合作过程中易产生矛盾，从而使合作关系难以为继。

（3）软、硬件设备购置。软、硬件设备购置是指通过购买产业发展所需要的软件和硬件设备，从中获取产业技术的一种方式。这种方式风险小，过程简单，投资获利快，是产业技术转移中较为常见的一种途径。但新设备购置后，能否被企业高效地运用、能否适应企业现有环境等都具有不确定性。此外，通过购置新设备获取产业技术的途径只能短暂提高产业技术能力，一旦设备过时，就需要通过重新购置来获取。

（4）技术援助。这种方式主要是指基于协议或人道主义原则，产业技术领先者或科研机构通过提供技术协助，帮助企业获取产业技术的一种方式。这种方式成本较低，针对性较强，技术转移效果明显，是产业技术转移的一种有效途径。

（5）直接投资。直接投资是指产业技术领先者在承接地直接投资建立企业，通过母公司和子公司之间的直接技术转移或技术外溢效应转移产业技术的一种方式。这种方式速度快，技术转移效果好，是产业技术转移中较为直接的一种途径。但由于直接投资涉及企业新建与兼并，因此风险较大，规模经济较难形成。

（6）信息传播。信息传播是指通过参加技术会议、参与技术交流、参观技术展览、参阅技术信息等形式，从中获取产业技术的一种方式。这种方式操作简单、速度快、成本低，是产业技术转移的一种便捷途径。但由于此类技术信息大多是公开的、开放的，所以很难通过这种途径获得系统、完整的产业技术，尤其是关键性的产业技术，因此通过信息传播途径转移的产业技术效果较差。

（二）产业技术转移的制约因素

具有技术差距和后发优势并非一定能实现技术赶超。发展中国家（或地区）能否有效地利用后发优势缩小技术差距，加速技术变迁并最终实现技术赶超和技术收敛，还需要受到诸多条件的制约。因此，考察发展中国家（或地区）通过承接产业技术转移，缩小技术差距并真正实现区域间的技术收敛就要考虑诸多方面的影响和制约因素。由于产业技术所具有的系统性和复杂性特征，因此研究产业技术转移对区域间技术收敛的影响和制约因素首先要从产业技术本身开始着手。

1. 产业技术转移的周期

产业技术的发展周期包括孕育期、发展期、成熟期和衰退期四个阶段。孕育期的产业技术，尚不具备形成产业化的条件，使用价值、社会需求和应用前景都不确定，转移成本低，但风险最大，一旦转移成功则可以获得巨大利益回报，因此，适宜转移给有着相应技术配套能力、完善基础制度保证及较强经济实力的发展中国家（或地区）。发展期的产业技术，相较于孕育期已经具备一定的市场需求，但技术产业化状态尚不稳定，应用前景模糊，转移成本虽不高但风险仍然较大，因此，适宜转移给拥有较完善的技术市场机制和一定技术能力的发展中国家（或地区）。成熟期的产业技术，成熟且完善，拥有广泛的市场需求和较大的市场规模，产业化状态最为稳定，转移风险小且收益高，但往往被技术所有者严格管控和垄断，很难向外进行技术转移。衰退期的产业技术，市场规模和社会需求减小，但产业技术已固化、转移过程简单、风险小、易于学习和掌握，因此，适宜转移给技术水平较低和经济实力较弱的发展中国家（或地区）。

产业技术周期各发展阶段的特征揭示出不同时期的产业技术，其产业化状态、成熟度、市场规模、社会需求、风险承担、转移成本和获取收益各不相同，因而对承接方的技术水平要求也各有差异。从产业技术的承接方角度而言，能否有效吸收和运用先进产业技术，发挥后发优势进行技术赶超，最终实现技术收敛，关键要结合自身技术水平和经济发展的外部环境考虑承接不同发展时期的产业技术。若发展中国家（或地区）的承接方与发达国家（或地区）的转移方技术差距不大，承接方有较强的经济和技术实力，则可选择承接处于孕育期和发展期的产业技术；反之，若承接方与转移方技术差距较大，且承接方承接环境、吸收学习能力都较差，则可选择承接处于衰退期的产业技术，更有利于缩小技术差距，实现技术收敛。

2. 产业技术系统的匹配

产业技术系统的匹配是指产业技术转移过程中各种技术系统之间的依存关系。这种匹配包括系统内部的匹配、与承接方技术系统的匹配以及与其他相关技术系统之间的匹配三层关系。第一，产业技术能否成功转移取决于产业技术系统内部的匹配状态。由于产业技术系统是一个完整而复杂的系统，是若干单元技术的有机聚集，是对生产产品各类环节的规则化结构的整体表现，因此产业技术系统的各单元技术是否匹配、系统内各环节是否规则化排列，是决定产业技术成功转移的重要因素。第二，产业技术转移能否获得预期效果取决于转移的产业技术是否与承接方已有的技术系统相匹配。一旦产业技术承接方已有的技术系统与所承接的先进产业技术不相适应或无法吸纳融合，结果往往是事倍功半，直接影响技术转移的效果。第三，产业技术能否成功转移并获取收益还要取决于其是否与其他外部技术系统相匹配。只有对产业技术起支撑、关联作用的其他外部技术系统与之相适应和相匹配，该产业技术系统才能够稳定建立，产业技术转移的收益才能更加长久。从产业技术系统匹配的三层关系可以看到，要使承接方更为有效地引进、吸纳产业技术，实现技术赶超和技术收敛的目标，必须考察所承接产业技术系统的匹配状态。

3. 技术转移输出方

产业技术的输出方的行为和意愿对是否能成功进行技术转移有决定性作用。如果技术转移方表现积极，愿意主动将拥有的产业技术向外转移，则产业技术转移的成功率将大大提高。对技术所有者而言，产业技术的不同发展阶段对其利益影响是不同的，且随着外部市场环境的变化，技术所有者对该项产业技术的利益需要会发生变化。因此，出于利益最大化的考虑，技术所有者会在特定条件下主动、自愿地将其所拥有的产业技术向外转移。这些特定条件如当产业技术周期发展到衰退期，该项产业技术已经不能给技术所有者带来垄断利润时，可将其向外转移并获取转移收益，从而为新技术的研究与开发积累资金；当技术所有者要通过对外直接投资进入其他国家（或地区）而又受到资本或政策限制时，可以利用产业技术的转移输出进行间接投资；当跨国公司实施全球化战略时，会通过内部转移的方式将产业技术转移给位于其他国家（或地区）的分公司；当该项产业技术已不适于当地经济发展或给当地经济发展带来阻碍时，技术所有者会考虑将产业技术向外转移；当技术所有者所在国家（或地区）市场容量狭小不足以实现规模经济时，会考虑向外进行产业技术转移以占有别国（或地区）的市场份额。

如果技术转移方出于特殊利益的需要，不愿主动转移其所拥有的技术，产业技术转移将很难成功。这种特殊利益如技术所有者独家垄断该项产业技术且不被外界获取时、该项产业技术能够给技术所有者带来超额利润时、技术承接方是竞争对手时、转移产业技术会使技术所有者声誉受损时、转移成本高且负担重时等。出于以上种种利益情况的考虑，技术所有者往往不愿或不主动向外进行产业技术转移。

总而言之，技术所有者在产业技术转移过程中往往起主导作用，其以利益最大化为出发点，做出或不愿做出技术转移的行为会直接制约或影响产业技术的顺利转移以及承接方技术收敛的实现。

4. 技术承接方

技术承接方是产业技术的输入者，是发挥后发优势、实现技术收敛的主体。对于承接产业技术转移的国家（或地区）而言，有些通过引进、吸纳先进产业技术可以加速自身的技术变迁，获取更快的技术进步速度，从而消除技术差距，实现对发达国家（或地区）的技术赶超和技术收敛，如历史上的日本、韩国等。但大部分国家（或地区）在承接先进产业技术后，不能做到有效地吸收和消化，也不能充分发挥后发优势，虽然做出了种种努力但最终无法实现对发达国家（或地区）的技术赶超和技术收敛。其主要原因在于作为技术承接方的发展中国家（或地区）的内部各种基础要素水平是否有利于技术收敛。这些要素主要包括以下几种：

（1）资金实力。发展中国家（或地区）能否成功承接产业技术转移，资金的使用和投入是一个先决条件。一方面，市场经济条件下，产业技术转移方输出技术是为了获取利润，因而发展中国家（或地区）要承接产业技术转移必须投入足够的资金；若资金投入不足，则无法实现先进产业技术的转移，或者转移的先进产业技术不完整，因此资金实力直接影响和制约着产业技术转移的实现。另一方面，产业技术转移后，承接方需要有足够的资金以保证在技术吸收、学习、消化和使用过程中有充足的资金保障。历史证明日本、韩国等国家（或地区）之所以能够实现技术赶超，其中一个重要原因就是在经济高速发展阶段伴随着大量资金的投入；而大多数拉美国家在经济快速发展时期无法实现技术赶超也是因为其投资率较低。

（2）教育水平。技术承接方承接产业技术转移后，能否有效地学习、吸收和消化先进产业技术直接取决于当地教育水平的高低。在知识经济时代，劳动者知识和技能的提高对经济增长的贡献要远大于单纯增加物质资本和劳动者数量所做的贡献，而劳动者知识、技能等水平的高低，主要取决于当地的教育水平。教育水平的提高，一是可以直接提高劳动者的知识水平，使其可以更快速、有效地吸收和消化所承接的先进产业技术；二是可以提高劳动者的技术能力，使其可以更快地将所承接的产业技术转化为生产力，从而创造更多的经济效益；三是在学习先进产业技术的基础上，有能力进行更多的技术创新和发明，从而加速促进技术进步。

（3）技术能力。技术承接方能否顺利获取对自身有利的先进产业技术，承接技术转移后能否高效、合理地运用先进技术，并在此基础上进一步进行技术研发和创新，还取决于当地现有技术能力的高低。若承接产业技术转移的欠发达国家（或地区）现有技术能力较强，一是其会提高先进产业技术的识别能力、获取先进产业技术的能力、吸收和消化先进产业技术的能力等；二是其会加强所承接先进产业技术的运用能力、技术使用中的组织能力、对劳动者的管理能力、对新产品的营销能力等；三是其会增强所承接先进产业技术的革新能力、对新产品的研发能力、对新技术和新工艺的创新能力等。而要提高发展中国家（或地区）现有技术能力的水平，除了依赖于当地教育水平的提高，还取决于对劳动者的有效激励及对员工的职业培训和对研发投入的增加等。

（4）产业规模。技术承接方某类产业的规模（即产出规模和经营规模）对承接该产业的先进技术转移也会产生制约作用。若承接方产业规模较大，一是该产业会具有较高的稳定性，有利于提高技术转移成果的稳固性和技术进步的连续性；二是该产业易产生规模经济，从而提高资金、技术的利用率；三是该产业便于进行多元化经营，从而分散和化解技术转移的风险。反之，若承接方产业规模小，则将面临承接技术转移后的稳定性较弱、资金和技术利用率较低、转移风险增加等问题。

（5）外部环境。承接方的政策导向和基础设施等外部环境是其吸引产业技术转移的重要辅助因素。若发展中国家（或地区）政府能够制定和实施有利于技术转移、劳动力和资本流入以及企业竞争和发展的一系列财政、金融等经济政策，则良好的政策环境对产业技术的转移有着较大吸引力。另外，若发展中国家（或地区）政府能够加大配套的基础设施建设，增强产业技术转移后的基础设施保障，则完善的外部环境会使当地承接产业技术转移的成功率进一步提高。

综上所述，可以得出的基本结论是发展中国家（或地区）承接产业技术转移的过程实际上是产业技术本身、技术转移方和技术承接方三种变量互相作用、互相制约和互相协调的过程。因此，技术承接方能否顺利地承接产业技术转移，主要取决于产业技术本身和技术转移方的意愿；而能否充分利用和发挥后发优势，缩小技术差距，真正实现区域间的技术收敛，主要取决于技术承接方的各种基础要素水平。

三、产业技术转移的扩散效应

技术差距是技术收敛实现的前提，后发优势是技术收敛实现的动力。在存在技术差距的前提下，发展中国家（或地区）可以充分发挥后发优势，通过技术引进实现对发达国家（或地区）的技术赶超，也可以说后发优势最终是通过技术收敛体现出来的。产业技术转移是实现区域间技术收敛的途径之一，在本质上是通过技术扩散和知识溢出来实现的。

Rogers（2003）认为技术扩散过程可以分解为四个关键因素：创新技术、时间、传播渠道和社会系统，因此，技术扩散就是一项创新技术随着时间通过各种传播渠道被社会系统接受的过程。在罗杰斯的定义中将技术扩散看作技术创新的后续过程，因而技术扩散也被称作“技术创新扩散”。技术创新理论的鼻祖熊彼特则把技术创新扩散定义为“技术创新的大面积或大规模的‘模仿’”。英国经济学家斯通曼（Stonman）把技术创新扩散解释为“一项新技术的广泛应用和推广”，他强调一项新技术或新发明必须得到广泛的应用和推广，才能对经济生活产生影响。舒尔茨对创新扩散的定义则强调“扩散”的重要性，认为如果没有扩散，技术创新则不可能对经济产生影响，而所谓创新扩散就是通过市场和非市场渠道的传播。

国内学者傅家骥（1992）把技术创新扩散界定在企业内部的扩散、企业间的扩散和二者叠加作用的总体扩散范围内，认为技术创新扩散就是技术创新成果在这些范围内通过一定的渠道在潜在使用者之间传播和使用的过程。武春友（1997）则认为，为使技术创新对社会经济发展产生影响，技术创新扩散就是将现有技术创新成果通过多种途径（生产规模的扩展、成果有偿和无偿的转移等）传播扩散，使技术创新成果得到反复应用的过程；并且技术创新扩散不仅是技术创新过程中的一个后续子过程，其本身也是技术与经济相结合的独立完整的运动过程。

综上所述，技术扩散强调的是对新技术的转移和传播，它是技术创新的一个阶段，是新技术的再次应用，是新技术产生的经济效益的主要来源，它使技术创新活动更为完整和有效。

四、我国技术转移市场的基本情况

根据2000~2020年全国31个地区技术市场技术输出地和流向地合同金额的地区分布可以看出，东部、中部、西部和东北地区的合同金额都在逐年上升，东部地区上升最快，西部地区从2010年开始超过了中部地区（见图5-1）。

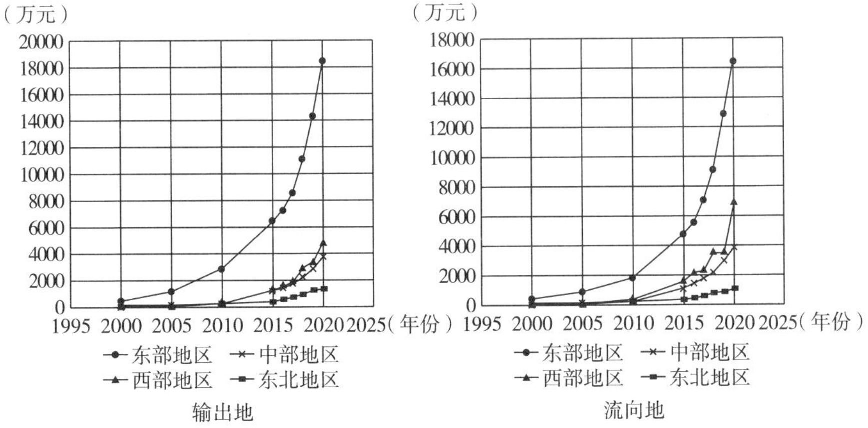

图5-1 四个板块地区技术输出和流入变动图

资料来源：《中国科技统计年鉴（2021）》。

如果要衡量区域之间的分散程度，则从各地区之间的标准差线图（见图5-2）可以看出标准差在逐年加大，说明地区之间技术交易规模的差距在逐渐拉大。

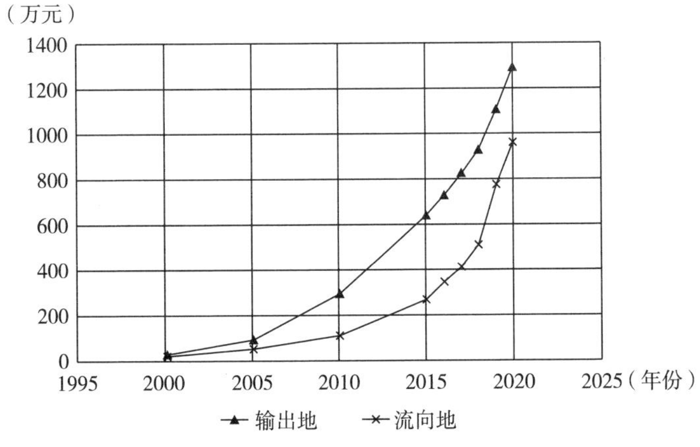

图5-2 地区间技术输出和输入合同金额标准差变动

资料来源：《中国科技统计年鉴（2021）》。

根据技术转移机构的地区分布，截至2018年底，453家国家技术转移机构中，虽然除港澳台外，在全国30个省已经全面布局，但不管是创新资源还是技术转移活跃度，北京、江苏和广东的技术转移机构都位居前列。从地区板块分布来看，东部地区占61%、西部地区占21%、中部地区占18%（见图5-3）。《中国科技统计年鉴(2021)》数据显示，西部地区国家技术转移机构从2011年的47家上升到了2021年的97家，超过了中部地区，说明国家在技术转移机构布局方面考虑到了欠发达地区的发展，但东部、中部、西部差距仍然较大。

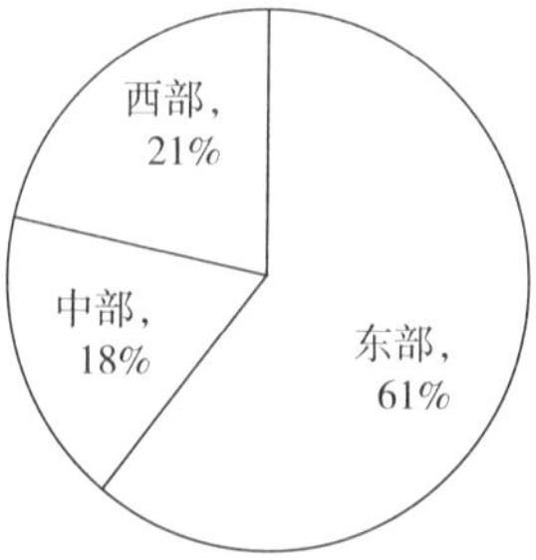

图5-3 国家技术转移机构地区板块分布

资料来源：《全国技术市场统计年报(2019)》。

从技术转移机构的法人类型来看，在截至2019年底的453家机构中，独立第三方市场化运作的机构仅有81家，剩余的372家均为高校、科研院所和政府所属，这说明我国技术转移机构的市场化程度仍有待提高。

五、我国区域间技术转移的组织体系

2017年，国务院印发的《国家技术转移体系建设方案》强调了发挥企业、高校、科研院所等创新主体在推动技术转移中的重要作用，优化了国家技术转移体系基础架构，构建技术转移体系的“四梁八柱”。从政府推动的层面来看，国家技术转移体系的构建具体体现在“2+N”的技术转移体系，结合截至2015年发布的六批453家国家技术转移示范机构以及92家创新驿站，已经形成了从上到下组织的技术转移网络（见图5-4）。

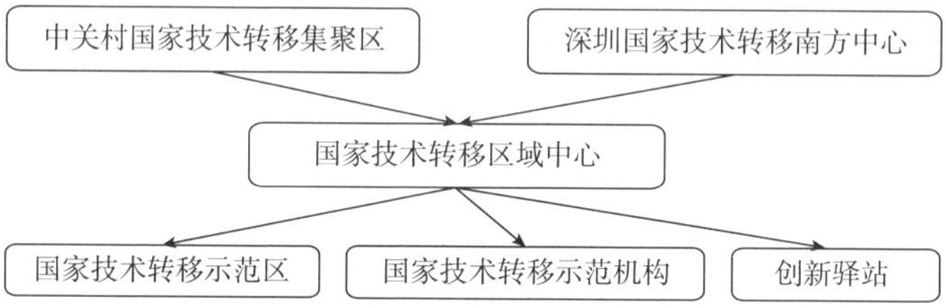

图5-4 国家技术转移组织体系

从市场角度来看，除了市场主体之间自发的技术转移行为，区域间技术转移的组织形式包括市场主体之间促成的联盟实体组织以及以数字技术为基础的技术转移虚拟组织（平台）。具体的联盟组织包括技术转移联盟和技术创新联盟。目前来看，中国的技术转移联盟主要是国家层面的技术转移中心之间发起的“中国技术转移联盟”，区域板块层面发起的“京津冀技术转移协同创新联盟”“环渤海技术转移联盟”“成渝地区双城经济圈技术转移联盟”“西部技术转移联盟”“西北技术转移联盟”“济南都市圈技术转移联盟”等，以及省级层面发起的各省技术转移联盟。技术创新联盟主要是指“中国产业技术创新战略联盟”，将在后面章节进行专门的分析。

第二节　产业技术创新联盟的基本理论

一、技术联盟的内涵

技术联盟是指不同个体之间为了实现某种技术目标形成的联合体。技术联盟的内涵可以从狭义和广义两个角度理解。从狭义的角度来看，技术联盟是指企业技术联盟，是两个或者两个以上的企业合作进行技术创新的活动；从广义的角度来看，技术联盟是指企业、高校、科研机构、政府、其他社会组织之间为了达到某种技术目标而形成的有组织的联合体。技术联盟分为区域内技术联盟和跨区域技术联盟。

20 世纪 80 年代之前，企业间联盟的主要形式是产品联盟，而且这种联盟大多是通过产品供应链连接起来的。后来，由于企业间竞争日益激烈，在发展中遇到了很多困难和挑战，要在竞争中处于有利地位，企业越来越需要通过外部资源提高自身的创新能力。这样，企业就开始寻求外部合作，企业间技术联盟开始增加，主要用于技术创新和新产品开发等工作。

不管是狭义的企业技术联盟，还是广义的技术联盟，都可以使联盟成员获得超过独立研发所获得的收益。首先，技术联盟可以使联盟的成员与成员之间形成资源优势互补，并使联盟成员得到超过自身独立技术开发带来的收益。这种收益主要源于联盟成员以联盟为合作组织形式，相互合作与协调作为联盟整体而创造出的新增利益，称作企业技术联盟利益。其次，由于联盟技术能力的提高，还会促进和提高社会福利。最后，从价值链角度来看，在整个价值链中一个企业仅仅是价值链中的一个环节，企业通过加入技术联盟能够获得上下游企业的技术信息，为企业采购和市场开拓打下基础，进一步提高企业的竞争优势。

二、技术联盟的创新效应

企业技术联盟对企业技术创新的促进作用主要表现为创新效应，创新效应主要包括聚合效应、学习效应和集群效应。

（一）聚合效应

聚合效应是指多个技术单元聚合到一起完成单个技术单元所不能完成的技术目标的效应。具体来说，聚合效应包括规模效应、风险分担效应和 R&D 资源共享效应。一般来说，规模效应是指随着规模的扩大，企业的经营成本会逐步下降。但这里的规模效应主要是指企业在技术创新过程中，只有创新投入达到一定规模或者技术积累达到一定程度后才有产生新技术的可能。那么，当单个技术单元不具备创新投入的资金实力或者技术积累水平较低的时候，通过加入技术联盟能够实现相应的技术目标。根据技术创新的阈值理论，只有当技术投入达到一定规模或者技术积累达到一定程度的时候，技术创新才能实现新的突破。另外，当前技术的复杂性往往涉及多个前沿技术边界的交叉融合，单个企业或机构往往专注于某一技术领域，只有把掌握不同前沿技术的企业组成战略联盟，才能实现技术的创新。风险分担效应是指技术联盟成员能够分摊技术创新的风险成本，减少单个技术单元的创新损失。技术越复杂，其创新投入和风险越大，单个技术单元往往无力承担复杂技术研发的风险，只能通过技术联盟解决这一问题。R&D 资源共享效应是指通过 R&D 资源在技术联盟内部的流动，可以减少企业在技术研发过程中的资金投入，通过资源的互补性解决单个技术单元技术创新过程中的短板。1987 年，在美国得克萨斯州的奥斯汀，包括 IBM、Intel 在内的 14 家半导体企业组成了技术联盟，该联盟承担了全美国 85%的半导体生产份额。1998 年，其他国家的半导体公司也纷纷加入。该联盟通过通用技术开发和知识产权共享，大大减少了联盟成员的研发支出，使整个美国半导体产业的研发支出减少了 9%①。

（二）学习效应

学习效应是指技术联盟在共同完成某项技术攻关项目的过程中，通过技术单元的互动以及联盟内部的知识信息传递而提高联盟成员技术能力的过程。技术联盟的学习效应产生的动力机制包括四个方面：第一，联盟内部的信任机制是技术学习的基础，也是联盟内部社会资本的重要表现。一方面，信任可以降低联盟内组织间学习产生的交易费用，对联盟内知识流动起到促进作用；另一方面，信任

① 人民网，美国半导体制造技术联盟，网址：http：//finance. people. com. cn/n/2014/0318/070846_24665699. html。

可以降低联盟内组织间学习的机会主义行为。第二，联盟内成员的学习意愿和学习能力是学习效应产生的根本动力。第三，技术单元间的文化和组织差异会影响学习效应的大小。第四，技术单元间的竞合关系也会影响知识的传递。一般来说，高竞争低合作会阻碍知识的传递，低竞争高合作会产生过度依赖影响创新活力，高竞争高合作最有利于知识传递和激发创新活力。就学习效应本身来讲，由于技术联盟是介于市场与企业之间的特殊组织形式，该组织形式的网络效应、知识溢出效应和协同效应促进了联盟内成员效率的提高和技术知识的积累。

（三）集群效应

集群效应是指技术单元在联盟内部形成的紧密分工合作关系，从而提升联盟技术创新效率的效应。集群效应的发挥首先要求技术联盟位于同一个空间地域，其次要求联盟成员位于同一个产业价值链中。集群效应的外在表现形式有三个方面：一是技术创新外部效应的内部化。由于技术知识的公共产品特征，会削弱研发企业的积极性。而技术联盟内部的费用共担、成果共享的机制则在一定程度上解决了公共产品的市场失灵问题。二是有利于建立统一的行业技术标准。不管是上下游企业之间的兼容，还是竞争企业之间的产品销售，都迫切需要一个统一的标准，而技术联盟有助于技术的标准化。三是技术创新行为更加灵活。随着信息技术的发展，产品技术的高度复杂以及技术研发周期的大幅缩短都迫使企业需要更大的灵活性。

三、区域技术联盟与区域间技术联盟

（一）区域技术联盟

区域技术联盟（Region Technology Alliance，RTA）是指在特定区域内部形成的技术联盟，如果区域技术联盟是一个区域内所有个体形成的完善系统，则可以称为“区域技术联盟”。那么，在区域技术联盟内部，行业相近、技术相关或者有一定关系的技术单元（Technology Cell，TC）可以相互连接而形成若干个子技术联盟（Sub-technology Alliance，STA）。区域间技术联盟（Interregional Technology Alliance，ITA）则是指一个联盟内部不同单元位于不同的区域，联盟内部的连接是跨区域的。这样，区域内技术联盟与区域间技术联盟如果相互连接，则会形成跨区域的技术创新系统。如图 5-5 所示，TC 代表技术单元，技术单元在一个区域内形成区域技术联盟（RTA），区域技术联盟之间形成区域间技术联盟（ITA）。

（二）区域间技术联盟形成的条件

区域间技术联盟是指技术单元之间的跨区域联合，包括互补性技术联盟和竞争性技术联盟。对于互补性技术联盟，可以是处于同一个供应链上的技术互补，

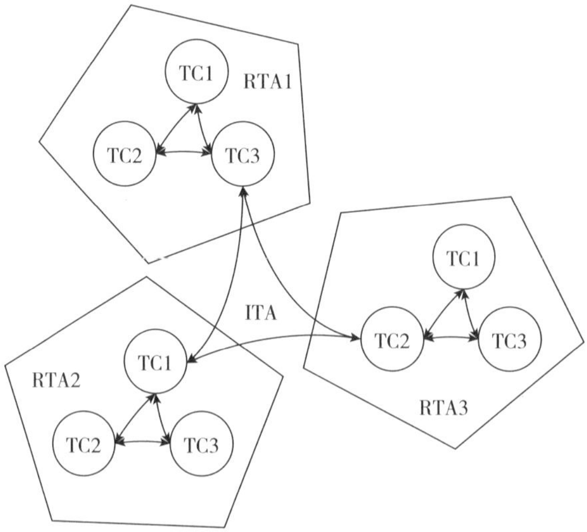

图 5-5 区域技术联盟和区域间技术联盟示意图

也可以是同一类技术的知识互补。竞争性技术联盟是指相似技术或相同技术企业之间形成的联盟，竞争型技术联盟形成的动因主要是规模经济、知识共享或联合竞争力的增强等。具体来说，区域间技术联盟的形成应满足以下三个条件：

第一，学习意愿与吸收能力。联盟形成的动因源于联盟内各个技术单元提升自身技术创新能力或某种技术支持的需要，如果技术单元自身没有技术学习意愿或者技术吸收能力，技术能力提升的目标则无法达成。

第二，联盟间的信任机制。信任机制是规避成员间机会主义的渠道之一，信任机制是指联盟成员之间相互作用过程中形成的一种相互依赖、相互行为渴望、互惠互利的稳定关系。良好的信任机制有利于降低技术创新成本、促进联盟间知识外溢以及降低创新风险等，从而提升技术联盟的整体创新能力。

第三，联盟成员的外部环境。这种外部环境是指联盟成员在本地区所处的创新环境，包括创新文化环境、经济环境、创新政策环境等。良好的经济环境是企业创新的经济基础；良好的创新文化环境有利于激励企业不断追求技术创新；良好的创新政策环境是政府科技政策中对企业技术创新行为的支持，有利于降低企业创新成本，获得相应的政策或法律保障。

四、从技术联盟到区域技术收敛的机制

区域间技术收敛是实现区域之间技术创新能力的趋同，技术差距由大变小的过程。跨区域技术创新联盟的形成有助于不同区域企业、研究机构、大学、政府

部门乃至社会服务机构之间的研发合作和互动学习，促进技术落后地区与技术先进地区之间的技术要素流动和知识外溢。如图 5-6 所示，由于受技术联盟的影响，当技术落后地区企业技术进步速度快于发达地区企业，技术先进地区向技术落后地区的技术要素净流出和知识净传递为正的时候，就会逐步实现技术落后地区的技术赶超和技术收敛（张保胜，2016）。

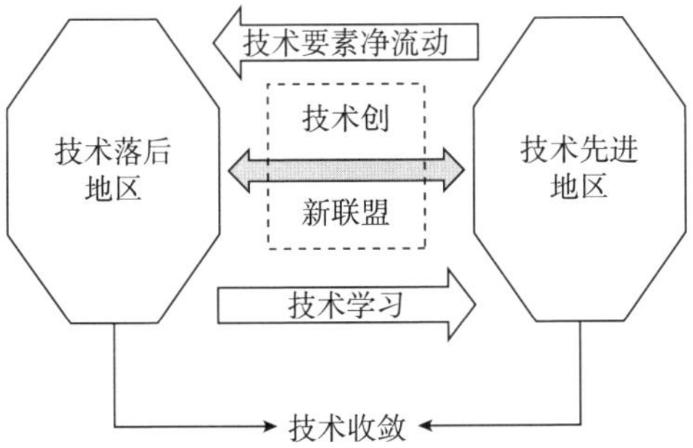

图 5-6　技术联盟与区域技术收敛

第三节　技术联盟的创新效应与空间分布的实证分析

2006 年 2 月，国务院颁布了《国家中长期科学和技术发展规划纲要（2006-2020 年）》，强调“以建设企业为主体、市场为导向、产学研结合的技术创新体系为突破口”，“鼓励企业与高等院校、科研院所建立各类技术创新联合组织，增强技术创新能力”。随后，2008 年 12 月，中华人民共和国科技部（以下简称“科技部”）等六部门下发了《关于推动产业技术创新战略联盟构建的指导意见》，对联盟的内涵、构建的基本原则和基本条件等进行了介绍。2009 年 6 月，科技部等六部门又下发了《国家技术创新工程总体实施方案》，把推动产业技术创新战略联盟构建和发展作为实施国家技术创新工程的主要任务之一。随后，《关于推动产业技术创新战略联盟构建与发展的实施办法（试行）》（国科发政〔2009〕648 号）对政策环境构建、资金投入、国际合作、监管和评估等支持措施进行了规定。为了对联盟效果进行考察，2012 年，《产业技术创新战略联盟评估工作方案（试行）》（国科办政〔2012〕47 号）出台，同时作为评估和促进联盟发展的措施之一。从 2014 年起，中国产业技术创新战略联盟开始了活跃度的年度评价，并连续发布评价报告。为了促进区域间技术的协调发展，构建跨区域的产业技术创新战略联盟是实现区域间技术收敛的主要手段之一。产业技术创新战略联盟的成立，是否促进了联盟及其成员技术创新能力的提升，以及联盟及其成员的地区分布情况如何，是本节研究的重点。

一、产业技术创新战略联盟的创新效应

（一）研究假设

国家出台的一系列关于产业技术创新战略联盟的相关政策，主要目的一方面是促进建立技术创新体系，促进区域性创新系统的形成；另一方面是通过鼓励各个创新主体之间的联合，增强技术创新能力。从目前中国产业技术创新战略联盟（ITISA）的组织形式来看，每个战略联盟都有企业、科研机构和大学的参与，技术创新都是在产学研合作的运行机制下进行的。主要有四种类型的运行模式：一是“项目需求—合作研发—知识产权共享—投入应用”模式。如抗生素技术创新战略联盟一般是根据市场需求提出项目，通过招标确定承担单位，共同投资（资产纽带）组建研究中心，研究成果共享知识产权（知识产权纽带），最后进行评估验收和推广。二是“行业协会协调—共性技术平台建设—技术研发和产业化”模式。如汽车轻量化技术创新战略联盟，通过行业协会协调产业链建设、交流培训、测试评价方法研究和国际合作，以高校和科研院所为主建立共性技术数据库和共性技术规范两大平台，在此基础上以企业为主导进行材料研发和产品设计。三是“产业技术创新链”模式。如杂交水稻产业技术创新战略联盟采用的是大学承担共性技术、瓶颈技术攻关和知识产权创新功能，科研单位承担技术的应用示范功能，企业承担推广和市场拓展功能，形成了一个创新链。四是“联盟企业协同创新网络”模式。如数控机床高速精密化技术创新战略联盟一方面依托国家重点实验室实现联盟成员的研发协同、技术协同、行业协同和用户协同，形成协同创新网络；另一方面通过地区研发平台分工，华东地区的数控系统应用技术研发平台，东北企业的先进综合设计技术、切削工艺研发平台，西北地区的高速精密机床运动特性研发平台，以及西南地区的关键功能部件研发平台之间形成区域协同创新网络。总之，所有这些创新联盟的运作模式，其主要目的都是促进联盟成员的技术创新能力。进一步地，产业技术创新战略联盟有利于联盟成员之间的合作与创新资源的共享，提高联盟成员的技术创新能力，技术创新能力提升的外在表现是专利申请数量的增加。为了更好地描述联盟成员之间的合作绩效，还考察了“联盟内联合申请专利数”指标。也就是说，联盟内联合申请专利数的增加更能说明产业技术创新战略联盟提升成员技术创新能力的效果。所以，提出两个基本假设：

假设 1：产业技术创新战略联盟的成立有利于促进联盟成员的技术创新能力。

假设2：产业技术创新战略联盟的成立有助于促进联盟内联合申请专利数量的增加。

（二）研究设计

1. 样本选择与数据来源

本书的样本为1998~2017年中国产业技术创新战略联盟的专利申请数量，数据采集来源为中国产业技术创新战略联盟网站、联盟成员单位网站和国家专利数据库。产业技术创新战略联盟包括新一代煤（能源）化工产业技术创新战略联盟、农业装备产业技术创新战略联盟等56家国家级联盟。这些联盟在2002~2014年陆续成立（见图5-7）。

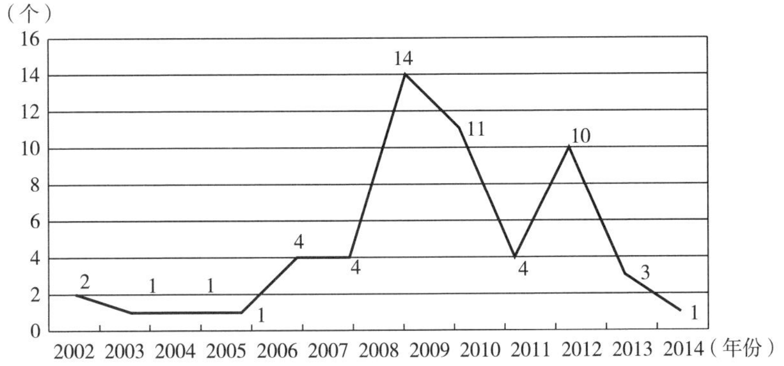

图5-7 不同年份的国家级联盟数量

其中，2009年成立的联盟为14个，2007年成立的联盟为4个，2010年成立的联盟为11个，2011年成立的联盟为4个，2012年成立的联盟为10个，2008年成立的联盟为4个，2013年成立的联盟为3个，2002年成立的联盟为2个，2003年、2004年、2005年、2014年各成立1个联盟。

2. 双重差分法

（1）样本分组与变量选取。实验组和对照组的选取是双重差分法（DID）研究中的关键。这里把一个联盟看作一个联盟企业，联盟成立事件的发生对于联盟企业来说相当于一个“新政策”的实施，联盟效应的评估实际上也是政策实施效果的评价。由于56个联盟样本中成立联盟的时间不同，本书把成立时间相同且联盟个数较多的组作为实验组。具体来说，我们把2009年成立的14个联盟、2010年成立的11个联盟、2012年成立的10个联盟作为实验组，其他21个联盟成立时间比较分散而且同一年份建立联盟的数量较少，我们把它们合并作为对照组。

2009 年、2010 年、2012 年为联盟建立时间，也就是政策实施时间点，但一般情况下建立联盟当年属于协调整合期，而且联盟效应导致的专利申请一般会在一年以后，所以本书分别采取延后一年的 2010 年、2011 年和 2013 年作为政策实施时间点进行分析。

双重差分分析的被解释变量为联盟专利申请数。由于每个联盟包含的成员数量不同，每个成员所在的地区不同，地区经济发展水平、地区 R&D 投入以及 R&D 人员全时当量等可能会影响联盟专利申请，所以本书选取每个联盟成员所在地区（省）的人均实际 GDP 平均值、R&D 内部投入平均值、R&D 人员全时当量平均值为控制变量。

（2）模型的构建。为了检验联盟成立是否对专利申请数量有显著的影响，我们构建如下模型：

$$patent_{it+1}=\beta_0+\beta_1\times treat_{it}+\beta_2\times period_{it}+\beta_3\times did+\gamma\times X_{it}+\varepsilon_{it}$$

首先，被解释变量 patent 为专利申请总数，这里三个实验组的联盟成立时间分别为 2009 年、2010 年和 2012 年，假设联盟效应发挥的时间分别是 2010 年、2011 年和 2013 年。所以，这里使用同一个对照组分三种情况进行二重差分分析。同时，我们还要进一步考察联盟成立对联盟内联合申请专利数量的影响。

其次，treat 为组别虚拟变量，实验组取 1，对照组取 0；period 为事件虚拟变量，联盟成立当年及以前取 0，联盟成立后取 1。Did＝treat×period 是交乘项，也是模型关注的重点。X 为控制变量，包括人均实际 GDP 的平均值、研发内部支出平均值和 R&D 人员全时当量平均值，分别使用 pagdp、rdexp、rdfte 表示。

3. 主要变量的描述性统计

联盟本身专利申请总量和联盟内联合申请专利数量的分年描述性统计如表 5-1 所示。可以看出，1998~2017 年，联盟本身申请专利数和联盟内联合申请专利数均值呈快速增加趋势，但两种类型的专利数量相比来说，联盟内联合申请专利数量平均水平尽管整体呈增加趋势，但数量很少。同时，两个变量的标准差均较大，说明联盟之间专利申请数差异较大。

表 5-1 主要变量的描述统计

年份	联盟数量	patent	allipa	patent	allipa	patent	allipa	patent	allipa
		均值		极差		中位数		标准差	
1998	56	1329.48	0.18	54111	4	207.50	0.00	7206.68	0.79
1999	56	1677.55	1.04	66009	12	292.00	0.00	8791.88	2.93

续表

年份	联盟数量	patent	allipa	patent	allipa	patent	allipa	patent	allipa
		均值		极差		中位数		标准差	
2000	56	2267.93	0.66	83145	12	515.50	0.00	11077.83	2.35
2001	56	2795.11	2.71	98643	40	705.00	0.00	13111.42	8.37
2002	56	4170.30	2.20	130136	37	1240.50	0.00	17355.69	7.05
2003	56	5635.96	5.75	173442	78	1955.00	0.00	23035.52	15.43
2004	56	6666.95	3.79	203190	34	2231.00	0.00	26972.99	7.75
2005	56	8394.84	6.13	245100	65	2779.50	0.00	32578.36	12.48
2006	56	10045.16	9.89	290174	168	3072.50	0.00	38633.78	27.56
2007	56	11734.21	14.45	333950	233	3771.50	0.00	44422.04	39.61
2008	56	14186.45	16.84	405573	277	4934.00	2.00	53839.87	43.98
2009	56	17302.48	13.30	505501	143	5821.50	3.50	67150.04	24.37
2010	56	21202.46	11.84	640269	112	7344.50	2.00	85007.53	21.41
2011	56	28796.88	18.34	887732	162	9407.50	3.00	117776.90	35.04
2012	56	36753.91	22.41	1199834	273	11189.50	6.00	159233.90	47.74
2013	56	41851.43	53.23	1299768	779	13515.00	10.00	172484.70	126.50
2014	56	48582.41	50.16	1499701	914	17106.00	13.50	198959.40	130.29
2015	56	54323.75	62.30	1699625	1846	16282.00	13.00	225469.50	247.82
2016	56	53124.95	54.95	1799548	1292	13588.50	13.00	238945.60	179.92
2017	56	55639.32	32.29	2099536	398	11596.50	10.00	279085.10	68.65
总计	1120								

注：patent 代表联盟本身专利申请数量，allipa 代表联盟内联合专利申请数量。

（三）实证结果与分析

1. 联盟效应的 t 检验

根据联盟成立时间，对联盟成立时间前后的均值是否有显著差异进行 t 检验，发现不论是联盟专利申请总量还是联盟内联合专利申请量，三个年份的 t 检验在 1%的显著性水平上显著，说明联盟成立前后专利申请量有显著差异（见表 5-2）。

表 5-2 联盟效应的 t 检验

类型	变量	观测值（0）	均值（0）	观测值（1）	均值（1）	均值的差	t 值
专利申请总量	patent2009	420	4103.65	280	19187.96	-15084.31***	-12.55
	patent2010	416	3437.90	224	17877.8	-14439.91***	-15.93
	patent2012	465	15614.92	155	68223.45	-52608.53***	-3.42

续表

类型	变量	观测值（0）	均值（0）	观测值（1）	均值（1）	均值的差	t 值
联盟内联合申请量	patent2009	420	8.63	280	46.36	-37.72***	-4.67
	patent2010	416	8.06	224	25.01	-16.95***	-5.45
	patent2012	465	7.70	155	21.72	-14.02***	-5.29

注：***表示在1%的水平上显著。

2. 联盟效应的双重差分分析

（1）联盟建立对联盟专利申请数量的影响。根据上述模型，分别从2009年、2010年、2012年三个时间点分析产业技术创新战略联盟的建立对专利申请数量的影响，也就是为了判断联盟建立前和建立后专利申请数量是否有显著的差异。从表5-3可以看出，三个时间点联盟的建立均对专利申请数量有显著影响。这表明产业技术创新联盟的建立在一定程度上实现了创新要素的共享以及创新过程中的相互合作，促进了联盟成员创新能力的提升。

表5-3　联盟建立对联盟专利申请总量的影响

变量 \ 联盟成立时间	2009年	2010年	2012年
treat	1711.00 (0.43)	-1296.25 (-0.46)	27669.26 (0.59)
period	-2054.82 (-1.28)	1324.27 (1.03)	-41915.13 (-2.13)
did	8879.395*** (5.84)	8034.63*** (6.25)	12398.3*** (5.87)
pagdp	-0.052413 (-0.53)	0.0565 (0.47)	-4.04*** (-3.38)
rdexp	-0.0001092 (-0.39)	0.0000914 (0.39)	0.0032 (0.87)
rdfte	0.1221802*** (6.31)	0.06436*** (4.00)	1.0979*** (4.44)
样本量（Obs）	700	640	620
R-sq	0.3156	0.3979	0.1387

注：*、**、***分别代表在10%、5%、1%水平上显著。

（2）联盟建立对联盟内联合申请专利数量的影响。联盟内部联合专利申请体现了联盟内部的技术创新合作和资源共享。从表 5-4 中可以看出，2009 年、2010 年、2012 年交乘项系数的 t 检验分别在 1%、5%和 1%的水平上显著，进一步说明联盟成立对联盟内的技术合作产生了正向影响。

表 5-4　联盟建立对联盟内联合申请专利数量的影响

变量 \ 联盟成立时间	2009 年	2010 年	2012 年
treat	-2.43 (-0.14)	-5.33 (-0.69)	-9.58 (-1.51)
period	-29.31* (-1.93)	-0.31 (-0.06)	-7.29** (-1.76)
did	59.51*** (4.02)	12.02** (2.08)	27.57*** (5.93)
pagdp	0.0002 (0.21)	0.0003 (0.94)	0.00046* (1.85)
rdexp	4.74e-06* (1.74)	-9.15e-07 (-0.90)	-7.93e-07* (-1)
rdfte	0.000065 (0.37)	0.0000892** (1.29)	0.00005 (0.99)
样本量	700	640	620
R-sq	0.0844	0.068	0.114

注：*、**、***分别表示在 10%、5%、1%水平上显著。

3. 稳健性分析

最后，我们分析了 2009 年、2010 年和 2012 年三个时间点产业技术创新战略联盟的成立对专利申请量的影响。在这个时间段内，通过梳理相应的国家科技政策，并没有发现除了促进技术联盟成立的相关政策，能够促进技术合作和创新能力的更为合适的政策。进一步地，不考虑产业技术创新联盟的因素，通过分析改革开放 40 多年以来我国 R&D 人员投入强度、R&D 活动经费、国内发明专利申请量、企业 R&D 人员和 R&D 经费、研究机构 R&D 人员和经费、高等学校 R&D 人员和经费等时间序列数据，在 2009 年、2010 年和 2012 年三个时间点上均没有发现明显的断点。另外，关于 DID 分析中对照组的选择问题，由于我们把 21 个联盟作为对照组，这些联盟成立时间分散到了 2002~2013 年，同一个年份成立的联盟数量最多的为4个，最少的为1个。把它们放到一个对照组以后，即使少数几个联盟在某一年份的专利数据存在断点，也会被其他年份成立的联盟的断点效应抵消，所以对照组的选择是合理的。

二、中国产业技术创新战略联盟的空间分布特征

（一）联盟成员数量地区分布

从联盟成员的区域分布来看，56个联盟共有2394个成员，其中高校384家、科研机构350家、企业1660家，高校和科研机构数量基本相当，以企业为主。按照地区分布，大陆地区成员2368个，其他国家或地区成员26个。中国大陆地区成员数量的六分位表如表5-5所示。

表5-5 联盟成员数量的六分位表

分位数	1	2	3	4	5	6
成员数量	141~607	61~84	37~49	17~36	4~15	0~3
地区	北京、上海、江苏、浙江、山东、广东	辽宁、黑龙江、安徽、湖北、四川	河北、吉林、福建、河南、湖南、陕西	天津、山西、内蒙古、江西、重庆、新疆	广西、贵州、云南、甘肃、青海	海南、西藏、宁夏

注：这里没有考虑中国香港、中国澳门和中国台湾。

资料来源：软件分析结果。

可见，参加各种联盟的成员数量最多的地区仍然位于经济发达的东部地区，中西部地区企业数量较少。从联盟成员的地区板块分布来看，东部、中部、西部和东北地区联盟成员数量分别为1659个、300个、224个和185个，呈现明显的梯度分布（见图5-8）。

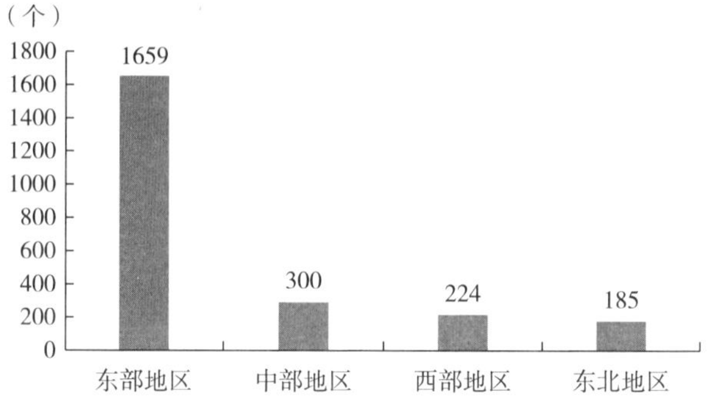

图5-8 联盟成员数量的区域板块分布

（二）联盟区域覆盖率

联盟区域覆盖率可以用一个联盟中成员的分布地区数量在地区总数量中的比重来表示。根据采集的数据计算发现，所有56个联盟的平均覆盖率为0.37，其中半导体照明产业技术创新战略联盟覆盖率最大，达到了0.84，其次为生物质能源产业技术创新战略联盟和粉末冶金产业技术创新战略联盟，覆盖率为0.68。

三、基本结论与启示

（一）基本结论

首先，根据联盟成立对专利申请数量影响的DID分析发现，产业技术创新战略联盟的成立有助于促进专利申请数量的增加，提升联盟成员的技术创新能力。其次，从空间分布描述统计发现，56个技术创新联盟所有成员区域集中程度较高，主要集中在东部发达地区，区域覆盖率较低，仅为0.37。

（二）启示

首先，从区域间技术收敛角度来看，上述两个结论的出现不利于实现区域间技术协调发展。虽然联盟的成立有助于提升联盟成员的技术创新能力，但联盟成员比较集中的区域分布和联盟内部的低地区覆盖率，说明从联盟角度致力于区域间技术水平的收敛仍然任重道远。

其次，从国家政策层面，应该积极鼓励跨区域的技术联盟构建，特别是鼓励经济技术发达地区与欠发达地区之间企业、科研机构、大学之间产业技术创新战略联盟的建立，实现创新要素的跨区域流动，促进区域间技术的协调发展。

最后，专利申请数量的增加是技术创新能力提升的外在表现之一，但专利成果的商业化是促进区域经济发展的必要条件。所以，技术联盟促进技术商业化问题还需要进一步研究。

第四节　技术市场的金融支持：区域金融水平与创新能力

中国经济经过近40年的高速增长后，在市场化进程中以人口和资源优势带来的红利逐渐消失，从2014年开始中国经济步入新常态。中国经济从高速增长转为中高速增长，经济发展的基本动力也从要素驱动、投资驱动转向创新驱动。为了适应经济发展的新常态，2017年中共十九大首次提出高质量发展的新表述，并主动选择了把创新作为实现经济高质量增长的核心驱动力。然而，中国区域之间经济发展模式和经济资源禀赋存在明显差异，因此中国创新驱动经济高质量发展战略的主要内容和重要着力点是提升区域创新能力。由于创新活动特别是高质量的创新活动具有长期性、不确定性和高调整成本的特点（鞠晓生等，2013），加之信息不对称和市场不确定性等诸多外部风险因素的影响（Beck et al.，2000），创新活动经常面临严重的融资约束。事实上，由于技术创新过程中的高收益与高风险并存，大规模的资金支持是技术创新成功和持续的前提。合理配置资源、有效分散风险是金融的独特功能，较好地解决了创新活动中的信息不对称和市场不确定性问题，由此可见中国区域创新能力与金融发展密切相关。党的十九大报告明确指出，深化金融体制改革，增强金融服务实体经济的能力。同时，随着金融市场的发展和金融体制的完善，金融发展不仅有助于缓解创新的融资约束，还有利于降低交易成本以及逆向选择产生的道德风险（Nanda and Rhodes-Kropf，2017）。因此，厘清金融发展与创新能力的关系是深入理解金融促进我国经济高质量增长机理的核心命题。

目前，关于金融发展对区域创新能力是否具有促进作用以及影响机制的讨论，现有研究已经给出了肯定的结论。金融发展能够通过缓解创新主体的资金约束、增加创新的外部监管、风险分散等途径促进区域创新能力的提升（钟腾和汪昌云，2017；庄毓敏等，2020；弓媛媛和刘章生，2021），一方面是因为金融体系所具有的风险分散、资源配置和机会共享等功能强力推动了区域创新主体的资本积累和技术进步（Bencivenga and Smith，1991）；另一方面是因为银行等金融中介强化了对区域创新活动的监管，推动了更高水平创新活动的产生（De la Fuente and Marin，1996），这两个方面甚至更能影响民营和高新技术企业的技术创新活动（冯根福等，2021）。

接下来，本节在进一步进行文献综述与理论分析的基础上，通过描述性统计分析阐明我国区域金融发展水平的区域创新能力现状，初步揭示金融发展与区域创新能力的关系，并进一步通过经济计量模型方法研究金融发展对区域创新能力的作用效应及其异质性。

一、金融市场对技术创新影响的文献综述

已有研究从不同层面和不同视角讨论了金融发展与技术创新之间的关系，主要关注的是以银行信贷为代表的货币市场和以股票市场为代表的资本市场对区域技术创新的影响。研究结果表明，多样化的金融组织形式对区域创新能力具有差异化的影响效应。主要表现在以下三个方面：

（一）信贷市场对技术创新的影响

基于企业层面的研究表明，以银行信贷为主的货币市场对于企业创新至关重要。原因在于：一方面，商业银行能够充分利用信息优势鉴别具有成功可能性的

企业和企业家，以信贷方式积极为创新活动提供资金支持，促进了企业技术创新（King and Levine，1993；周永涛和钱水土，2012）；另一方面，银行业的适度集中也在一定程度上推动了新企业创立，促进新企业积极开展技术创新活动（Cetorelli and Gambera，2001；蔡竞和董艳，2016）。经验证据表明，美国企业在大萧条冲击下缺乏足够的研发资金，企业创新数量和质量均有所下降（Nanda and Nicholas，2014）。金融规模的扩大能够提升中国制造业行业的创新数量，但银行业信贷资金的市场化分配却负向影响着专利存量（张杰和高德步，2017）。客观上银行信贷部门倾向于支持价值含量较低的实用新型和外观设计的创新活动，但在产业政策和财政政策支持下，银行信贷也能显著提升区域创新绩效（李华民等，2018）。

但有学者认为，由于银行在金融系统中具有强势地位，有目的地规避对企业高风险项目的信贷支持（Boot and Thakor，2000），或者出于维护经济稳定的目的，对能够提高就业率的劳动密集型产业加大支持力度，而忽视或较少支持风险程度较高的技术创新型企业（La Porta et al.，2002），这不利于企业的R&D投入（李苗苗等，2015），阻碍了严重依赖外部融资的高科技企业的创新数量和质量的提升（Hsu et al.，2014）。

（二）资本市场对技术创新的影响

支持以银行信贷为主的货币市场无法有效促进技术创新的学者们认为，资本市场的发展能够有效推动企业技术创新（孙伍琴，2004；徐玉莲和王宏起，2011；Hsu et al.，2014；郭熙保和桂立，2017）。邓乐平和孙从海（2001）认为，资本市场是科技创新的重要保证，科技创新已成为资本市场健康发展的有力支撑，大力发展资本市场，对我国经济的持续、高速发展具有不可替代的作用。在资本市场中，技术创新企业通过发行股票、债券等方式进行融资，同时实现了风险分散和提高创新能力的双重功效，金融市场通过持有由技术创新企业发行的有价证券，既实现了风险分散，又提高了企业技术创新能力（King and Levine，1993）。资本市场能够有效推动企业技术创新的主要原因在于银行是高负债经营行业，以吸收的大量客户存款为依托对外发放贷款，从而对贷款客户享有固定收益索取权。商业银行特殊的财务结构使其面临较大的经营风险，只能通过风险内化的形式来管理风险，因此不得不规避高风险的研发创新项目。而股票市场属于有限责任动态索取权，克服了银行业的这些缺点，能够更好地引导资源流向创新型企业（Allen，1993），既可以满足高研发密度、高增长潜力和高风险企业的融资需求（Macey and Miller，1997），也可以用于弥补小型科技企业的资金缺口（Himmelberg and Petersen，1994）。所以，胡善成等（2019）认为，从不同技术创新类型来看，资本市场更加有助于高质量的原创性创新，而银行主导的信贷市场则更加有助于寄生性技术创新。

(三) 金融发展对技术创新的影响

国内学者更多的是把货币市场与资本市场结合起来构建金融发展综合指标来考察其对技术创新的影响，但考察的侧面又有所差别。从总体上来看，金融发展水平的提高有利于促进企业技术创新（魏巍，2016；李晓龙等，2017）。从不同视角来看，金融体系规模的增大（孙立梅等，2018；张宽和黄凌云，2019）、金融效率的提升（张宽和黄凌云，2019；谢巧燕和王昱崴，2022）、金融相关率的提高（孟维福等，2015）均能够不同程度地增强区域技术创新能力。当然，完善的法律体系是企业从事技术创新活动的重要保障（张建华等，2016），实际上这是从金融生态方面进行考虑的。

二、研究设计

(一) 方法的选取

本书对金融发展水平和区域创新能力的衡量均涉及对多个指标的综合评价。多指标综合评价方法有多种，有主观赋权的专家咨询法（Delphi）和层次分析法（AHP），有客观确定权重的主成分分析法（PCA）、因子分析法（FA）和熵权法（EWM）。由于专家咨询法和层次分析法确定权重太过主观，因此本书主要选取因子分析法、熵权法分别构建衡量金融发展水平和区域创新能力的评价模型。

(二) 变量定义

区域创新能力作为本书的主要被解释变量，包括创新投入和创新产出两个方面。创新投入包括人力投入（Manpower）和资金投入（Capital），分别用各地区R&D人员全时当量和各地区R&D经费内部支出表示。创新产出包括专利受理（Patac）、专利授权（Patli）和技术成交额（Turnover），分别用各地区专利申请数、各地区专利授权数和各地区技术市场成交额表示。

金融发展水平是本书关注的重要解释变量，对其评价主要用金融规模（Fscale）、金融深化（Fdeep）和金融生态（Fecol）三个影响因子进行衡量。其中，金融规模因子主要使用金融相关率（FIR）、银行业规模（BKsize）、股票市场规模（SMsize）和金融从业比例（Employ）四个因素进行衡量，金融深化因子主要使用保险深度（Idepth）、保险密度（Idens）、股票市场宽度（SMwidth）、金融业人均增加值（Pvalue）和金融业平均工资（Asalary）五个因素进行衡量，金融生态因子主要使用不良贷款率（NPLR）、财政环境（Fiscal）、经济开放度（Open）、人均GDP（PGDP）和城镇化率（Urban）五个因素进行衡量。

主要变量的定义与解释说明如表5-6所示。

表 5-6 变量的定义与说明

综合指标	指标维度	变量	说明及计算方法
技术创新能力 Innov	投入水平 Input	Manpower	R&D 全时当量，用各地区 R&D 人员全时当量表示
		Capital	R&D 经费支出，用各地区 R&D 经费内部支出表示
	产出水平 Output	Patac	专利受理，用各地区专利申请数量表示
		Patli	专利授权，用各地区专利授权数量表示
		Turnover	技术成交额，用各地区技术市场成交额表示
金融发展水平 Fdevel	金融规模 Fscale	FIR	金融相关率，等于金融机构存贷款余额/GDP
		BKsize	银行业规模，等于贷款余额/GDP
		SMsize	股票市场规模，等于股票市值/GDP
		Employ	金融从业比例，等于金融从业人员数/城镇单位就业人数
	金融深化 Fdeep	Idepth	保险深度，等于保费收入/GDP
		Idens	保险密度，等于保费收入/总人口
		SMwidth	股票市场宽度，用各省上市公司数量进行衡量
		Pvalue	金融业人均增加值，等于金融业增加值/总人口
		Asalary	金融业平均工资，等于金融业工资总额/金融业就业人员数量
	金融生态 Fecol	NPLR	不良贷款率，等于不良贷款额/贷款总额
		Fiscal	财政环境，等于财政收入/财政支出
		Open	经济开放度，等于利用外资额/GDP
		PGDP	人均 GDP，等于 GDP/总人口
		Urban	城镇化率，等于城镇人口/总人口

资料来源：笔者整理所得。

（三）模型设定

为深入研究金融发展水平对区域创新能力的影响，本书分别从金融发展（Fdevel）因子和具体因素两个层次展开分析。对影响区域创新能力的 14 个具体因素采用因子分析法进行降维至金融规模（Fscale）、金融深化（Fdeep）和金融生态（Fecol）3 个金融发展因子。具体模型设定如下：

（1）区域创新能力对金融发展因子的回归模型设定如下：

金融规模效应模型：$Innov_{i,t}=\alpha_0+\alpha_1 Fscale_{i,t}+\varepsilon_{i,t}$ （5-1）

金融深化效应模型：$Innov_{i,t}=\beta_0+\beta_1 Fdeep_{i,t}+\varepsilon_{i,t}$ （5-2）

金融生态效应模型：$Innov_{i,t}=\theta_0+\theta_1 Fecol_{i,t}+\varepsilon_{i,t}$ （5-3）

金融发展效应模型：$Innov_{i,t}=\delta_0+\delta_1 Fdevel_{i,t}+\varepsilon_{i,t}$ （5-4）

金融因子综合模型：$Innov_{i,t}=\phi_0+\phi_1 Fscale_{i,t}+\phi_2 Fdeep_{i,t}+\phi_3 Fecol_{i,t}+\varepsilon_{i,t}$ （5-5）

（2）区域创新能力对金融影响因素的回归模型设定如下：

金融因素回归模型：$Innov_{i,t}=\lambda_0+\sum \lambda_1 FVariable_{i,t}+\varepsilon_{i,t}$ （5-6）

在上述模型中，Innov 指区域创新水平，是通过熵权法对创新投入变量 Manpower 和 Capital，创新产出变量 Patac、Patli 和 Turnover 进行综合评分的结果；变量 FVariable 是指表 5-6 中影响金融发展水平的 14 个具体因素；i 和 t 分别指第 i 个省份第 t 年的观测值；系数 α、β、θ、δ、ϕ、λ 分别代表各模型中的待估参数，其值正负表示影响方向，显著性代表作用效应是否明显；ε 表示随机误差项。

（四）数据概况

本书的样本数据年份跨度为 2008~2019 年的全国 30 个省份数据，并参照通常的区域划分标准，将 30 个省份划分为东部、中部和西部三大经济区域，数据中不包括西藏及港澳台地区。样本数据源于 2009~2020 年《中国金融统计年鉴》《中国科技统计年鉴》和《中国统计年鉴》。

（五）数据描述性统计

表 5-7 列示了全国样本的描述性统计结果。从技术创新能力方面来看，创新投入的平均水平，全国 R&D 全时当量为 113948.77 人年，运用于基础研究、应用研究和试验发展的 R&D 经费支出为 418.26 亿元。创新产出的平均水平，专利受理和授权的数量分别约为 78023 件、43371 件，授受比为 55.59%，技术市场成交额为 296.15 万元。从金融发展水平方面来看，影响金融规模的 4 项因素金融相关率、银行规模、股票市场规模和金融从业比例分别为 3.17%、1.35%、0.59%和 3.75%，明显看出股票市场规模相对薄弱，以银行为主的信贷市场仍占支配地位，占 GDP 比例为 1.35%，是股票市值占比的 2.23 倍，因此我国有必要加大资本市场发展规模。影响金融深化的因素是保险深度 3.34%、保险密度 1745.05 元/人、股票市场宽度平均每省约 89 家上市公司、金融业平均工资 87681.82 元，但从最大值、最小值和标准差来看，各省份金融深化程度差异较大。影响金融生态的 5 项因素中，不良贷款率为 0.79%，但不良贷款率最高的年份竟然高达 2.86%，因此，信用体系建设有待继续加强；财政收支比为 0.5%，利用外资占 GDP 的比例衡量的经济开放度为 0.04%，利用外资比例较前 30 年有所下降，人均 GDP 和城镇化率的均值分别为 45921.53 元和 0.56%，均有大幅提升。但是，从上述各因素的最大值、最小值和标准差来看，影响区域创新能力的各因素在各省份间存在较大的差异。

表 5-7　主要变量描述性统计（全国）

变量	样本量	平均值	标准差	最小值	中位数	最大值
Manpow	360	113948.77	130030.61	1726.00	72693.80	803207.80
Capital	360	418.26	521.58	3.35	204.58	3098.49

续表

变量	样本量	平均值	标准差	最小值	中位数	最大值
Patac	360	78023.08	119452.09	431	34911.50	807700
Patli	360	43371.06	68928.77	228	18582.00	527390
Turnover	360	296.15	653.21	0.56	77.12	5695.28
FIR	360	3.17	1.06	1.45	2.94	7.23
BKsize	360	1.35	0.44	0.59	1.27	2.58
SMsize	360	0.59	1.07	0.04	0.32	9.92
Employ	360	3.75	1.08	2.05	3.55	8.15
Idepth	360	3.34	1.04	1.46	3.10	7.39
Idens	360	1745.05	1449.11	211.70	1290.52	9640.44
SMwidth	360	88.79	103.42	10.00	43.00	636.00
Pvalue	360	0.36	0.43	0.03	0.25	2.99
Asalary	360	87681.82	43048.88	27511.00	80306.00	266921.00
NPLR	360	0.79	0.43	0.11	0.71	2.86
Fiscal	360	0.50	0.19	0.15	0.45	0.94
Open	360	0.04	0.05	0.00	0.02	0.23
PGDP	360	45921.53	25850.59	9697.00	39770.50	161776.00
Urban	360	0.56	0.13	0.29	0.55	0.90

资料来源：笔者整理所得。

通过区域比较来看（见表5-8），东部、中部和西部地区的技术创新能力和金融发展水平存在较为明显的区域差异。技术创新能力的影响因素中R&D全时当量、R&D经费支出、专利受理和专利授权均表现出东部、中部和西部逐步递减的态势，除了技术市场交易额在中西部地区并无明显差异，其他均值的t检验结果均在1%的水平上显著。金融发展水平在总体上同样呈现出东部、中部和西部逐步递减的态势，但在某些具体因素上又不完全如此。例如，金融规模因子中，西部地区的金融相关率、银行业规模和股票市场规模却显著高于中部地区，这也有可能是由于西部地区GDP相对较低。金融深化因子中，西部地区的金融业人均增加值和金融业平均工资也均显著高于中部地区，这有可能是由于西部地区金融业有较高的收入而人员较少。但是，部分因素在均值上表现出来的不一致，并没有显著影响整体金融发展水平的方向。从总体上来看，区域创新能力和金融发展水平仍然呈现出东部最高、西部最低、中部居中的整体态势。

表 5-8　区域主要变量的均值 t 检验比较（以中部为基准）

变量	均值			均值差和 t 检验			
	东部	中部	西部	中部—东部	t 值	中部—西部	t 值
Manpow	209370.38	84804.37	39723.08	-125000***	-7.07	45081.28***	8.48
Capital	799.54	275.42	140.87	-524.12***	-7.41	134.54***	5.45
Patac	151000.46	48250.18	26698.73	-103000***	-5.87	21551.45***	4.14
Patli	86852.31	24615.29	13530.38	-62237.02***	-6.20	11084.91***	4.36
Turnover	575.31	159.35	116.48	-415.95***	-4.10	42.87	1.30
FIR	3.68	2.55	3.12	-1.13***	-7.63	-0.57***	6.50
BKsize	1.52	1.05	1.40	-0.47***	-8.63	-0.35***	7.22
SMsize	1.03	0.28	0.37	-0.75***	-4.44	-0.09**	3.00
Employ	4.04	3.61	3.56	-0.42*	-2.70	0.06	0.49
Idepth	3.55	3.33	3.14	-0.22	-1.55	0.19	1.51
Idens	2683.72	1253.22	1164.08	-1430.51***	-7.11	89.14	1.00
SMwidth	167.05	56.14	34.28	-110.92***	-7.92	21.86***	6.78
Pvalue	0.62	0.18	0.22	-0.44***	-7.06	-0.04*	2.72
Asalary	113063.99	66547.29	77670.21	-46516.70***	-8.02	-11122.92**	3.24
NPLR	0.88	0.66	0.79	-0.21***	-4.21	-0.13	2.43
Fiscal	0.70	0.42	0.36	-0.28***	17.16	0.06***	5.31
Open	0.09	0.02	0.02	-0.07***	12.76	0.00	0.43
PGDP	64834.59	35854.40	34330.01	-28980.20***	-8.74	1524.39	0.83
Urban	0.67	0.52	0.49	-0.15***	10.38	0.03**	3.07

注：*、**、***分别表示在 10%、5%、1%的水平上显著。

资料来源：笔者整理所得。

（六）综合指标的计算

1. 区域创新能力的综合计算

对区域创新能力的综合评价采用熵权法（EWM）计算综合得分。具体步骤如下：

（1）将影响技术创新的各个指标进行标准化处理。假定五个原始指标为 X_1、X_2、X_3、X_4、X_5，对应的标准化后的值为 Y_1、Y_2、Y_3、Y_4、Y_5，标准化方法如下：

正向指标：$Y_{ij}=\dfrac{X_{ij}-\min(X_i)}{\max(X_i)-\min(X_i)}$

负向指标：$Y_{ij}=\frac{\max(X_i)-X_{ij}}{\max(X_i)-\min(X_i)}$

（2）求各个指标在各样本下的比值：$p_{ij}=\frac{Y_{ij}}{\sum Y_{ij}}$。

（3）提取信息熵：$E_j=-\ln(n)^{-1}\sum_{i=1}^{n}p_{ij}\ln p_{ij}$，其中 $E_j\geq0$。若 $p_{ij}=0$，则定义 $E_j=0$。

（4）确定各指标的权重：$w_j=\frac{1-E_j}{k-\sum E_j}$，这里的 k 是指标的个数。在现有计算中取值为 k=5。依据上述方法和现有样本数据，通过熵权法得到的各指标权重如表 5-9 所示。

表 5-9　熵权法得到的影响区域创新能力的各指标权重

因素	Manpow	Capital	RDstr	Patac	Patli
权重	0.166329	0.1580	0.089524	0.183573	0.19635

资料来源：笔者整理所得。

（5）计算每个观测样本的综合评分，计算公式为：$Score_j=\sum_{j=1}^{m}w_j\cdot X_{ij}$。

2. 金融发展水平的综合计算

衡量金融发展水平采用因子分析法（FA）进行综合评价。具体步骤如下：

（1）将影响金融发展水平的各个因素进行标准化处理，方法同上。

（2）对数据进行相关性检验。因子分析法的使用前提是原始变量存在相关性，相关性检验的目的就是看现有数据是否适合做因子分析，一般使用巴特利特球形检验（Bartlett Test）和 KMO 检验（Kaiser-Meyer-Olkin Test），检验结果如表 5-10 所示。

表 5-10　数据的 Bartlett Test 和 KMO Test

指标	KMO 值	卡方近似值	自由度	p 值
检验结果	0.805	6679.718	91	0.000

资料来源：Stata 软件计算所得。

从表 5-10 的相关性检验结果来看，Barltett 检验的卡方统计量为 6679.718，p 值为 0，且 KMO 值为 0.805，说明原始数据非常适合做因子分析。

（3）因子分析。从旋转后的因子特征值和方差情况（见表 5-11）来看，有三个因子的特征值大于 1，且累计方差贡献率为 78.53%，解释了原有因素的大部分信息，因此选择前三个因子作为主成分展开进一步分析。从表 5-11 可知，因子 1（Factor1）的权重为 $Weight_1 = 0.4476$（0.3515/0.7853），因子 2（Factor1）的权重为 $Weight_2 = 0.4380$（0.3440/0.7853），因子 3（Factor1）的权重为 $Weight_3 = 0.1144$（0.0898/0.7853）。

表 5-11　旋转后的因子特征值及其方差情况

因子	特征值	方差	方差贡献率	累计方差贡献率
Factor1	4.92094	0.10431	0.3515	0.3515
Factor2	4.81663	3.56008	0.3440	0.6955
Factor3	1.25655	0	0.0898	0.7853

资料来源：Stata 软件计算所得。

依据旋转后的因子载荷和得分矩阵（见表 5-12）可以计算出三大因子得分。具体计算方法如下：

$$Factor1 = 0.2450 \times FIR + 0.0831 \times BKsize + 0.3463 \times SMsize + 0.0906 \times Employ + 0.6451 \times Idepth + 0.6855 \times Idens + 0.8767 \times SMwidth + 0.6914 \times Pvalue + 0.6631 \times Asalary + 0.1691 \times NPLR + 0.1840 \times Fiscal + 0.2814 \times Open + 0.5175 \times PGDP + 0.0208 \times Urban$$

$$Factor2 = 0.9069 \times FIR + 0.8616 \times BKsize + 0.6033 \times SMsize + 0.7210 \times Employ + 0.2755 \times Idepth + 0.6693 \times Idens + 0.0365 \times SMwidth + 0.6203 \times Pvalue + 0.6047 \times Asalary + 0.1319 \times NPLR + 0.0491 \times Fiscal + 0.2527 \times Open - 0.0343 \times PGDP + 0.5545 \times Urban$$

$$Factor3 = 0.1864 \times FIR + 0.1139 \times BKsize + 0.2795 \times SMsize - 0.3201 \times Employ - 0.4340 \times Idepth - 0.1098 \times Idens - 0.0960 \times SMwidth + 0.1078 \times Pvalue + 0.1017 \times Asalary + 0.8259 \times NPLR + 0.9008 \times Fiscal + 0.7951 \times Open + 0.7769 \times PGDP + 0.7150 \times Urban$$

表 5-12　旋转后的因子载荷和因子得分矩阵

变量	Factor1	Factor2	Factor3	Uniqueness
FIR	0.2450	0.9069	0.1864	0.0829
BKsize	0.0831	0.8616	0.1139	0.2378

续表

变量	Factor1	Factor2	Factor3	Uniqueness
SMsize	0.3463	0.6033	0.2795	0.4380
Employ	0.0906	0.7210	-0.3201	0.3695
Idepth	0.6451	0.2755	-0.4340	0.3196
Idens	0.6855	0.6693	-0.1098	0.0700
SMwidth	0.8767	0.0365	-0.0960	0.2208
Pvalue	0.6914	0.6203	0.1078	0.1256
Asalary	0.6631	0.6047	0.1017	0.1843
NPLR	0.1691	0.1319	0.8259	0.2720
Fiscal	0.1840	0.0491	0.9008	0.1523
Open	0.2814	0.2527	0.7951	0.2248
PGDP	0.5175	-0.0343	0.7769	0.1275
Urban	0.0208	0.5545	0.7150	0.1809

资料来源：Stata 软件计算所得。

此外，从表 5-12 还可以看出在因子 1 中保险深度（Idepth）、保险密度（Idens）、股票市场宽度（SMwidth）、金融业人均增加值（Pvalue）、金融业平均工资（Asalary）具有较大载荷的因素，主要反映了保费收入、上市公司数量、金融业增加值和从业人员收入状况，因此命名为“金融深化”（Fdeep）因子，此时 Fdeep=Factor1。

在因子 2 中金融相关率（FIR）、银行业规模（BKsize）、股票市场规模（SMsize）、金融从业比例（Employ）具有较大载荷的因素，主要反映了存款、贷款、股票市值和金融从业人员的规模状况，因此命名为“金融规模”（Fscale）因子，此时 Fscale=Factor2。

在因子 3 中不良贷款率（NPLR）、财政环境（Fiscal）、经济开放度（Open）、人均 GDP（PGDP）、城镇化率（Urban）具有较大载荷的因素，主要反映了金融市场基本的经济、财政、法律、城镇化和开放度等金融生态环境状况，因此命名为“金融生态”（Fecol）因子，此时 Fecol=Factor3。

因此，上述因子得分也可以写成如下形式：

$$Fdeep=0.2450\times FIR+0.0831\times BKsize+0.3463\times SMsize+0.0906\times Employ+0.6451\times Idepth+0.6855\times Idens+0.8767\times SMwidth+0.6914\times Pvalue+0.6631\times Asalary+0.1691\times NPLR+0.1840\times Fiscal+0.2814\times Open+0.5175\times PGDP+0.0208\times Urban$$

$$Fscale=0.9069\times FIR+0.8616\times BKsize+0.6033\times SMsize+0.7210\times Employ+0.2755\times Idepth+0.6693\times Idens+0.0365\times SMwidth+0.6203\times Pvalue+0.6047\times Asalary+0.1319\times NPLR+0.0491\times Fiscal+0.2527\times Open-0.0343\times PGDP+0.5545\times Urban$$

$$Fecol=0.1864\times FIR+0.1139\times BKsize+0.2795\times SMsize-0.3201\times Employ-0.4340\times Idepth-0.1098\times Idens-0.0960\times SMwidth+0.1078\times Pvalue+0.1017\times Asalary+0.8259\times NPLR+0.9008\times Fiscal+0.7951\times Open+0.7769\times PGDP+0.7150\times Urban$$

（4）计算金融发展水平综合得分。利用表 5-11 的方差贡献率计算出来的因子权重（$Weight_1$、$Weight_2$、$Weight_3$）和表 5-12 的因子载荷计算出来的因子得分（Factor1、Factor2、Factor3），就可以计算出金融发展水平的综合得分。具体计算方法如下：

$$Score=Weight1\times Fdeep+Weight2\times Fscale+Weight3\times Fecol$$

即 $Fdevel=0.4476\times Fdeep+0.4380\times Fscale+0.1144\times Fecol$

依据该计算方法可以评估出 2019 年全国各省份的金融发展水平综合得分，具体如表 5-13 所示。

表 5-13　2019 年全国各省份金融发展水平及排名

省份	金融规模	金融深化	金融生态	金融发展水平
北京	0.9581	0.8796	0.9252	0.9095
上海	0.4964	0.7634	0.9601	0.7156
广东	0.2628	0.4906	0.6932	0.4552
浙江	0.3934	0.4201	0.6270	0.4441
天津	0.4414	0.3635	0.4810	0.4043
江苏	0.0977	0.4449	0.5761	0.3636
辽宁	0.3193	0.1769	0.2717	0.2331
福建	0.0896	0.2390	0.4457	0.2271
重庆	0.1815	0.1999	0.3747	0.2213
山东	0.1166	0.2081	0.3258	0.1995
山西	0.2624	0.1066	0.2268	0.1706
吉林	0.2554	0.1263	0.1477	0.1673
宁夏	0.2566	0.1306	0.1190	0.1656

续表

省份	金融规模	金融深化	金融生态	金融发展水平
黑龙江	0.2268	0.1279	0.1802	0.1648
陕西	0.1486	0.1314	0.3018	0.1626
海南	0.2276	0.1180	0.1711	0.1582
河北	0.2102	0.1071	0.2293	0.1560
四川	0.1309	0.1402	0.2310	0.1514
内蒙古	0.1896	0.1335	0.1232	0.1483
新疆	0.1440	0.1282	0.2257	0.1478
湖北	0.0367	0.1714	0.2545	0.1448
贵州	0.2664	0.0563	0.1840	0.1373
青海	0.2772	0.0904	0.0016	0.1313
安徽	0.0913	0.1173	0.2514	0.1303
湖南	0.0996	0.1046	0.2415	0.1242
甘肃	0.2795	0.0641	0.0420	0.1236
江西	0.1172	0.0854	0.2399	0.1184
广西	0.1180	0.0496	0.3238	0.1117
河南	0.0093	0.1253	0.1747	0.0990
云南	0.0728	0.0705	0.1922	0.0899

资料来源：笔者计算并整理所得。

表5-13的结果显示，北京、上海、广东、浙江和天津金融发展水平较高，东部地区之所以金融发展水平较高，是因为东部地区在金融规模、金融深化和金融生态方面表现俱佳，中西部地区相对发展滞后的证券、股票和保险市场拉低了其金融发展水平。从金融因子角度来看，中部地区的金融规模反而不如西部地区表现好，可能的原因在于：第一，相对于中部地区，西部地区虽然金融总量较小，但经济总量也相对较小，从而导致了相对量高于中部地区。第二，虽然西部地区金融发展基础薄弱，但相对倾斜的普惠金融政策在西部实施的效果比较明显。预料之外的是，江苏省的金融发展水平较低，可能是因为江苏经济体量较大，加之较为发达的民间金融拉低了存贷款余额与GDP的比值，使其金融规模得分表现不佳。在金融深化和金融生态方面，均呈现出“东高西低、中部居中”的特征，这是因为雄厚的经济基础、较宽的金融深化程度和良好的金融生态能够

对金融资源进行合理配置和高效利用，推动了东部地区金融发展水平的整体提升。西部地区的金融资源相对较为丰富，虽然国家政策大力扶持，但是从金融业人均增加值和金融业平均工资较低这两个指标可以看出，西部地区对金融资源的利用率低、经济资源配置不合理且金融业效率低下。

三、金融发展与创新能力的现状及关系

（一）技术创新能力现状

利用熵权法得到各样本 2008~2019 年的技术创新得分后，对全国及各区域的技术创新得分进行了概略性统计（见表 5-14）。结果显示全国技术创新能力均值为 0.17，最大值为 0.85，而标准差竟高达 0.20，说明全国技术创新能力表现出较大的差异。东部地区技术创新能力均值为 0.33，明显高出全国平均水平，最大值为 0.85。而中部和西部地区的技术创新能力均值分别为 0.10 和 0.05，大幅度低于全国平均水平，其最大值分别为 0.22 和 0.21，还达不到东部地区中位数的水平，说明与东部地区相比，中西部地区的技术创新能力还有大幅提升的空间。

表 5-14　全国及区域技术创新能力的比较

区域	样本量	平均值	标准差	最小值	中位数	最大值
全国	360	0.17	0.20	0.00	0.10	0.85
东部	132	0.33	0.24	0.00	0.28	0.85
中部	96	0.10	0.06	0.03	0.09	0.22
西部	132	0.05	0.06	0.00	0.03	0.21

资料来源：笔者整理所得。

（二）金融发展水平现状

利用因子分析法得到各样本 2008~2019 年的金融因子得分和金融发展水平后，对全国及各区域进行概略性统计和比较，结果如表 5-15 所示。

从表 5-15 的统计结果可以看出，东部地区的金融规模（0.27）、金融深化（0.38）、金融生态（0.50）以及金融发展水平（0.37）的均值都显著高于对应的全国平均水平（分别为 0.18、0.21、0.28 和 0.21）。与表 5-14 的结果一致，可能由于上述所阐述的原因，西部地区的金融规模平均高于中部地区。虽然从金融深化、金融生态和金融发展水平的均值比较来看，西部地区与中部地区几乎相当，但西部地区的标准差较大，西部地区各省份之间在金融深化程度、金融生态环境和金融发展水平上存在较大的内部差异。

表 5-15 全国及区域金融因子及金融发展水平的比较

变量	区域	样本量	平均值	标准差	最小值	中位数	最大值
金融规模 Fscale	全国	360	0.18	0.18	0.00	0.13	1.00
	东部	132	0.27	0.25	0.06	0.18	1.00
	中部	96	0.10	0.07	0.00	0.09	0.27
	西部	132	0.16	0.07	0.06	0.13	0.38
金融深化 Fdeep	全国	360	0.21	0.20	0.04	0.13	0.92
	东部	132	0.38	0.25	0.09	0.35	0.92
	中部	96	0.12	0.02	0.06	0.12	0.18
	西部	132	0.11	0.05	0.04	0.12	0.21
金融生态 Fecol	全国	360	0.28	0.23	0.00	0.18	0.99
	东部	132	0.50	0.24	0.15	0.43	0.99
	中部	96	0.15	0.04	0.09	0.15	0.25
	西部	132	0.15	0.09	0.00	0.14	0.55
金融发展水平 Fdevel	全国	360	0.21	0.19	0.07	0.14	0.93
	东部	132	0.37	0.23	0.11	0.31	0.93
	中部	96	0.12	0.03	0.07	0.12	0.17
	西部	132	0.13	0.04	0.07	0.13	0.24

资料来源：笔者整理所得。

（三）金融发展与创新能力关系的初步检验

为了检验金融发展水平能够提升技术创新能力的结论，依据熵权法和因子分析法得出的技术创新能力和金融发展水平得分，把二者结合起来进行比较分析，为上述理论提供事实证据。

图 5-9 展示了 2008~2019 年全国金融发展水平和技术创新能力的变化趋势。结果显示，2008~2012 年金融发展水平与技术创新能力并未呈现出协同发展的趋势，而是呈现背离的局面，但这并不能否定金融发展水平对技术创新能力的促进作用。原因在于 2008 年全球金融危机冲击背景下，为扭转经济增速锐减的局面，我国政府相继出台了一系列宽松的财政货币政策，抑制了金融环境的恶化甚至小有改善。但在金融危机的巨大冲击下，不确定性预期增强，压制了经济实体的技术创新信心，缩减了研发创新的经费支出，各种专利产品的申请、受理与授权以及技术市场成交额也相应减少，导致技术创新能力水平下降。但从 2012 年到 2019 年，金融危机时代的冲击形成的负向效应逐步减轻，金融发展水平与技术创新能力呈现出明显一致的变动趋势。图 5-9 反映了 2008~2019 年金融发展水

平与技术创新能力的变动趋势，初步证明了二者之间存在着正向影响关系。

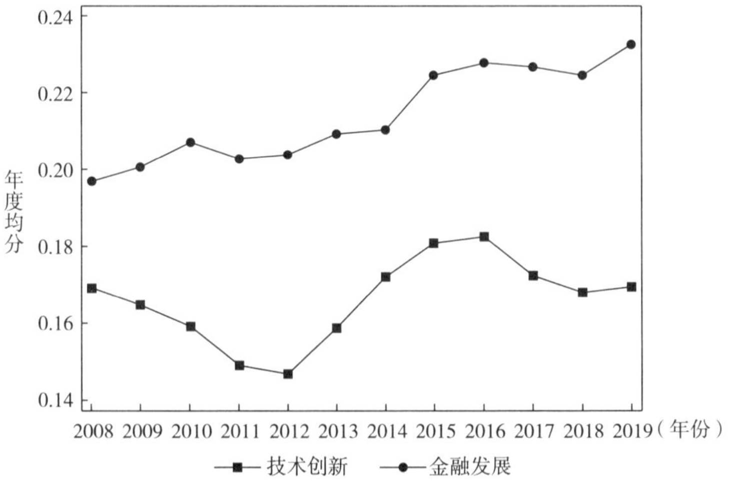

图 5-9　2008~2019 年全国金融发展水平和技术创新能力的变化趋势

资料来源：笔者整理所得。

图 5-10 比较了 2019 年全国各省份间金融发展水平和技术创新能力的变化关系。结果显示，按照金融发展水平降序排列后，虽然金融发展水平对技术创新能

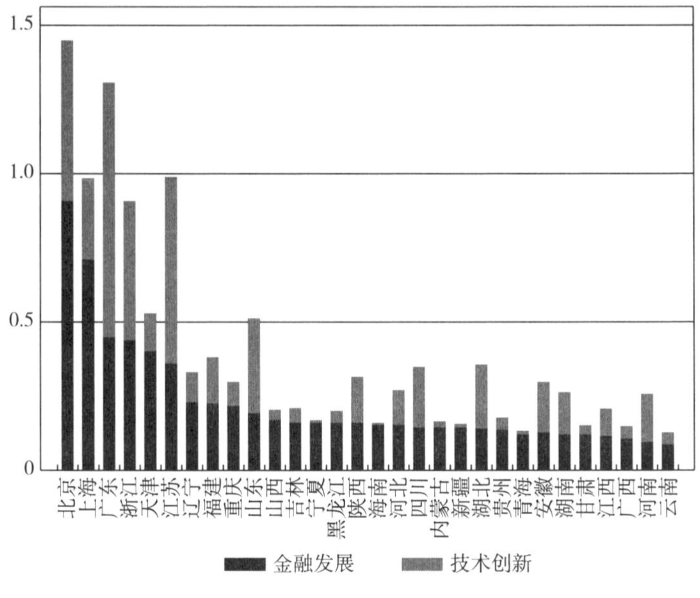

图 5-10　2019 年中国各省份金融发展水平与技术创新能力的比较

资料来源：笔者整理所得。

力的正向作用效应不是特别明显，但整体仍然呈现出高金融发展水平对应高技术创新能力的协同关系。为了使分析更为可靠，将 2008~2019 年全国 30 个省份的金融发展水平与技术创新能力关系统一进行展示，更能清晰地了解二者之间的关系。从图 5-11 可以看出，全国 30 个省份的金融发展水平与技术创新能力总体

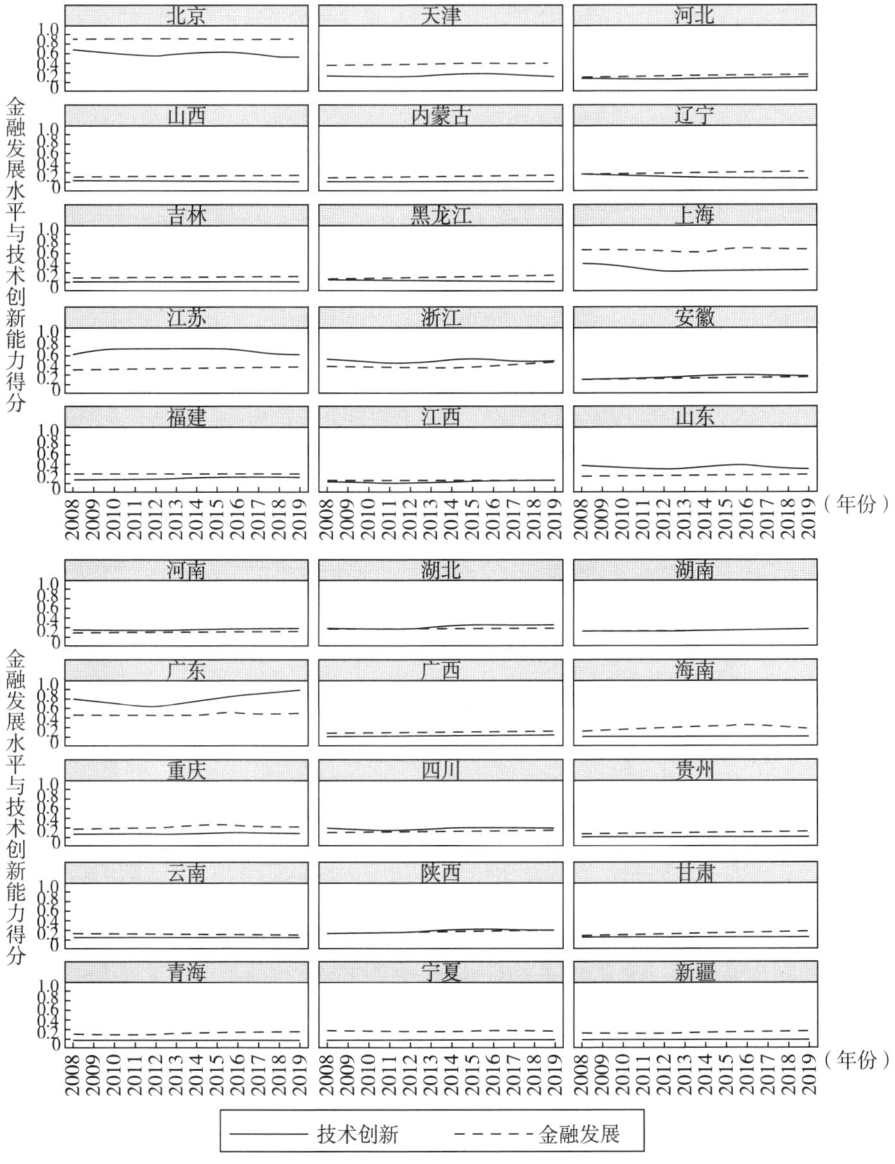

图 5-11　2008~2019 年全国 30 个省份金融发展水平与技术创新能力的比较

资料来源：笔者整理所得。

上仍然呈现出正向协同的变化趋势，这在一定程度上仍然表明金融发展水平有利于提升技术创新能力。

为了揭示金融发展水平与技术创新能力之间关系是否稳定，将2008~2019年的金融发展水平和技术创新能力结合起来并按照区域进行比较分析。从图5-12中可以看出，全国三大区域的金融发展水平和技术创新能力存在明显差异，但二者之间的协同关系仍然清晰可见。

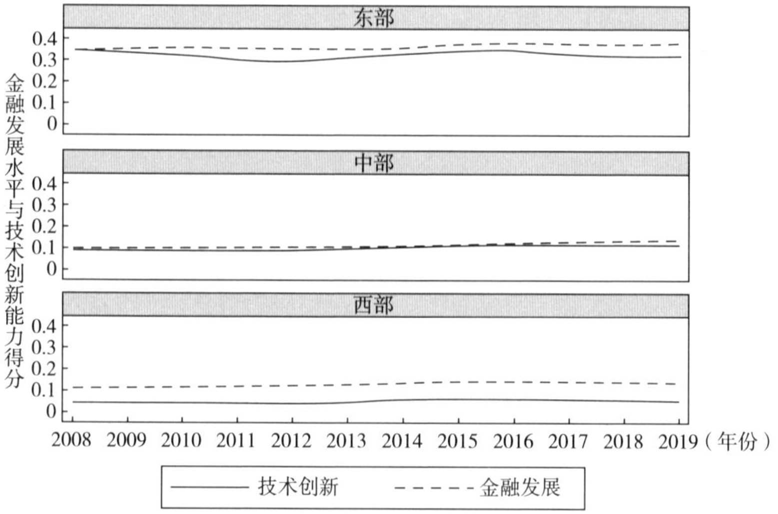

图5-12　2008~2019年东部、中部、西部金融发展水平与技术创新能力的比较

资料来源：笔者整理所得。

上述分析表明，无论是多年的趋势关系比较、一年的省际关系比较、多年的省际关系比较还是多年的区域关系比较，金融发展水平与技术创新能力之间始终保持着稳定的协同关系，初步验证了金融发展水平对技术创新能力的提升作用。

四、实证结果与分析

（一）基础回归

上述的初步检验只是从统计层面验证了金融发展水平与技术创新能力之间可能存在着较为稳定的协同关系，无法直接证明一定如此，且无法证实金融发展水平对技术创新能力的作用效果。因此，有必要从实证层面进一步深入研究，通过计量方法证实二者之间的关系。

如前所述，影响技术创新的14个金融发展因素通过因子分析法可以归结为金融规模（Fscale）、金融深化（Fdeep）和金融生态（Fecol）3个金融因子。因此，我们可以依据设定的式（5-6），用技术创新能力分别对3个金融因子和14个金融因素做回归，深入探讨金融发展水平对技术创新能力的作用效应。

1. 基于金融因子的回归

依据模型1~模型5，用技术创新能力分别对金融规模（Fscale）、金融深化（Fdeep）、金融生态（Fecol）、金融发展水平（Fdevel）进行回归以及3个金融因子的共同回归来分析金融发展水平对技术创新能力的影响，结果如表5-16所示。从回归结果可以看出，金融规模、金融深化和金融生态对创新能力的影响系数分别为0.40、0.73和0.64，整体金融发展水平对创新能力的影响系数为0.73，且均在1%的水平上显著，充分表明金融发展水平的提高能够提升技术创新能力。当技术创新能力对金融规模、金融深化和金融生态共同回归时，金融规模和金融深化因子仍然在1%的水平上显著为正且影响效应提升，而金融生态因子却不再显著，这说明在中国金融发展过程中，金融规模和金融深化程度对技术创新的影响更为重要。

表5-16　金融发展与技术创新的基础回归

变量	(1) 模型1	(2) 模型2	(3) 模型3	(4) 模型4	(5) 模型5
Fscale	0.40*** (9.34)				0.53*** (6.55)
Fdeep		0.73*** (13.93)			1.03*** (6.67)
Fecol			0.64*** (14.29)		0.04 (0.44)
Fdevel				0.73*** (15.53)	
_cons	0.11*** (3.23)	0.02 (1.00)	-0.01 (-0.58)	0.03 (1.00)	0.03 (1.36)
Year	Yes	Yes	Yes	Yes	Yes
Province	Yes	Yes	Yes	Yes	Yes
N	360	360	360	360	360
F	7.54	16.54	17.35	20.56	11.73
Adj. R^2	0.10	0.54	0.52	0.45	0.63

注：*、**、***分别表示在10%、5%和1%的水平上显著，括号内的数字为回归系数的t值。

2. 基于金融因素的回归

依据模型 4，用技术创新能力分别对金融规模（Fscale）、金融深化（Fdeep）、金融生态（Fecol）、金融发展水平（Fdevel）所包含的 14 个金融因素进行回归，结果如表 5-17 所示。从表 5-17 的回归结果可以看出：①在金融规模的 4 个因素中，金融相关率、银行业规模和股票市场规模对技术创新能力的影响系数分别为 0.10、0.25 和 0.07，且均在 1%的水平上显著，金融业从业比例在 5%的水平上显著为正（0.03），表明金融规模因子中的四项因素对技术创新能力具有显著的提升效应。②在金融深化的 5 个因素中，只有股票市场宽度对技术创新能力的影响在 1%的水平上显著为正，而包括保险等因素在内的其他指标并不对技术创新能力产生显著影响，表明大力推动以股票市场为主的资本市场发展，积极推动本地区合格企业上市，通过股权融资弱化企业融资约束是提升技术创新能力的路径选择。③金融生态的 5 个因素对技术创新能力的影响系数均在 1%的水平上显著为正，表明积极发展区域经济、加大财政政策支持力度、提高城镇化率和对外开放水平、完善诚信治理体系，通过构建优良的金融生态环境是提升技术创新能力的路径选择。④当把技术创新能力共同对 14 个金融因素进行回归时，从结果可以看出，各项金融生态因素仍然在 1%的水平上显著为正，金融规模中的股票市场规模因素和金融深化中的股票市场宽度因素也仍在 1%的水平上显著为正。回归结果进一步表明，在积极构建优良金融生态环境的同时，积极推动以股票市场为主的区域资本市场发展是提升技术创新能力的较好路径选择。

表 5-17 金融发展与技术创新的具体因素回归

变量	(1) 模型 1	(2) 模型 2	(3) 模型 3	(4) 模型 4
FIR	0.10*** (3.67)			0.02 (0.88)
BKsize	0.25*** (4.82)			-0.04 (-0.96)
SMsize	0.07*** (5.16)			0.04*** (6.42)
Employ	0.03** (2.07)			0.01 (1.05)
Idepth		0.01 (1.04)		0.01 (0.91)

续表

变量	(1) 模型 1	(2) 模型 2	(3) 模型 3	(4) 模型 4
Idens		0.00 (0.74)		-0.00 (-1.55)
SMwidth		0.00*** (15.50)		0.00*** (14.33)
Pvalue		0.03 (0.51)		0.08* (1.65)
Asalary		0.00 (1.16)		0.00*** (4.18)
NPLR			0.06*** (3.30)	-0.02 (-1.11)
Fiscal			0.62*** (8.75)	0.33*** (5.77)
Open			2.01*** (7.01)	0.93*** (2.95)
PGDP			0.00*** (3.89)	0.00** (2.44)
Urban			1.00*** (8.98)	0.38*** (3.34)
_cons	0.22*** (4.42)	0.03 (0.93)	0.17*** (3.86)	0.01 (0.28)
Year	Yes	Yes	Yes	Yes
Province	Yes	Yes	Yes	Yes
N	360	360	360	360
F	20.28	43.26	27.14	75.50
Adj. R^2	0.21	0.79	0.70	0.87

注：*、**、***分别表示在10%、5%和1%的水平上显著，括号内的数字为回归系数的t值。

（二）稳健性检验

前述基础回归是假定当期各金融因素对技术创新产生即时影响，现实中这种影响可能不是即时的，而是会出现滞后效应。因此，为了检验回归结果是否具有稳健性，对3个金融因子和14个金融因素进行滞后一期处理，重新进行回归来检验基础回归的稳健性。稳健性检验的结果如表5-18和表5-19所示。稳健性检验的结果显示，除了回归系数的值发生变化，3个金融因子和14个金融因素方向的显著性水平并未发生实质性改变，验证了基础回归具有较为可靠的稳健性的结果。

表5-18　基于金融因子滞后一期的稳健性检验

变量	(1) 模型1	(2) 模型2	(3) 模型3	(4) 模型4	(5) 模型5
L. Fscale	0.39*** (8.87)				0.53*** (5.99)
L. Fdeep		0.72*** (12.87)			1.00*** (5.93)
L. Fecol			0.62*** (13.31)		0.06 (0.53)
L. Fdevel				0.72*** (14.61)	
_cons	0.11*** (3.12)	0.02 (0.90)	-0.01 (-0.62)	0.02 (0.92)	0.03 (1.24)
Year	Yes	Yes	Yes	Yes	Yes
Province	Yes	Yes	Yes	Yes	Yes
N	330	330	330	330	330
F	7.45	15.39	16.45	19.81	10.84
Adj. R^2	0.09	0.52	0.50	0.43	0.62

注：*、**、***分别表示在10%、5%和1%的水平上显著，括号内的数字为回归系数的t值。

表5-19　基于金融因素滞后一期的稳健性检验

变量	(1) 模型1	(2) 模型2	(3) 模型3	(4) 模型4
L. FIR	0.10*** (3.20)			0.02 (0.98)
L. BKsize	0.24*** (4.29)			-0.04 (-1.02)
L. SMsize	0.07*** (4.97)			0.04*** (6.21)

续表

变量	(1) 模型 1	(2) 模型 2	(3) 模型 3	(4) 模型 4
L. Employ	0.02* (1.66)			0.01 (1.23)
L. Idepth		0.01 (1.00)		0.01 (0.80)
L. Idens		-0.00 (-0.13)		0.00** (2.19)
L. SMwidth		0.00*** (16.23)		0.00*** (13.43)
L. Pvalue		0.02 (0.35)		-0.06 (-1.13)
L. Asalary		0.00 (0.51)		0.00*** (4.29)
L. NPLR			0.07*** (3.79)	-0.01 (-0.73)
L. Fiscal			0.61*** (8.33)	0.33*** (5.75)
L. Open			1.99*** (6.47)	0.90*** (2.66)
L. PGDP			0.00*** (4.09)	0.00** (2.50)
L. Urban			1.07*** (9.06)	0.41*** (3.10)
_cons	0.21*** (4.09)	0.03 (0.92)	0.20*** (4.26)	0.01 (0.22)
Year	Yes	Yes	Yes	Yes
Province	Yes	Yes	Yes	Yes
N	330	330	330	330
F	18.09	44.90	26.87	83.74
Adj. R^2	0.20	0.80	0.71	0.88

注：*、**、***分别表示在10%、5%和1%的水平上显著，括号内的数字为回归系数的t值。

（三）区域差异分析

正是由于区域之间经济发展模式和经济资源禀赋的差异，使金融发展水平对技术创新能力的作用效应不同。所以，深入研究这种作用效应在区域之间存在何种差异，并有目的性地采取针对性措施改善相关金融发展指标，切实提升区域技术创新能力是十分必要的。

从表 5-20 金融因子影响技术创新能力的区域差异比较中可以发现，金融规模对东部、中部、西部地区的影响系数分别为 0.56、0.57 和 0.34，滞后一期的影响系数分别为 0.55、0.61 和 0.35，且均在 1%的水平上显著，表明金融规模在三大区域均对技术创新能力的提升效果显著，但呈现出“中部强、西部弱、东部中”的差异化特点，而且金融深化对技术创新能力的影响同样表现出上述特征。对于金融生态的影响，当期和滞后一期的金融生态对东部地区技术创新能力的作用效应均不显著，对西部地区的作用效应均在 1%的水平上显著，表明相对于东部和中部地区，金融生态对西部地区的作用效应更为明显。因此，为提升区域技术创新能力，各区域均要依据区域发展实际精准施策，持续扩大金融规模，提升金融深化水平，特别是西部地区更应该改善和优化金融生态环境。

表 5-20　金融因子影响技术创新能力的区域差异比较

变量	(1) 东部	(2) 中部	(3) 西部	变量	(4) 东部	(5) 中部	(6) 西部
Fscale	0.56*** (4.52)	0.57*** (11.99)	0.34*** (5.99)	L. Fscale	0.55*** (4.05)	0.61*** (10.79)	0.35*** (6.00)
Fdeep	1.09*** (4.62)	1.04*** (11.14)	0.67*** (5.98)	L. Fdeep	1.02*** (4.09)	1.09*** (10.40)	0.72*** (5.86)
Fecol	-0.10 (-0.50)	0.23* (1.67)	0.14** (2.25)	L. Fecol	0.05 (0.23)	0.20 (1.27)	0.19** (2.59)
_cons	0.12* (1.70)	-0.01 (-0.37)	0.04*** (2.86)	_cons	0.11 (1.51)	-0.01 (-0.32)	0.05*** (2.86)
Year	Yes	Yes	Yes	Year	Yes	Yes	Yes
Province	Yes	Yes	Yes	Province	Yes	Yes	Yes
N	132	96	132	N	121	88	121
F	4.50	39.54	7.47	F	3.95	28.84	7.24
Adj. R^2	0.39	0.66	0.30	Adj. R^2	0.36	0.63	0.32

注：*、**、***分别表示在 10%、5%和 1%的水平上显著，括号内的数字为回归系数的 t 值。

上述分析表明，设法提升区域金融发展水平是提高区域创新能力的关键着力点。从表 5-21 金融因素影响技术创新能力的区域差异比较中可以发现，提升区域金融发展水平，需要依据区域发展实际和具体薄弱之处有针对性地发力，切实提高金融规模、金融深化度和改善金融生态环境。具体而言：①以金融机构的主营业务为出发点，设法扩大银行业规模、提高金融相关率，在此基础之上，中部和西部地区更应该推动以股票市场为主的资本市场规模的扩大，加大金融机构的招才引智规模，提高金融从业人员比例。②相比较而言，中部和西部地区的金融深化度较低，应积极发展保险事业，推动优良企业上市融资，以资本市场的优先发展为抓手提升金融深化水平，同时提升金融从业人员收入水平，增强金融业的吸引力。③良好的金融生态环境是扩大金融规模、夯实金融深化度的前提。当前，中部和西部地区优先要做的事情是要改善金融生态环境，通过地方财政政策扶持，推进城镇化进度、积极开展对外贸易以及加强诚信制度建设等措施，为金融发展创造良好的生态环境。

表 5-21　金融因素影响技术创新能力的区域差异比较

变量	(1) 东部	(2) 中部	(3) 西部	变量	(4) 东部	(5) 中部	(6) 西部
FIR	0.19*** (3.46)	0.04 (1.54)	0.14*** (7.68)	L. FIR	0.22*** (3.63)	0.05** (2.02)	0.15*** (8.24)
BKsize	0.27*** (2.74)	0.05 (1.17)	0.27*** (7.18)	L. BKsize	0.29*** (2.79)	0.11* (1.93)	0.28*** (7.67)
SMsize	0.01 (1.15)	0.04 (1.33)	0.02* (1.88)	L. SMsize	0.01 (0.70)	0.04 (1.20)	0.01 (0.95)
Employ	0.01 (0.34)	0.01*** (2.77)	0.03*** (4.26)	L. Employ	0.00 (0.08)	0.01* (1.96)	0.04*** (6.49)
Idepth	0.01 (0.35)	0.02*** (3.30)	0.01 (1.34)	L. Idepth	0.00 (0.05)	0.04*** (3.43)	0.01 (1.50)
Idens	-0.00 (-0.54)	-0.00 (-0.97)	0.00*** (3.68)	L. Idens	0.00 (0.43)	0.00 (1.05)	0.00*** (4.05)
SMwidth	0.00*** (5.93)	0.00*** (7.29)	0.00*** (8.51)	L. SMwidth	0.00*** (5.18)	0.00*** (6.43)	0.00*** (7.86)
Pvalue	0.16* (1.81)	0.05 (0.42)	0.30*** (3.06)	L. Pvalue	0.12 (1.16)	0.13 (0.95)	0.28*** (2.95)

续表

变量	(1) 东部	(2) 中部	(3) 西部	变量	(4) 东部	(5) 中部	(6) 西部
Asalary	0. 00*** (4. 04)	-0. 00 (-0. 95)	-0. 00 (-1. 60)	L. Asalary	0. 00*** (4. 48)	0. 00 (1. 49)	0. 00** (2. 05)
NPLR	0. 01 (0. 51)	0. 01 (0. 43)	0. 01 (1. 45)	L. NPLR	0. 01 (0. 27)	0. 01 (0. 31)	0. 01 (1. 28)
Fiscal	1. 14*** (7. 80)	0. 04 (0. 65)	0. 23*** (5. 19)	L. Fiscal	1. 09*** (7. 41)	-0. 01 (-0. 17)	0. 29*** (5. 99)
Open	0. 93* (1. 79)	0. 48 (0. 89)	1. 38*** (3. 95)	L. Open	1. 47** (2. 53)	0. 94* (1. 75)	1. 17*** (3. 31)
PGDP	0. 00*** (2. 74)	0. 00 (1. 44)	0. 00 (0. 59)	L. PGDP	0. 00*** (2. 73)	0. 00** (2. 41)	0. 00** (2. 08)
Urban	1. 15*** (4. 37)	0. 07 (0. 71)	-0. 03 (-0. 23)	L. Urban	1. 42*** (4. 57)	0. 01 (0. 07)	0. 19* (1. 78)
_cons	-0. 19 (-1. 24)	-0. 04 (-0. 85)	-0. 19*** (-4. 71)	_cons	-0. 05 (-0. 32)	-0. 07 (-1. 46)	-0. 23*** (-5. 32)
Year	Yes	Yes	Yes	Year	Yes	Yes	Yes
Province	Yes	Yes	Yes	Province	Yes	Yes	Yes
N	132	96	132	N	121	88	121
F	55. 85	48. 73	46. 00	F	46. 11	58. 21	39. 12
Adj. R^2	0. 87	0. 89	0. 85	Adj. R^2	0. 88	0. 91	0. 86

注：*、**、***分别表示在10%、5%和1%的水平上显著，括号内的数字为回归系数的t值。

五、研究结论

本书基于2008~2019年《中国金融统计年鉴》和《中国科技统计年鉴》数据，使用因子分析法和熵权法分别计量了技术创新能力和金融发展水平，在理论分析的基础上，比较分析了区域间技术创新能力和金融发展水平的差异。通过构建面板数据模型，分别从金融深化、金融规模和金融生态三个层面分析了金融发展水平对技术创新能力的作用效应。研究结论如下：

（1）我国不同区域间的技术创新能力和金融发展水平存在显著差异，技术创新能力和金融发展水平在整体上呈现出“东部高、西部低”的态势。

（2）金融发展水平能够显著提升区域技术创新能力。其中，金融规模、金融深化和金融生态均正向影响技术创新能力。

（3）区域间金融发展水平的差异，导致金融规模、金融深化和金融生态对区域创新能力的作用效应存在差异。

第五节　数字经济下的虚拟组织与技术收敛：基本思路

数字经济是以数字化的知识和信息作为关键生产要素，以数字技术为核心驱动力量，以现代信息网络为重要载体，通过数字技术与实体经济深度融合，不断提高经济社会的数字化、网络化、智能化水平，加速重构经济发展与治理模式的新型经济形态①。数字经济发展一方面通过数字产业化和产业数字化促进了产业结构优化升级，另一方面“线上办公”“远程协助”“网络化平台”等虚拟经济活动将对传统区域空间概念产生冲击，重构区域协调发展的理论和实践。本节将从数字经济视角分析区域技术协调发展，从数字经济下的区域创新能力提升、跨区域虚拟组织形态以及区域间技术收敛三个方面进行分析，得出数字经济下的区域间技术收敛的分析思路。

一、数字经济与区域创新能力提升

（一）数字技术创新和传统产业赋能

数字经济下区域创新能力提升的实现机制包括数字产业化过程中的数字技术本身的创新和产业数字化过程中数字技术赋能，进而诱发传统产业的技术创新。对于数字技术本身来说，它既是创新的结果，也是创新的基础。数字技术的高扩展性和低进入壁垒使广泛参与和民主化创新成为可能（Yoo et al.，2010）。Ciriello 等（2018）的研究指出了数字创新的根本特征，认为数字创新是在组织内和组织之间使用数字技术平台进行产品、流程或商业模式的创新。数字技术既是创新的起点，也是创新的终点。如图 5-13 所示，作为数字技术本身，就是通过数字创新平台实现的，数字创新平台具备汇聚功能和延展功能。汇聚功能是指通过数字技术把多种功能产品汇聚到一起，比如智能手机汇聚了拍照、导航、阅读等功能。延展功能是指在平台（设备）汇聚现有功能产品的基础上通过数字技术开发新的功能产品实现功能的扩展，比如可以通过开发多种应用 App 产品上架到手机的应用市场，实现手机功能的扩展。数字创新平台的汇聚功能和延展功能进

① 《2021 年中国数字经济发展白皮书》。

一步实现了分布式创新和组合式创新①。

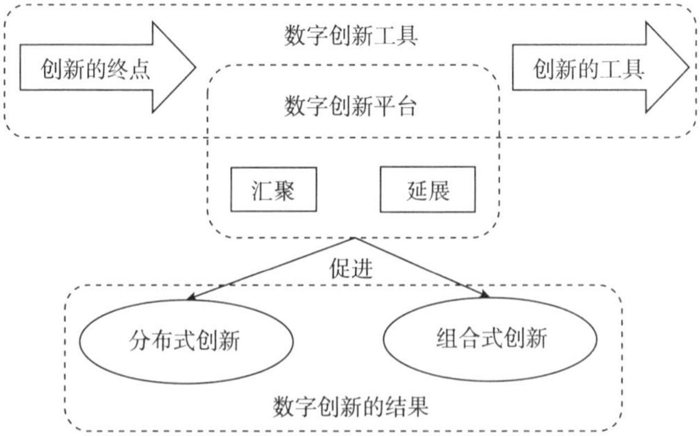

图 5-13 数字创新的基本特征

资料来源：Ciriello 等（2018）。

产业数字化过程本质上是把数字创新平台作为一种工具对传统产业的业务流程或商业模式进行赋能，实现传统产业的数字化升级。数字创新平台赋能传统销售模式催生了电商平台，赋能工业制造催生了工业互联网，赋能传统物流业务催生了物联网等。

可见，数字技术自身的创新和数字技术赋能传统产业，在降低企业内部沟通成本、提升信息的可获得性、促进知识的共同创造、实现规模经济和范围经济等方面发挥着重要的作用（裴长洪等，2018；徐向龙和侯经川，2022），进而催生了新的产业或实现了传统产业的升级，提高了产业生产率、提升了产业增加值。

（二）数字经济与区域创新能力提升

根据上述关于数字技术创新和传统产业赋能的分析，如果这种创新和赋能活动是在一个地区内发生的，将会进一步促进区域创新能力的提升。大部分学者的研究结论也都支持了这一点，主要体现在两个方面：一是区域数字经济发展能够促进区域创新绩效或创新效率的提升（徐向龙和侯经川，2022；邓峰等，2022；李雪等，2021；安孟和张诚，2021）；二是数字经济发展能够提高区域创新能力（徐辉和邱晨光，2022；温珺等，2019；闫俊周等，2021）。

① 分布式创新是一种跨组织边界的创新模式，数字创新平台开放的界面使得跨组织的数字编码收集和重新组合成为可能。组合式创新是指通过嵌入式数字功能，对现有模块或具有相同技术标准的不同模块进行重新组合而形成的开放式创新系统。

二、数字经济下的跨区域虚拟组织形态

数字经济的发展促进了区域技术创新能力的提升，同时企业的创新活动往往是在某种组织中进行的。数字技术下分布式创新的特征为跨区域组织的产生提供了技术基础。

（一）在线学习

根据《中国互联网发展报告（2021）》，2016~2020 年我国在线教育市场规模稳定增长，从 2218 亿元增加到了 4858 亿元。可见，未来在线学习将成为获取知识的重要渠道之一。这种基于互联网技术快速发展而产生的跨越空间界限的知识学习，对技术落后地区的人力资本积累、共享发达地区的知识溢出具有重要的意义。李雪等（2022）研究发现，互联网发展水平和省份之间的知识溢出都是地区创新能力提升的重要推动力量。也就是说，只要技术落后地区包括互联网基础设施在内的新型基础设施建设水平达到发达地区的水平，基于在线学习的知识外溢将有助于实现区域间技术收敛。

当然，网络基础设施只是其中一个重要的影响因素。在线学习的形式本身、授课方式、学习的组织等因素也会产生重要的影响。Rogers（2003）认为，相对优势、复杂性和可观察性对学生的在线平台参与度产生很大的影响。所谓的相对优势，就是当人们认为在线学习这种创新相对于它所替代的学习方式具有某种优势的时候，更有利于促进学习者的参与。所谓复杂性，是指在线学习平台本身的技术的复杂程度会影响学习者的参与度，平台使用的技术越复杂，软件和硬件的用户友好程度就可能越高，越有利于知识的学习和传播（Martin，2003）。所谓可观察性，是指创新成果的可见程度，可见程度越强，学习者越有动力参与。Hanafi 等（2021）和 Al-Rahmi 等（2021）运用马来西亚学生的抽样调查数据，进一步验证了相对优势、复杂性和可观察性的作用。

在全世界遭受新冠肺炎疫情影响的情况下，在线学习平台数量、技术水平和可接受度都得到了很大的提升。尽管这种学习方式相对于线下学习存在缺点，但也有时间灵活、资源丰富等线下学习所不具备的优点。可见，随着在线平台技术日益完善，学习者参与方式和虚拟管理模式日益多样化，必将推动发达地区向技术落后地区的知识扩散。

（二）创客空间

封闭式创新理论认为企业强大的内部研发能力才是确立竞争优势和设置行业进入壁垒的有力武器，但随着创新要素流动性的加强以及企业商业模式和技术创新模式的多样化，原有仅靠内部研发获取竞争优势的企业面临着越来越大的挑战。朗讯（Lucent）和思科（Cisco）同样在通信行业竞争，但却有着不同的技

术创新模式。朗讯依靠贝尔实验室等内部科研机构完成主要的技术创新，思科则通过外部的技术合作和投资于高技术初创公司来完成技术能力的提升。随着互联网的发展与Web2.0理念的影响，基于互联网中用户交互作用而形成的开源社区迅速发展，促进了软件行业的技术创新，也进一步促进了开源硬件的出现和发展。与此同时，众筹、众包、黑客、创客等一系列新的概念冲击着传统的思维和理念，基于大众创新的众创空间在世界各地快速发展，激发了草根民众的创新热情。在制造业领域，通用电气 Firstbuild 微工厂的创新模式便是新时期的创新模式之一。也就是说，随着数字技术的发展，技术创新模式呈现多元化倾向，除了传统的从公司到市场的线性创新模式，也出现了以用户为主体、依托网络社区和实体社区而实现技术创新和产品推广的创客创新模式。从区域角度来看，这种基于开放式创新的创客创新模式超越了空间概念，平台上的参与者来自不同的地区，甚至是不同的国家。如图 5-14 所示，不同区域的创客参与了从想法产生、设计研发、原型制造到众筹融资等过程。在此过程中，创客之间的思维在虚拟空间中相互碰撞，互相启发，实现了知识的跨区域传播和扩散。

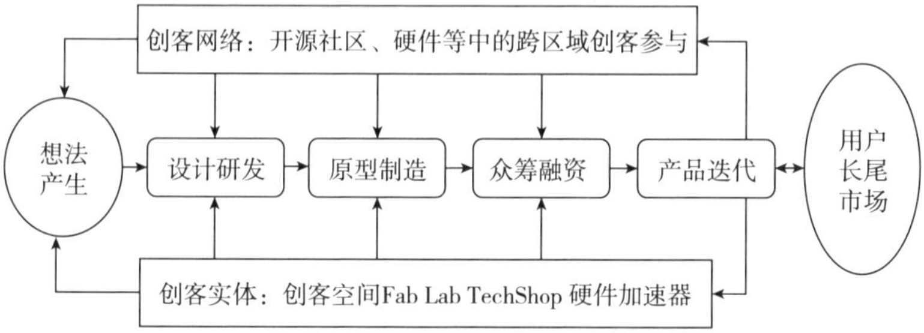

图 5-14　跨区域创客创新过程

资料来源：根据徐思彦和李正风（2014）绘制。

（三）虚拟产业集群

虚拟产业集群（Virtual Clusters）源于 1997 年欧盟（EU-SACFA 计划）资助的七所大学所组成的网络化研究课题组开发的虚拟业务框架模型（宋昱雯和于渤，2008；吴哲坤和金兆怀，2015）。虚拟产业集群也称“电子商务社区”（Communities E-business）或者“商业网络社区”（Communities B-Web），是借助先进通信技术和互联网络，利用正式与非正式契约使相互关联的企业与组织机构之间产生依存关系，在虚拟空间中实现合作创新、风险共担与共同发展的一种集聚体（吴文华和张琰飞，2006）。可见，虚拟企业或组织是虚拟产业集群的主体，或者说虚拟产业集群是虚拟企业的一种扩展。从 20 世纪 90 年代开始，很多学者对虚拟企业进行了研究，并给出了不同的定义（见表5-22）。从这些定义中可以看出，虚拟企业是一种不同个体共同参与的网络组织形式。

表5-22 不同学者对虚拟企业的定义

序号	作者	定义
1	Fuehrer 和 Ashkanasy（1998）	为了获得显著的竞争优势，独立机构、企业或特定个体通过信息和通信技术自发形成的临时网络
2	Byrne（1993）	公司、供应商、顾客，甚至竞争对手为了共享成本、技能以及进入对方市场通过信息技术联系到一起的临时网络
3	Travica（1997）	没有在物理意义上存在，只是为了获得某种市场机会通过电子网络形成的模糊的企业组织形式
4	Raffaini（2001）	为了完成特定目标使用信息技术共享资源的非竞争公司之间的战略联盟。除了在虚拟企业协议中提出的保证，不形成法人实体
5	Januska（2011）	虚拟企业（VE）是一个临时的企业联盟，为了更好地对商业机会做出反应，在计算机网络支持下进行合作，共享技能、核心能力和资源

虚拟企业具有跨边界、互补的核心能力、地理分散、合作伙伴的互补性、参与者的平等性、信息和通信技术的广泛使用、临时性等特征。当虚拟企业为了某种特定目标不断发展，其规模不断扩大的时候，便形成了虚拟产业集群。从虚拟产业集群的概念和特点来看，这种组织形式更适用于高技术企业的技术开发和知识共享，实际上也是类似于创客空间的不同组织的集合体。对于传统生产性企业来说，如果要形成虚拟的产业集群，也只是一种虚拟的供求关系的达成，而真正的实物交易仍然需要线下支持①。从这一点来看，与当前的电子商务平台类似，唯一不同的是电子商务平台中的企业之间没有协议，是基于平台规则而形成的集合体。虚拟产业集群则是基于共享或互补的目的而组建起来的，也就是一种虚拟联盟。

既然虚拟产业集群对高技术企业的创新更有意义，那么虚拟创新集群则具有传统创新集群所不具有的优势。1999年，OECD认为传统创新集群是一定地域范围内的从事产品生产的企业、从事知识生产的大学和科研机构以及相关服务机构形成网络，通过相互作用实现产出和创新。但是，随着数字经济的发展，这种传统的区域内部的实体网络就可以用互联网技术来替代，传统的地理空间概念就会

① 2015年，河南省商丘市政府联合阿里巴巴和中国联通公司，结合商丘市特色产业，推出了阿里巴巴·商丘产业带。这也可以看作一种传统生产性企业组成的线下集群的线上展示。但是，如果其功能仅局限于电子商务平台，企业之间没有某种协议的话，则不能称为严格意义上的虚拟集群。

被弱化，从传统的“地域”变成“网络社区”。虚拟集群的形成必须具备的要素包括能够降低交易成本的网络基础设施、提供集群产品的内容提供者、从虚拟产业集群中获得价值的消费者、稳定的网络环境和集群规则。当然，不管虚拟产业集群用于产业发展还是用于创新，目前还存在很多问题并处于探索阶段，但这种现象的出现无疑为区域经济协调发展提供了有益思路，因为传统实体网络必须在一个地区内集聚，而虚拟网络社区则可以集聚不同地区的同一个行业或一个产业链的企业。当这种虚拟产业集群是跨区域的创新集群时，则为区域间技术共享和技术转移提供了有益的发展思路。

三、虚拟组织的出现与区域间技术收敛：基本思路

从上述三个不同方面的虚拟组织可以看出，在线学习平台实现了跨区域的学习，促进了跨区域的知识外溢。创客空间是创客们利用自己的专业知识在虚拟空间提供新的想法、设计研发思路，最终实现新产品的制造并投入市场。虚拟产业集群通过虚拟网络实现了同行业或同产业链内部企业之间跨区域的商品交易。三者之间从知识学习、知识运用与创新到最终的产业化，均在虚拟空间中完成，这是数字技术发展到一定阶段的结果。随着数字技术的进一步发展，我国地区间网络基础设施均等化的逐步实现，虚拟组织运营和治理机制的进一步完善，这种跨区域的技术转移和知识的扩散必将为区域间技术收敛带来新的动力。

第六章　区域间技术收敛的国际比较

区域间经济协调发展问题不仅是国家之间的协调，也是各国内部面临的一个重要问题。技术协调发展是解决经济协调发展的必要条件。不同的国家和地区都在寻求通过技术创新能力的提升来解决经济的快速发展，从而促进区域间的协调。但是，随着各个国家整体经济发展水平的提高，环境保护、减少贫困等社会问题引起了政府部门、非政府组织、公众等利益相关者对技术创新的关注，这些问题也逐渐地融入了区域间技术协调发展问题之中，或为新的热点。另外，在区域技术协调发展的政策实践中，构建完善的政策评估体系是保障政策运行、目标达成的关键。所以，本章主要从欧盟的知识与创新社区（KIC）实践角度分析技术联盟的社会效应，以英国 2022 年发布的 Leveling Up 政策①为例分析欧盟及英国的政策评估体系。

第一节　技术联盟的多重螺旋作用机制：基于欧盟 KIC 的实践

跨区域技术创新联盟是促进区域间技术协调发展的重要手段，欧盟的欧洲技术与创新研究院（EIT）为了解决欧洲国家之间技术创新能力分散的局面，发起了以知识创新社区为代表的联盟形式的组织，汇聚欧洲的高校、科研机构和企业参与，在欧盟政策的支持下，形成网络化的组织体系、评估模式，在促进欧洲国家的技术创新能力提升方面发挥了重要作用。

---

① 英国政府网站，Levelling Up the United Kingdom：Executive Summary，网址：https：//assets. publishing. service. gov. uk/government/uploads/system/uploads/attachment_ data/file/1095544/Executive_ Summary. pdf.

一、从创新效应到社会效应：创新联盟文献的演化

从 20 世纪 70 年代开始，关于信息技术、生物技术以及新材料行业中战略技术联盟得到了初步的研究（Hagedoorn and Schakenraad，1990），但当时的合作水平较低。到了 20 世纪 80 年代，随着企业间合作活动的增加，战略联盟的研究逐步增多（Hladik，1985；OECD，1986；Chesnais，1988；Mytelka，1991）。由于研究视角的不同，关于战略技术联盟的形成、动机、治理、演进、绩效等方面的结论也有差异。但是，这个时期关于创新联盟的研究目的主要是充分发挥联盟的创新效应，促进联盟成员的创新能力的提升。联盟的创新效应主要源于 DSRDK 理论，即二元论（Dualism）、社会网络论（Social Network Theory）、资源基础论（Resource-based Theory）、动态能力论（Dynamic Capacity Theory）和联盟知识利用论（Knowledge Utilization Theory）等。对于二元论，侧重于研究考虑企业加入联盟的技术、金融需求或互补性（Pfeffer and Nowak，1976；Mariti and Smiley，1983）、联盟双方的交易成本、依赖性和力量的不对等性（Pisano et al.，1988；Harrigan，1987）、伙伴间的行为动态（Ring and Van De Ven，1994；Doz，1996），以及联盟中的伙伴特征对绩效的影响（Harrigan，1986）。对于社会网络论，侧重于研究社会网络本身对厂商进入联盟的机会和约束的影响（Kogut et al.，1992；Gulati，1995a；Gulati and Westphal，1997）、协调成本降低（Zajac and Olsen，1993；Gulati，1995b；Gulati and Singh，1997）、联盟成员间跨组织边界的行为动态（Nohria and Garcia-Pont，1991；Gomes-Casseres，1994），以及联盟中伙伴的成员关系对联盟绩效的影响（Levinthal and Fichman，1988；Kogut，1989；Gulati and Lawrence，1997）。资源基础论认为，在企业竞争中，正是由于其拥有难以模仿的资源（Penrose，1959；Barney，1986；Wemerfelt，1984），才能够通过保护和利用这些资源来获取租金。企业进入战略联盟的动机主要是通过利用联盟伙伴的资源来提高自身的竞争能力。当企业之间由于各自资源优势而形成互补型联盟或补充型联盟时，则会使双方彼此受益。如果把企业的资源划分为有形资源和无形资源的话，基于知识技术的无形资源的研究为产业技术联盟的形成提供了基础。动态能力论认为，企业往往通过组织学习而进行新能力的获取，所以联盟内部企业间的知识转移对伙伴企业技术能力的提升有积极影响（Mowery et al.，1996）。作为组织学习中重要的一种策略，许多学者描述了企业通过联盟成员获得技术的能力，而且一些拓展文献也讨论了联盟的特征以及它们的参与人，这些参与人促进了合作伙伴间技术基础能力和其他知识的流动（Kogut，1988；Cohen and Levinthal，1990；Hamel，1991）。联盟知识利用论认为战略联盟有助于联盟成员间知识的利用而不是获取（Grant and Baden-Fuller，2004）。

这主要是因为知识的获取容易导致成员间知识趋同，知识的趋同导致成员间激烈的竞争，最终导致联盟的不稳定和寿命缩短，也不利于增加联盟的价值。对于成员间知识的利用，需要充分考虑成员间各自知识的专业化和互补性，会使联盟的稳定性和寿命增加，从而增加联盟价值，同时也有利于一个企业参与不同的联盟。

在技术创新过程中，很多技术没有考虑到后期的影响而产生了很多社会问题。比如，核电技术的应用导致的核废料的存储问题、生物技术的出现引发的伦理问题、纳米技术的出现引发的对健康的危害等。Schomberg（2019）在研究为什么要进行负责任的创新时，提出了六个赤字（deficits），即政府法规下新技术风险和安全问题缺少关注、进入市场的新产品与社会期望不匹配、创新与广泛共享的公共价值观和期望的不一致、仅专注于负责任的技术开发而不是负责任的创新、缺少负责任创新的充分条件、对部门创新的替代性塑造缺乏远见和预期治理。可见，负责任的技术创新将是未来社会关注的焦点。对于产业技术创新战略联盟来说，成立之初的最终目标就是创新，但从联盟成员本身来看，却有着不同的最终目标。产业成员最终是应用创新成果并实现更多的利润，大学和科研机构最终是为了培养人才和研发更多的技术发明，政府是为了社会福利的最大化。所以，联盟的成员组成对技术创新过程中承担社会责任至关重要。

从理论研究的文献演化来看，对大学、科研机构、政府、企业以及其他组织之间合作关系研究最持久的组织就是国际三螺旋协会（Triple Helix Association）。从 Etzkowitz 和 Leydesdorff（1995，2000）提出三螺旋模型以来，1996~2021 年，该组织举办了三螺旋相关国际学术会议 19 次，探讨大学（研究机构）、产业和政府的合作关系及其创新机制。从每次会议主题的演变趋势来看，从最初对大学—产业—政府之间的相互关系、在创新中的作用、对区域经济发展的影响等方面的研究，逐步演变为对环境、不平等等可持续发展的社会问题的关注（见表 6-1）。也就是嵌入创新生态系统的大学—产业—政府之间采用何种有效协作机制或治理模式，才能通过创新解决当前社会面临的挑战，实现可持续发展目标。

表 6-1　历届三螺旋国际会议的主题

序号	会议主题	年份	举办地点
1	大学企业政府关系的三螺旋	1996	Amsterdam，Netherlands
2	三螺旋研究的未来定位	1998	New York，USA
3	无尽的转型（科学、产业和政府的关系，以及它们在为未来创新创造条件中的作用，特别关注研究对创造就业机会和社会财富的贡献）	2000	Rio de Janeiro，Brazil

续表

序号	会议主题	年份	举办地点
4	打破界限，搭建桥梁？	2002	Copenhagen，Denmark and Lund，Sweden
5	知识资本化：认知、经济、社会和文化方面？	2005	Turin，Italy
6	创业大学的新兴模式：区域多样性或全球趋同	2007	Singapore
7	三螺旋在全球创新、竞争力和可持续发展议程中的作用？	2009	Glasgow，Scotland
8	知识城市发展的三重螺旋、扩展社区和连接区域？	2010	Madrid，Spain
9	硅谷：全球模式还是独一无二？	2011	California，USA
10	新兴的发展中国家三螺旋模型：从概念到实施	2012	Bandung，Indonesia
11	全球变化背景下的三重螺旋：继续、变异还是瓦解？	2013	London，UK
12	作为创新与经济增长核心的三重螺旋：新前沿与解决方案	2014	Tomsk，Russia
13	快速发展国家的学术—产业—政府三螺旋模型	2015	Beijing，China
14	创新的三螺旋模型：应对危机时代的生态系统挑战	2016	Heidelberg，Germany
15	通过 ICT 和数据加速实现可持续发展目标	2017	Nairobi，Kenya
16	三重螺旋和超越——一个新时代	2018	Manchester，UK
17	三重螺旋：改变的催化剂	2019	Cape Town，South Africa
18	创新的未来，为未来创新	2020	Tampere，Finland
19	为一个可持续的世界而创新：为子孙后代改善世界的科学技术	2021	Sao Paulo，Brazil
20	大流行后创新和发展的新旧伙伴关系治理	2022	Florence，Italy

资料来源：https：//www. triplehelixassociation. org/。

Carayannis 和 Campbell（2012）从面向未来的可持续发展角度提出了四螺旋模型（Quadruple Helix），在原来三螺旋模型基础上强调了公众参与。实际上，就三螺旋本身来说，联盟的组合也是动态的，并有很多的变体（Zhou and Etzkowitz，2021），联盟的主要目标取决于联盟核心成员的主张和目标导向。但是，从目前文献来看，在三螺旋联盟基础上的扩展，不管是四螺旋、五螺旋，还是更多的参与者，其方向都是实现创新的社会可持续发展目标（Carayannis and Campbell，2010；Peris-Ortiz et al.，2016）。

二、技术创新的联盟效应的模型框架

根据上述战略联盟的创新效应和三螺旋演进的社会效应分析，这里给出技术创新的联盟效应模型。随着技术创新联盟参与主体的多元化，产生了两个方面的变化。一方面技术联盟的螺旋结构逐步变得更为复杂，由原来的仅由大学、科研机构和企业参与的封闭联盟转变为公众参与的开放联盟。另一方面联盟效应由原来单一的创新效应转变为以可持续发展为最终目标的社会效应。所以，创新联盟的联盟效应可以划分为 DSRDK 理论基础上的创新效应和 N-helix 基础上的社会效应，两种效应的结合进一步实现了可持续发展目标（见图 6-1）。

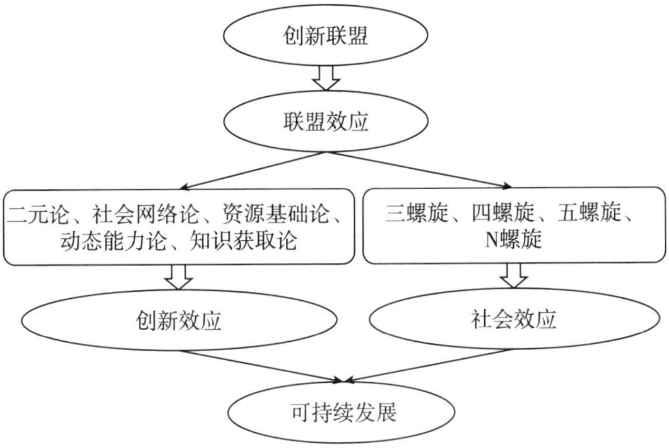

图 6-1　联盟效应和可持续发展模型框架

三、EIT KIC 的案例分析

欧洲技术与创新研究所（European Institute of Innovation & Technology，EIT）成立于 2008 年，是欧盟的一个独立机构。其主要目的就是通过企业、研究机构与高校的跨区域合作，克服欧洲分散的创新局面，为社会性的挑战提出解决方案，促进增长和就业，提升欧洲的竞争力、创新和创业能力（EIT，2013）。该机构围绕高校、研究机构和产业的“知识三角”（Knowledge Triangle）合作路径，通过构建知识创新社区（Knowledge and Innovation Communities，KIC），使其成为里斯本战略的一部分（Huisman and Jong，2014）。

EIT KIC 在本质上就是一种创新联盟，是实现 EIT 目标的主要组织形式。这些社区通过把企业、研究中心和高校联合起来，进行产品和服务的创新、新公司的孵化以及新一代企业家的培训等，形成了一种动态的伙伴关系。2010~2019年，EIT已经发起了8个创新社区，包括气候知识创新社区（Climate-KIC）、数字知识创新社区（Digital-KIC）、食品知识创新社区（Food-KIC）、健康知识创新社区（Health-KIC）、创新能源知识创新社区（InnoEnergy-KIC）、制造业知识创新社区（Manufacturing-KIC）、原材料知识创新社区（Raw Materials-KIC）和城市交通知识创新社区（Urban Mobility-KIC）。每个社区都是一个独立的法律实体并由一个CEO负责运营。截至2019年，EIT创新社区有269个高等教育机构，1284个包括中小企业在内的公司，310个研究中心，193个城市、地区和非政府组织（EIT，2020a）。

（一）组织结构与运行模式

1. 组织结构

KIC在EIT的领导下开展工作，以企业、大学和科研机构组成的知识三角为核心，积极吸纳非政府组织、政府部门和社会公众的参与，形成了一个开放性的创新联盟组织。每个KIC都会设置一个总部，同时在欧洲不同国家的城市有多个区域性的创新枢纽（Innovation Hub）。

作为KIC的领导组织，EIT是欧盟的一个独立机构，设置有首席运营官（Chief Operating Officer）、会计人员（Accounting Officer）和内部审计人员（Internal Auditor）。主要的职能部门涉及沟通与利益相关者关系（Communications & Stakeholder Relations）、战略和影响（Strategy & Impact）、创新社区（Innovation Communities）、后勤服务和财务管理（Service & Finance）等，这些职能部门负责各个KICs的管理和考核。

除比较完善的组织结构以外，EIT的运营还获得了大量的资金支持。从31个国家获得EIT资金支持的四分位变形地图（见图6-2）来看，上离群值（Upper Outlier）从2014年的5个减少为2019年的1个，资金支持在四分位区间的分布由2014年和2015年的极端右偏，到后面的向正态分布接近。这说明EIT资金支持的区域越来越广泛，这也从另一个方面体现出EIT对区域协调发展的关注。

2. 运行模式

EIT KIC是多任务导向的。除了技术创新任务，EIT KIC还在硕士和博士人才的培养、初创企业的培育方面开展活动。它的运行模式是在EIT愿景和使命的指导下，每个KIC通过设定自己社区的愿景和使命，通过知识三角之间的知识共享，在非政府组织的参与下开展活动，使大学的人才培养、研究机构的技术开发、企业的创新应用以及大学参与下的新企业创建形成一个循环，同时通过区域创新计划推动欧洲地区创新生态系统的创新能力以及本地创新生态系统和泛欧创新生态系统的联系。

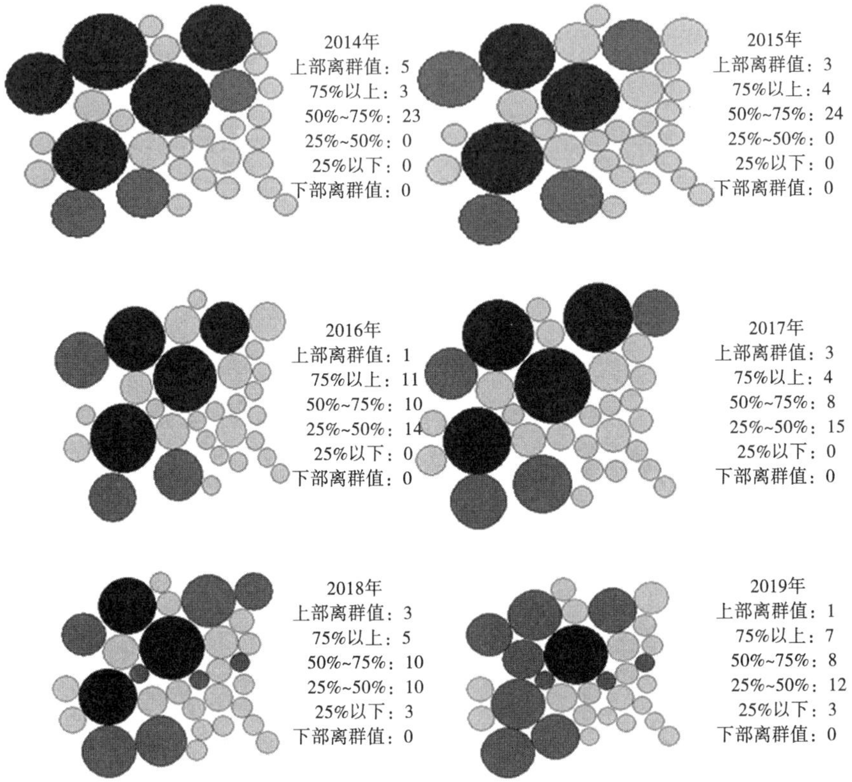

图 6-2　2014~2019 年 31 个欧洲国家获得 EIT 资金支持的四分位变形地图

在人才培养方面，主要是硕士和博士计划项目。在 EIT 人才培养质量标准的指导下，各个 KIC 根据自己的行业特点制订项目计划，开展招生和培养工作。企业、大学和研究机构共同参与培养，在专业知识学习的基础上，重点关注创新创业技能和解决实际问题的能力。也就是说，除了课程学习，还需要完成一组 EIT OLO 任务，包括价值判断和可持续竞争力（Value Judgments and Sustainability Competencies，EIT OLO 1）、创业技能和竞争力（Entrepreneurship Skills and Competencies，EIT OLO 2）、创造性技能和竞争力（Creativity Skills and Competencies，EIT OLO 3）、创新技能和竞争力（Innovation Skills and Competencies，EIT OLO 4）、研究技能和竞争力（Research Skills and Competencies，

EIT OLO 5）、智力转换技能和竞争力（Intellectual Transforming Skills and Competencies，EIT OLO 6）、领导技能和竞争力（Leadership Skills and Competencies，EIT OLO 7）七个模块，至少 30 个学分的课程。

在创业方面，每个 KIC 都会根据自己行业的技术领域给出相应的创业方向，并进行详细的介绍，同时提供业务空间、训练、点对点会议以及种子资金等方面的支持，助力创业成功。另外，为了促进性别平等，提高女性就业率，提高公司创始人中女性比例，EIT 还专门设置了女性创业和领导力项目，由 KIC 中的女企业家指导女性创业者，开发女性的创业和领导潜力。

在创新方面，不同的 KIC 都有自己的创新模式，具体包括 Climate-KIC 的知识螺旋模式、Digital-KIC 的创新工厂模式、Food-KIC 的消费者参与下的食品系统转型创新计划、InnoEnergy-KIC 的年度投资回合（Annual Investment Round）模式、Manufacturing-KIC 的投放开发和增长（launch，development and growth）服务模式、Urban Mobility-KIC 的生态系统共同创造模式等。

2014 年，EIT 还推出了区域创新计划（Regional Innovation Scheme），旨在加强成员之间的联系和提高成员的创新能力，促进不同的 KICs 将活动和成员扩散到更多的国家，促进欧洲更多的国家和地区的创新绩效。其运行模式主要是通过 EIT 划拨资金，以 KIC 在各个地区的创新枢纽（Innovation Hub）为平台，联系地方政府和创新社区成员，开展相应的活动，吸引新的合作伙伴，促进知识共享，以及本地创新生态系统（Local Innovation Ecosystems）与泛欧创新生态系统（pan-European innovation ecosystems）的对接。

（二）考核体系与联盟效应

1. 考核体系

EIT 有完善和与时俱进的考核指标体系，并通过年度活动报告进行发布。根据 EIT 治理委员会（EIT Governing Board）批准的 2019 年关键绩效指标，主要包括 EIT 硕士和博士项目的毕业生数量（Graduates from EIT Labelled MSc and PhD Programmes）、由创新项目孵化的初创公司数量（Start-ups Created as a Result of Innovation Projects）、KICs 支持的初创公司数量（Start-ups Supported by KICs）、在市场上推出的新产品或服务的数量（Products or Processes Launched on the Market）、KICs 支持的初创公司吸引的投资的数量（Investment Attracted by Start-ups Supported by KICs）、提交给 EIT 并被接受的成功案例（Success Stories Submitted to and Accepted by EIT）、EIT RIS 计划中的外部参与者（External Participants in EIT RIS Programmes）、KICs 的预算消费（Budget Consumption of KICs）、KICs 的错误率（Error Rate of KICs）和财政可持续性（Financial Sustainability）（EIT，2020c）。目前，EIT 理事会还批准了 2021～2027 年的一个包括 21 个指标的更详

细的核心 KPI，以便取代目前的绩效考核指标。

2. 联盟效应

（1）创新效应。2000~2019 年，具有连续性的指标是新毕业生数量（Number of New Graduates）、初创公司数量（Number of Start-ups Created）、新的或改进的产品服务或工艺数量（New or Improved Products/services/processes Launched into the Market）。从图 6-3 可以看出，新的毕业生数量、新的或改进的产品服务或工艺的数量呈现逐年递增趋势，初创企业数量在 2016 年后有所减少，这里的初创企业主要是指 EIT 在校生和毕业生创立的企业和创新项目孵化的企业。除此之外，2018 年和 2019 年 KICs 支持的初创企业分别达到了 513 家和 806 家。所以，整体来说，EIT 的创新绩效呈现了逐年递增的趋势。

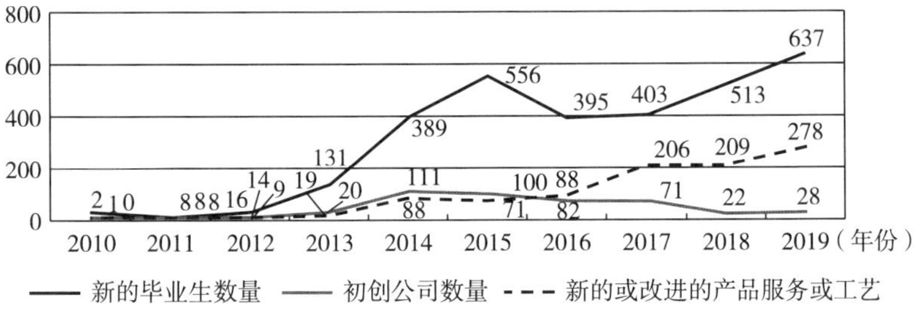

图 6-3 关键 KPI 变化图

资料来源：2014~2019 年 EIT 年度活动报告（Annual Activity Report）。

（2）社会效应。根据 EIT KIC 的运行模式，创新社区的联盟社会效应主要表现为可持续发展的使命、促进性别公平的创业项目以及区域创新能力的协调发展三个方面。在使命方面，每个 KIC 的使命都是在 EIT 使命的指导下制定的。EIT 的使命是通过企业、研究机构和大学之间的合作，提高欧洲的竞争力、可持续经济增长和创造就业机会。同时，通过创新思想的发展创造环境，推动欧洲的创新和创业（EIT，2022）。可见，可持续经济增长是 EIT 使命中的重要词语，而且在 KIC 所遵循的总体原则中，“可持续的商业模式”是重要内容之一。在促进性别公平的创业项目方面，EIT 在 2017 年发起了女性创业和领导力计划，由 KICs 中的女性企业家指导，通过多样性活动的形式支持女性创业。这种活动包括 EIT Woman Award、女性创业和数字研讨会等（EIT，2020b）。在区域创新能力协调发展方面，EIT 从 2014 年开始专门制定了 EIT 区域创新计划（EIT RIS），通过不同 KICs 的创新活动，不断在欧洲国家扩展，解决欧洲区域间创新能力不平衡的问题，提高欧洲国家的创新绩效。该计划的目的是解决企业加速器（Business

Accelerators)、初创企业（Start-ups)、机构（Agencies)、教育和研究机构（Educational and Research Institutions）之间缺乏有效链接的问题，积极拓展非 KIC 伙伴在 KIC 活动中的参与度，让这些国家从 EIT RIS 符合条件的国家（Eligible Countries）中获益。具体来说，EIT 中心通过促进 KICs 与当地教育、商业和研究领域参与者的合作活动，从而促进知识三角（Knowledge Triangle）整合，在 EIT RIS 的实施中发挥着重要作用。

四、启示与建议

根据前文对 EIT KIC 的组织结构、运作模式、评价体系以及创新和社会效应的分析，我们发现基于知识三角的 EIT KIC 的组织结构、职能与其效应之间存在着重要的关系。在知识三角中，高校承担人才培养和知识输出的任务，科研机构承担研发和知识吸收的任务，企业承担产品或服务的技术产业化任务。随着社会越来越关注利益相关者和可持续发展问题，政府、非政府组织和公民开始加入，三螺旋逐渐演变为四螺旋、五螺旋甚至 N 螺旋。创新联盟的组织结构是基于知识三角的开放式组织结构。非政府组织（NGO）关注的主要是环境、贫困等重要社会问题，公民关注的是安全、不平等、个人隐私披露和性别歧视等，政府关注的是整体社会福利。因此，在技术创新联盟的组织结构中，高校、科研院所和企业以技术创新为目标，形成了知识生产、知识应用和技术产业化的螺旋结构。非政府组织和公民的开放参与进一步推动了基于传统知识三角和技术创新联盟社会效应的组织结构升级，赋予了产业技术创新联盟可持续发展的特征，使组织的目标从纯技术创新向可持续创新转移。同时，联盟组织负责任创新功能的实现，取决于联盟领导机构（或总部）设定的愿景和使命，以及涉及多个组织的创新枢纽网络的有效治理机制（见图 6-4)。

EIT KIC 的组织结构和发挥的功能体现了创新效应和社会效应的结合，有利于实现负责任创新以及可持续发展目标。但是，由于联盟内部成员参与者来源于不同的国家，尽管欧盟的整体协调机制发挥作用，但不同国家的制度、法律和产业技术政策的差异为创新联盟的有效治理提出了更高的要求。在绩效考核与评价方面，EIT KIC 根据主要的任务模块进行考核评价，相对比较完善。对于 EIT KIC 来说，未来的发展更应该注重从负责任创新向责任创新的转变，构建联盟内部更加有效的跨国家治理机制，实现可持续发展目标。另外，由于负责任创新的评估与考核是未来创新联盟实现可持续发展目标的重要环节，EIT KIC 在未来年度绩效评价中需要构建相应指标体系。

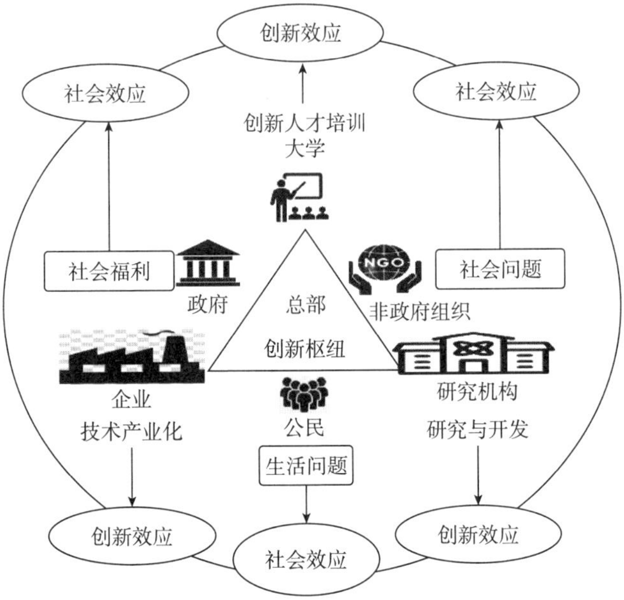

图 6-4 技术创新联盟的组织结构与功能

第二节 基于政策评估框架的英国升级计划

对于评估本身来说，它是一个确定个体或组织绩效和价值的过程，在任何学科中都非常重要（Michael，1994）。在评估过程中，首先需要选择评估的问题，其次确定相关领域，通过数据分析，最后给出判断。对于政府政策来说，由于需要及时反馈政策的效果，改进政策工具，为将来政策的改进提供支持，所以政策评估是必不可少的。政策评估一般关注政策是否正确、是否有明显效果、带来了哪些改变、下一步怎么做等问题。在政策评估过程中，通常会关注政策制定者、政策执行者、政策的利益相关者（纳税人/公民）。

对于评估的方法，Vedung（2010）把评估的发展历程归结为 1960 年以来的四个阶段，第一个阶段是 20 世纪 60 年代前后运用两组实验进行目标评估的科学方法。第二个阶段是 20 世纪 70 年代初期到中期，崇尚从政策使用者、管理人员和其他利益相关者那里获取信息并进行评价的非实验的对话导向（Dialogue-based）的方法。第三个阶段是 20 世纪 70 年代末期到 20 世纪 80 年代，在西方国家放松管制和私有化的浪潮下，政策评估的市场导向和顾客满意成为主导思想，被称为新自由主义方法。第四个阶段是 20 世纪 90 年代，实验方法开始回归，政策评估中更加讲究证据，随机试验和准实验的方法更为流行，用户评价方法遭到削弱。这个阶段被称为证据方法。

目前来看，政策评估往往采用一种综合的现实主义方法，既要使用基于数据的实证主义分析方法，也要使用基于利益相关者看法、总结性评价的结构主义方法（Pawson and Tilley，1997）。从理论角度来看，政策的实施是一种公共行为，它经历了投入（Inputs）、产出（Outputs）、结果（Outcomes）和长期影响（Impact）四个阶段。投入包括财务、组织机构、制度等；产出是政策实施后的直接成果；结果是产出的后续短期影响及其受益人；长期影响是对社会、经济和环境的长期影响。

欧盟委员会（European Commission，2017）提出了一个政策循环模型，包括准备、采用、实施、应用。循环模型的一个主要特点就是在整个周期中采用了干预措施，包括了事前影响过程评估、事中的监控和事后的结果评估（见图 6-5）。同时，在整个干预过程中，位于中心地位的利益相关者是全程参与的。

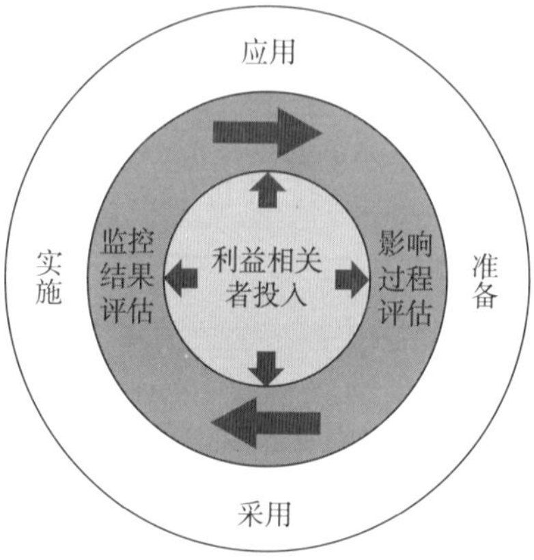

图 6-5 政策周期循环

资料来源：European Commission（2017）。

一、英国的政策评估流程

尽管英国已经在 2019 年 3 月正式脱离欧盟，但其政策循环和科技政策评价逻辑仍是源于 2017 年欧盟的政策循环框架。在 2020 年 3 月出版的《中央政府评估指南紫皮书》（*Magenta Book*）中，对评估的原因、流程、类型以及质量标准等进行描述。政策评估主要是为了学习和问责。对于学习，主要是指通过评估可以有效管理风险。事前评估是对未来政策实施的全方位了解和学习，事中评估是通过监控发现问题不断学习和调整，事后评估是总结成功的经验和教训。对于问责，主要原因是政府代表人民制定政策并实施政策，在一定程度上是运用纳税人的钱通过政府活动提供最大的公共价值和成果。所以，公众和利益相关者需要了解政策执行的效果。对于评估的流程，英国政府在 2020 年出版了《中央政府评估与评价指南绿皮书》，并于 2022 年进行了修订。在该书中提出了一个 ROAMEF 框架，即合理性（Rationale）、目标（Objective）、事前评估（Appraisal）、事中监控（Monitoring）、事后评价（Evaluation）和反馈（Feedback）。对于评估的类型，主要包括过程评估、影响评估和价值评估。过程评估侧重于政策实施过程中的各种活动的实施情况；影响评估侧重于政策产生了哪些影响和后果；价值评估侧重于效益，也就是政策实施收益是否超过了实施的成本。一项好的评估应该遵循的质量标准包括有用性、可信性、稳健性和相称性。

整体评估的流程，包括评估的范围、方法、数据收集和处理、管理、评估结果的使用和传播等内容（见图 6-6）。

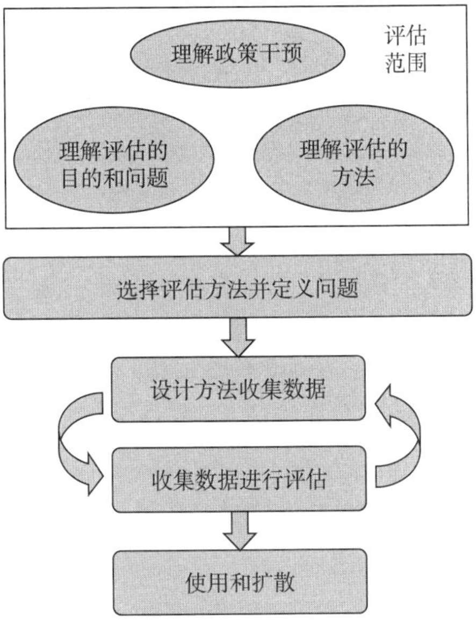

图 6-6　英国政策整体评估流程

资料来源：英国财政部。

二、英国创新政策评估

在具体政策执行过程中，首先是根据需求确定目标，其次是利益相关者的投入和确定活动，最后是结果的产生和影响。从政策目标的确定到产生相应的结果，政策制定者都会干预。但是，结果后期产生的更为广泛的影响，则是政府以外的相关方以及其他外部因素影响的结果。具体来说，如果要对一项科技政策进行评价，其基本的逻辑是从总目标开始，再确定是否有分目标。如果存在分目标，就要在各个分目标下设计相应的活动，用于实现分目标，各个活动会产生相应的结果，这种结果在一些中间因素影响下产生最终的结果。

为评估英国科技创新政策对企业和经济的影响，英国研究和创新署（UKRI）发布了《创新英国：评估框架》[①]。该评估框架是在英国政府发布的《中央政府评估指南紫皮书》、《欧洲委员会评估指南》（*Council of Europe Evaluaition Guidelines*）以及英国 BEIS 的评估战略基础上进行的一项工作，主要介绍了他们在开展创新政策评估中如何解决面临的挑战、采用的评估方法以及目前开展的评估工作。从创新政策评估的复杂性来看，主要体现在评估数据的缺乏、评估对象的异质性、知识作为创新产出的低可观察性、公司的流动性、创新影响的长尾效应、滞后效应、影响的属性和归属、内生性、企业的战略行为等，都是在评估过程中必须解决的问题。对于创新政策评估的方法，主要采用随机控制试验和准试验方法。

这里以该评估框架中的可持续农业和食品战略投资为例介绍其评估的逻辑模型（见图 6-7）。为了实现农业和食品的可持续发展目标，政策评估中考虑的投入主要是指知识转移网络（KTN）资源、系统授权工具（SAP）和知识产权（IP）支持资源以及其他应用资源，确定的活动是设定好的相应三项活动，通过活动获得产出包括研究成果、合作关系和路线图等，最终达到的结果就是技术进步和新的技能和能力。为了产生更长远的影响，在结果评估中还要进行新的研发项目和更多的研发支出评估。在外部资金的支持及新产品和工艺的商业化推动下，下游客户对新产品采用量的增加，进一步促进了总附加值的增加和环境效益的提高。

三、基于政策评估视角的英国升级计划

2022 年 2 月，英国政府正式发布了《升级计划》（*Levelling Up the United Kingdom*）。该计划的主要目标是通过提高落后地区的经济活力和创新水平，结束英国区域间发展不平衡的状态，实现英国区域之间的协调发展，让每个地区都能够尽可能平等地分享整个国家发展的成果。长期以来，英国东南部地区经济发展水平普遍高于中部和北部，通过促进东部和北部地区的生产率，释放经济发展潜

---

① 资料来源：英国研究和创新网站。

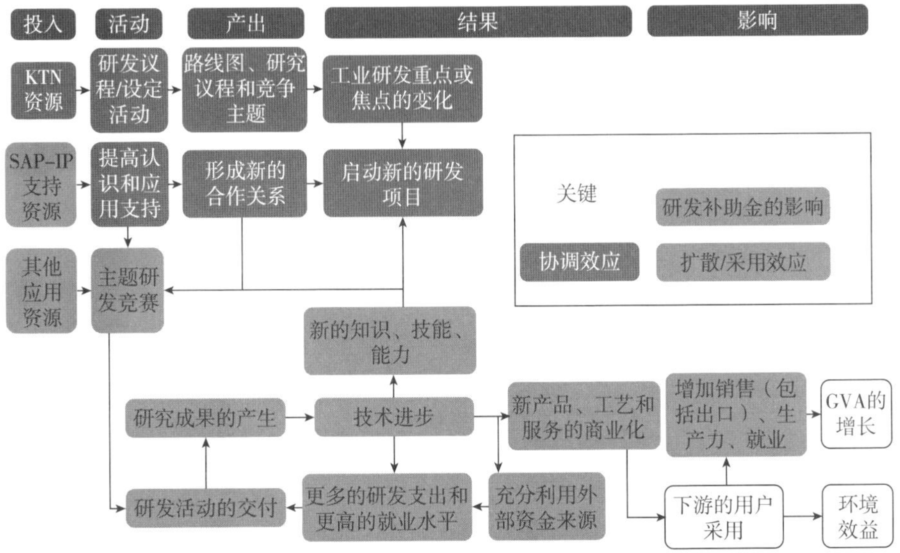

图 6-7 英国研究与创新署进行的可持续农业和食品中战略投资评估逻辑模型

力，扩大就业机会，能够进一步缓解东南部地区公共服务和住房等方面的压力，逐步缩小发展差距。该计划分析了英国各个地区之间差距的现状，从人力资本、财政资本、社会资本、物质资本、无形资本、制度资本等地区间差距的评估框架出发，提出了基于五个支柱的政策体系和四个方面的二级目标。在总体目标和分目标中，有两个总体目标与区域技术创新能力的提升有关。

（一）目标

计划的总体目标是英国区域间的协调发展。这里包括四个方面的二级目标，与区域创新能力提升相关的有两个：一是通过繁荣私有企业，促进生产率、工资、就业、生活水平的提升；二是传播机会和提高公共服务水平。

（二）投入与活动

针对第一个二级目标，为了促进落后地区生产率的进一步提升，实现区域间协调发展。主要的投入和活动主要是充分利用市场力量促进中小企业融资、利用政府力量促进投资。在市场力量促进中小企业融资方面，采取的措施是发挥英国商业银行（BBB）在伦敦以外地区的贷款的作用，特别是对创业型企业融资的支持。具体的案例就是 BBB 发起的投资基金对 Nova Pangaea Technologies 公司进行了三轮自助，促进了企业的技术创新。同时，充分发挥英国软件技术和人工智能等前沿技术优势，促进伦敦和东南部地区的公司的技术扩散。通过“帮助成长”（Help to Grow）倡议促进中小企业领导人提高管理能力，支持中小企业采用提高生产力的数字技术。推进鼓励企业新技术采用和扩散的商业计划，特别是鼓励苏格兰、威尔士和北爱尔兰等地区参与该计划的合作。在动用政府力量方面，包括支持地方银行业务改革，增加创新基金计划；为“区域天使计划”追加投资；通过自由港建设、税收干预、全球投资基金、新的出口战略和贸易政策，促进FDI和企业的出口。例如，日产汽车在桑德兰的投资促进了该地区的就业和汽车产业的发展。

针对第二个二级目标，为了提升落后地区的公共服务水平，主要的投入和活动体现在促进基础设施和人力资本水平提升，因为它们是区域创新能力提升的基础。在基础设施建设方面，一方面通过推动解锁机构投资，特别是促进地方政府养老金计划中的基金在地方基础设施建设中的投资，提升基础设施建设水平；另一方面通过对“重大公交转型”项目的资助和赋予地方领导权力，促进交通基础设施建设，使英国各个地区的交通发展大大接近伦敦的标准。在人力资本水平提升方面，通过建立新的教育投资区（EIAs）和新的英国国家学院，促进落后地区教育的发展。通过推动中小企业强化招聘服务、建立新的未来技能单位和新的技术学院、强化技能培训、推动终身技能保障、促进就业和区域创新能力提升。另外特别值得一提的是，到2030年，英国政府在大东南地区以外的公共研发投资至少增加40%，改变各个地区研发支出分布不均的状态，提升两倍私营部门的投资，刺激企业的创新和生产率提高。具体包括支持大曼彻斯特的健康创新和先进材料、苏格兰的金融技术、北爱尔兰的网络安全、西部门户地区的航空航天和化合物半导体、东北地区的离岸可再生能源以及西米德兰的未来运输技术等创新产业集群。继续支持大学、公共部门研究机构和覆盖英国40多个地点的9个Catapults网络。充分利用大曼彻斯特、西米德兰和格拉斯哥地区的创新优势，投资试点新的创新加速器，促进创新集群的发展。

四、政策评估的启示

由于英国升级计划于2022年2月发布，其未来的产出、结果和影响还需要在政策实施过程中进行观察。从上述关于政策评估的理论发展、欧洲政策评估循环框架及其英国政策评估的流程与英国研究和创新署的评估案例可以发现，未来英国升级计划必将面临系统的政策评估。这里给我们三个方面的启示：

第一，科技政策评估在一个国家科技政策执行过程中发挥着重要作用。2015年1月，中共中央、国务院印发的《关于加强中国特色新型智库建设的意见》中提出了要“建立健全政策评估制度”。2020年，《中共中央关于制定国民经济和社会发展第十四个五年规划和二〇三五年远景目标的建议》中提出了“健全重大政策事前评估和事后评价制度”，这些都为我国未来科技政策评估提供了政策依据。

第二，科技政策评估需要规范化、制度化和体系化。英国的科技政策评估是在国家政策评估政策和欧洲政策评估框架下建立的，具有较为规范的流程。我国一些部门和地方虽然开展了政策评估工作，但仍处于起步阶段，需要完善相关的评估制度，从国家、部门、地方等层面构建中国特色的政策评估体系。

第三，充分发挥政府和市场的双重作用。区域技术水平的协调发展，仅仅依靠市场力量是无法完成的，因为创新要素和其他市场要素一样，具有趋利性。发达地区更高的收益和机会，必然促进更多的创新要素向发达地区流动。从英国的提升计划可以看出，充分发挥政策在激励创新要素的逆向流动、政府在技术落后地区投资的作用，对于促进区域间技术协调发展具有重要的意义。

第七章　中国区域间技术收敛的政策分析与建议

从区域间技术收敛的研究视角，我国科技政策主要分为区域间技术创新基础均等化、区域间技术互助、区域间技术合作以及技术市场一体化四个方面。前两个方面的政策作用更需要发挥政府的作用，后两个方面的政策作用更需要市场发挥作用。通过查询我国大陆31个地区科技部门网站[①]中的政策专栏，通过数据抓取软件抓取政策文件标题、发布时间、文件正文等内容。获得我国大陆31个地区的政策文件数据，经过手工逐条筛查，剔除非科技类政策文件，用于本书各个部分的研究。本章第一节从区域间技术收敛角度给出了科技政策分析的思路，第二节分析了技术市场中的技术转移政策，第三节结合前面章节的研究结论，归纳了我国区域间技术收敛实现机制，并给出了政策建议。

第一节　基于区域间技术收敛的科技政策思路

根据新时代我国社会面临的主要矛盾，区域间发展不平衡是未来我国发展过程中需要解决的重要问题，也是实现共同富裕伟大目标的基础。根据区域间技术收敛的实现机制分析框架，技术收敛的最终目标是实现经济收敛（区域经济协调发展），而技术收敛是经济收敛的必要条件，其实现机制包括区域创新基础的均等化、区域间技术互助、区域间技术合作与对接、区域技术市场的一体化等。所以，相关的政策包括与目标实现的必要条件相对应的区域经济协调发展政策以及与各个实现机制有关的政策（见表7-1）。

---

① 北京市、上海市为科学技术委员会，天津市和重庆市为科技局，其他地区为科技厅。

表 7-1 区域间技术收敛实现机制的政策领域

	途径	政策领域
一级目标	区域经济协调发展	中共中央、国务院印发《关于建立更加有效的区域协调发展新机制的意见》
必要条件	区域技术协调发展	
实现机制	创新基础均等化	传统基础设施、新型基础设施、创新软环境（科技服务）等
	区域间技术互助	巩固脱贫攻坚成果、城乡融合、农业农村科技发展、技术飞地等
	区域间技术合作对接	创新城市群、区域科技（创新）合作、国家创新体系
	技术市场一体化	技术转移、技术（创新）联盟、金融市场（技术创新金融支持）、产业技术集聚与扩散

一、区域经济协调发展政策中的技术协调发展

2018 年，中共中央、国务院印发了《关于建立更加有效的区域协调发展新机制的意见》（以下简称《意见》）。《意见》为针对区域协调发展问题实现机制的第一份专门文件。《意见》在肯定我国长期以来促进区域经济协调发展成果的基础上，提出了新时代区域协调发展战略的总体要求和实现机制。从区域技术协调发展角度来看，主要体现在以下几个方面：第一，在区域战略统筹机制方面，基础设施互联互通是区域创新能力提升的基础，超大城市和特大城市的功能疏解与治理“大城市病”，为利用技术创新解决大城市生产效率的边际递减和实现周边地区生产率边际递增提供了政策支持，中心城市引领下的区域发展与板块融合是充分发挥城市创新资源集聚与扩散功能的重要途径，重大区域发展战略协调对接是实现区域创新体系互联互通和国家创新系统形成的关键。第二，在健全市场一体化发展机制方面，要求消除制度性壁垒，通过深化改革和优化环境促进要素流动，为人力资本、技术等创新要素的跨区域流动提供了支持。市场一体化建设和区域交易平台的完善，为资本、技术、知识的跨区域流动打下了基础。第三，在深化区域合作机制方面，不管是区域之间、上下游之间还是省际交界地区城市之间，企业主导的跨地区行业产业、技术、创新、人才等合作平台的建设，对于区域技术创新能力的协调发展具有重要意义。第四，在区域互助方面，扶贫协作、对口支援和对口协作为技术扶贫、科技（科创）飞地等政策的实施提供了政策支撑，同时也为人才、资金、技术向贫困和边境地区流动提出了要求。第五，在基本公共服务均等化方面，为科学普及与推广等科技服务的均等化发展提供了思路。第六，在区域政策调控方面，中央预算内投资、转移支付、产业指导目录、用地政策等方面对中西部欠发达地区的倾斜性支持，为技术落后地区开展

技术创新活动提供了政策保障。

二、区域技术协调发展的实现机制及相关政策

第一，在技术市场一体化方面，主要的政策文件是《技术市场“十二五”发展规划》《“十三五”技术市场发展专项规划》《“十四五”技术要素市场发展规划》。除规划以外，还有2018年中华人民共和国科技部（以下简称“科技部”）印发的《关于技术市场发展的若干意见》，2022年3月25日印发的《中共中央 国务院关于加快建设全国统一大市场的意见》等相关文件。另外，为了促进技术市场一体化，我国相关部门还出台了技术转移和技术创新联盟、技术创新的金融支持等政策。

第二，在技术基础设施与服务方面，主要的政策文件是与新型基础设施建设相关的规划、意见建议和相关会议精神，传统基础设施的相关发展规划，以及与科技公共服务相关的政策。

第三，在技术互助与城乡创新要素流动方面，主要包括科技扶贫、城乡融合发展、农村农业技术创新能力提升方面的政策文件。

第四，在技术区域合作方面，最重要的政策文件就是2022年科技部等九部门印发的《“十四五”东西部科技合作实施方案》。2016年科技部和中华人民共和国国家发展和改革委员会制定了《建设创新型城市工作指引》，国家级的城市群发展规划、区域发展战略规划和区域发展重大战略规划等也在一定层面描述了区域内或区域间的技术合作。

三、研究方法与思路

在前面章节中，技术基础设施与服务、科技扶贫和城乡融合、区域技术合作等政府主导为主的三个方面的政策研究已经有所涉及。本章第二节仅从市场角度研究技术市场一体化背景下的科技政策文件，由于技术市场相关政策更多地侧重技术转移，所以这里主要从技术转移层面进行政策文本分析，然后根据前章节的研究给出相应的政策建议。

第二节　基于区域技术协调发展的技术市场政策分析

区域协调发展要尊重市场规律，坚持依靠市场主导与政府引导相结合，发挥

市场在区域协调发展新机制建设中的主导作用①，根据不同地区的比较优势走自己的特色发展道路，最终实现区域间的协调平衡。区域间技术协调发展是区域协调发展的重要组成部分，充分发挥市场机制的作用促进创新要素向发展中地区流动，提高发展中地区的技术创新能力具有重要的现实意义。区域间技术协调发展中市场作用的相关政策主要体现在我国技术市场发展政策上。本节首先分析了国家层面技术市场政策中的技术转移体系建设的跨区域技术转移目标，其次分析了各地区技术转移政策中关于“跨区域技术转移”相关的文件，最后得出了相应的结论。

一、技术市场政策中的区域协调发展

国家层面的技术市场政策主要是2013年出台的《技术市场“十二五”发展规划》、2017年出台的《“十三五”技术市场发展专项规划》以及2018年印发的《关于技术市场发展的若干意见》。“十二五”时期，技术市场的主要目标是法规政策保障、市场监督管理、社会化服务等体系的建设完善，促进现代技术要素市场的规范化运行。“十三五”时期，强调了技术市场已经进入资本化和产业化发展阶段，发展目标强调了技术要素在生产中的重要作用，特别强调了技术转移和成果转化机制、能力以及服务业态的建立和发展。“十二五”时期到“十三五”时期的一个明显的特征就是实现了由技术要素市场的完善向技术市场体系建立的转变，要求技术要素在生产过程中发挥更大作用，技术转移和成果转化成为实现目标的关键。2017年9月15日，国务院印发了《国家技术转移体系建设方案》，实现了由“规划”到“建设方案”的转变。2018年5月28日，为了进一步落实该建设方案，科技部印发了《关于技术市场发展的若干意见》，从高水平专业化技术转移机构、市场化社会化技术转移机构、枢纽型技术交易市场、技术合同成交额、技术人才培养等方面制定了到2020年实现的具体指标，以支撑国家技术创新体系建设目标中2020年基本建成以及2025年的全面建成。

可见，技术市场政策致力于完善的国家技术创新体系建设，为国家创新体系和创新型国家的建设提供有力支撑。这些政策不同于2007年9月19日科技部、教育部和中国科学院联合印发的《国家技术转移促进行动实施方案》，因为该方案是在我国提出强化“自主创新”能力以后，为推进“自主创新”，提高企业自主创新能力而发布的政策。也就是说，以前更多地强调技术转移在企业创新能力提升中的作用，现在则强调技术转移的体系化在国家整体创新能力提升中的重要作用。

① 参见《中共中央 国务院关于建立更加有效的区域协调发展新机制的意见》。

从区域技术协调发展角度来看，《国家技术转移体系建设方案》中，体系布局强调了“四梁八柱”的基础架构和跨军民、跨区域、跨国界的转移通道。在跨区域技术转移扩散方面，从重点区域技术转移、东中西梯度技术转移、区域性试点示范三个方面给出了具体要求。同样，《“十三五”技术市场发展专项规划》中在对“十二五”时期进行总结时，指出了建立中国创新驿站站点 92 家，这是“挖掘企业需求为核心的跨区域技术转移协作网络”的重要组成部分；在未来的发展任务中，提出了要加强技术转移的机制模式创新，开展跨行业、跨地区和跨国界技术转移。

二、各地区技术转移政策文件的分析

通过各省科技厅网站抓取的政策文件筛选、各省政府网站、百度和必应关键词搜索，查找各省最新的技术转移政策文件。除西藏以外，我国大陆 30 个地区均找到了相应的政策文件。北京、山西、上海、湖南、广东、海南、陕西、青海、宁夏和新疆等地区的政策文件把技术转移和成果转化放到了一起，制定了科技成果转移转化的行动方案或实施意见，另外福建省没有发现特定的政策文件，但下发了《关于落实国家技术转移体系建设工作任务分工的通知》，与政策文件的具体内容和要求相似。其余 20 个省份均制定了技术转移文件（见表 7-2）。由于《国家技术转移体系实施方案》（以下简称《方案》）是在 2017 年 9 月 15 日印发的，大部分省份印发的文件都是在《方案》之后印发的，具体时间分布如图 7-1 所示。大部分省份是在 2017 年底或 2018 年及时响应国家政策，同步制定了落实方案。少数省份比较滞后，2016 年制定政策的 4 个省份均为科技成果转移转化方案，并不是国家技术转移体系实施方案的落实方案。

表 7-2 各省技术转移文件名称及时间

序号	省份	文件名称	发布时间
1	北京	北京市促进科技成果转移转化行动方案	2016 年 11 月
2	天津	天津市技术转移体系建设方案	2017 年 12 月
3	河北	河北省技术转移体系建设实施方案	2018 年 2 月
4	山西	山西省提升科技成果转移转化服务行动方案	2022 年 5 月
5	内蒙古	内蒙古自治区技术转移体系建设实施方案	2018 年 11 月
6	辽宁	辽宁省技术转移体系建设实施方案	2018 年 1 月
7	吉林	吉林省技术转移体系建设方案	2018 年 12 月
8	黑龙江	黑龙江省技术转移体系建设实施方案	2017 年 12 月

续表

序号	省份	文件名称	发布时间
9	上海	上海市促进科技成果转移转化行动方案（2021-2023）	2021 年 7 月
10	江苏	省政府关于加快推进全省技术转移体系建设的实施意见	2018 年 5 月
11	浙江	浙江省技术转移体系建设实施方案	2019 年 12 月
12	安徽	安徽省技术转移体系建设实施方案	2018 年 6 月
13	福建	关于落实国家技术转移体系建设工作任务分工的通知	2018 年 1 月
14	江西	江西省技术转移体系建设实施方案	2019 年 1 月
15	山东	山东省人民政府关于加快全省技术转移体系建设的意见	2018 年 5 月
16	河南	河南省技术转移体系建设实施方案	2019 年 3 月
17	湖北	湖北省技术转移体系建设实施方案	2020 年 12 月
18	湖南	湖南省促进科技成果转移转化实施方案	2017 年 4 月
19	广东	关于进一步促进科技成果转移转化的实施意见	2016 年 11 月
20	广西	广西技术转移体系建设实施方案	2017 年 12 月
21	海南	海南省促进科技成果转移转化专项行动实施方案	2016 年 11 月
22	重庆	重庆市技术转移体系建设实施方案	2017 年 12 月
23	四川	四川省技术转移体系建设方案	2018 年 12 月
24	贵州	贵州省技术转移体系建设实施方案	2019 年 8 月
25	云南	云南省技术转移体系建设实施方案	2018 年 10 月
26	西藏	—	—
27	陕西	陕西省促进科技成果转移转化行动方案	2017 年 12 月
28	甘肃	关于印发加快技术转移体系建设实施意见	2018 年 7 月
29	青海	青海省促进科技成果转移转化行动方案	2016 年 12 月
30	宁夏	自治区人民政府办公厅关于促进科技成果转移转化的实施意见	2020 年 5 月
31	新疆	新疆维吾尔自治区促进科技成果转移转化行动方案	2018 年 5 月

根据研究需要，这里主要关注《国家科技转移体系实施方案》中关于跨区域技术转移任务在省级层面是否体现。运用 Nvivo11 软件进行关键词分析，选取的关键词包括跨区域、转移联盟、创新（技术）联盟、发达地区、（欠）发达地区、东部、中部、西部。根据区域间技术收敛研究主题的需要，选取这些关键词的理由如下："跨区域"是寻求区域之间的技术转移，"转移联盟"和"创新（技术）联盟"是实现跨区域技术转移的方式，"（欠）发达地区"是希望欠发达地区有向发达地区寻求技术转移或发达地区向欠发达地区主动进行技术转移的相关参考点，"东部""中部"和"西部"的关键词则是基于不同板块的省份希望

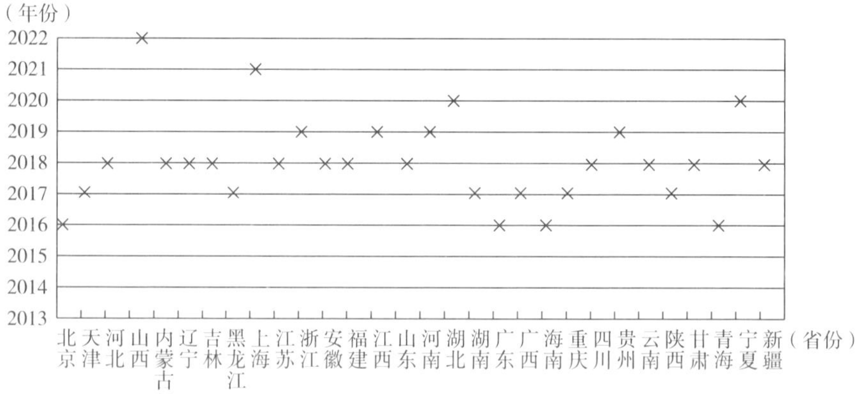

图 7-1　各省技术转移政策时间分布

能够有向其他板块寻求技术或主动转移技术的参考点。经过关键词的文本搜索，逐个排除与跨区域技术转移无关的参考点，得到的关键词材料来源和参考点数如表 7-3 所示。

表 7-3　关键词的材料来源和参考点数

关键词	材料来源	参考点数	无关表述材料来源排除
跨区域	24 个地区	40	—
东部	2（宁夏、云南）	2	1（上海）
中部	2（山东、云南）	3	2（河南、湖北）
西部	2（山东、宁夏）	2	4（河南、重庆、四川、内蒙古）
（欠）发达地区	3（湖南、内蒙古、吉林）	3	2（重庆、云南）
创新（技术）联盟	13 个地区	23	—
转移联盟	12 个地区	14	—

对于关键词“跨区域”，有 24 个地区在文件中提到了进行跨区域技术转移，占比较高。

在东部、中部、西部的关键词文本搜索中，中西部地区仅仅有宁夏和云南在政策文本中提到了与东中部进行技术合作，东部地区中仅有山东提到了向中西部进行技术转移。对于表中排除的材料来源，均是对本地区内部或者是立足自身的表述。

在“（欠）发达地区”的关键词文本搜索中，发现只有湖南、内蒙古和吉林三个欠发达地区提到了从发达地区进行技术转移，重庆和云南由于关键词只是与自身地区内部有关而被排除。

为了防止软件文本搜索出现失误，首先对所有中西部地区（包括内蒙古）以及东北三省进行文本查询，发现除本地区以外，没有其他省份提到与中西部省份进行的相关技术转移。其次对所有东部地区进行文本搜索，并排除与跨区域技术转移无关的参考点，发现在所有东部省份中，只有东北三省和河南在政策文本中提到了与北京、江苏、上海、广东或浙江进行合作推进技术转移。

在促进技术转移过程中，技术创新联盟和技术转移联盟是两种重要的形式，根据关键词文本搜索发现，有 13 个地区在技术转移中关注了创新（技术）联盟，12 个地区关注了转移联盟。

三、主要结论

在技术市场的相关政策中，技术转移是重点关注的问题。在技术转移相关的文本分析中，发现各个地区更多的是在国家政策指导下关注地区自身的技术能力提升，对于跨区域技术转移，24 个地区一般性地提出了跨区域转移问题，6 个地区没有提到。在具体跨区域技术转移中，中西部地区中只有河南、宁夏和云南三个省份更有针对性地提出了与某些东部地区合作，东北地区中东北三省全部提出了与东部地区进行技术转移合作。至于东部地区对中西部地区的技术转移支持，仅发现山东省提出了对中西部地区的技术转移支持。

不考虑其他因素，仅就技术转移的文本分析可以发现，由于行政区划问题，各个地区更多的是考虑自身发展，较少考虑跨区域合作，通过技术转移实现区域间技术协调发展的任务仍较为繁重。

第三节　我国区域间技术收敛的思考与建议

区域间技术收敛的实现机制包括创新基础的均等化机制、技术领先地区与技术落后地区之间的互助机制、区域间技术对接与合作机制以及技术市场的一体化机制。对于区域创新能力提升来说，这四个机制的目标不同。均等化机制解决的是地区的技术吸收能力，互助机制解决的是技术使用能力，对接与合作机制解决的是技术融合能力，市场一体化机制解决的是技术转移与扩散能力。技术吸收能力侧重于创新基础设施和创新环境，技术使用能力侧重于现有条件下的干中学，技术融合能力侧重于供应链、创新链和价值链的扩展，技术转移和扩散能力侧重于市场导向下的需求方技术拉动。为了保障区域间技术收敛实现机制的运行，本书给出如下思考与建议：

一、强化创新基础、打造创新环境，提升发展中区域技术吸收能力

区域技术吸收能力源于一个地区中人的能力（人力资本）、企业的能力和更广泛的系统组织能力（Roper and Love，2006）。广泛系统组织能力是吸引外部创新要素和吸收外部知识的重要基础，一个地区的创新基础和创新环境建设是打造这种系统能力的前提。

（一）强化新型基础设施中的融合基础设施建设，保持区域政策的连续性和稳定性

近年来，由于国家对区域经济协调发展的日益重视，在信息基础设施、创新基础设施和融合基础设施等新型基础设施建设政策中均考虑到了地区布局的均衡问题，所以基于政府导向的设施布局在空间统计中总体上并没有显著的空间板块集聚，这一点从各省2020~2022年政府工作报告的文本分析中得到印证。但是，从区域发展角度来看，新型基础设施建设还存在以下问题：首先，由于东部、中部、西部以及东北地区之间存在经济差距，各省在新型基础设施建设中的投入并不均衡，特别是经济发达的东部地区在新基建竞争力指数上明显高于中西部地区。其次，从政府对新型基础设施建设的关注程度来看，对信息基础设施、创新基础设施的关注程度高于对融合基础设施的关注程度。也就是说，作为最核心的目标之一，信息技术（信息基础设施）在传统基础设施建设中的应用没有得到充分重视，这将进一步影响地区经济的发展。最后，从地方政府工作报告整体关注度的连续性来看，2022年关注度有所下降，说明在新型基础设施建设的持续性上还需要进一步提高。所以，地方政府在新型基础设施建设中，应该重点关注最核心的融合基础设施建设，并保持政策支持的连续性和稳定性，使新型基础设施建设在区域创新能力提升中发挥基础性作用。

（二）加强传统基础设施建设，巩固产业基础，培育创新要素集聚环境

实证分析表明，传统交通基础设施能够明显地促进区域经济增长，但创新能力在其中发挥着重要的中介作用。同时，创新能力中介作用的发挥与地区工业基础有着重要的关系。所以，对处于交通网络节点且工业基础较为雄厚的地区来说，地方政府应该注重交通枢纽功能和地区产业基础联动的功能，形成人力资本集聚的强大创新合力，才能更有效地推进城市经济的发展。对于交通基础条件较好但产业基础较为薄弱的地区来说，应该充分发挥区域产业禀赋优势，积极打造特色产业，创造凝聚人力资本等创新要素集聚的环境和平台，助推技术创新在交通基础设施促进经济增长中中介效应的发挥。

（三）提升科技服务效能，构建全流程科技创新的软环境

总体上看，我国各类科技服务政策日益完善，覆盖科技活动全链条的科技服

务活动质量不断提高。重大科研基础设施和大型科研仪器社会开放工作取得了很大的进展，建设了重大科研基础设施和大型科研仪器国家网络管理平台，为科学研究跨区域科研仪器使用提供了良好的条件。同时，基于产学研合作的新型市场化研发组织发展迅速，知识产权工作不断强化。但是，从科技服务的区域分布来看，知识产权服务机构、科学普及投入资金、科普产出等存在着区域性差异，中西部地区和东北地区与东部地区之间的差距较大。所以，地方政府不仅要关注科技服务硬件建设，也要通过科技创新全链条服务环节的分析，找出薄弱环节，提升服务质量和效能，推动科技服务软环境的日益完善。

二、创造条件，促进农村创新要素回流和人力资本培育，提升农村技术使用能力和创新能力

（一）创新城乡劳动力双向流动机制，缓解农村劳动力过度外流

城乡融合与创新要素流动的实证分析发现，在城乡收入差距消失的均衡条件下，L_A/L_M 与 w_{1i}/w_A 之间呈正比例关系，在数值模拟得到的花费在制造品上的份额 $\mu=0.7$ 时，$L_A/L_M=3:7$，高于现实中农村劳动力与城镇劳动力 3∶10 的模拟结果，这说明目前农村劳动力存在着过度外流的情况。要想解决农村劳动力过度外流的问题，吸引人力资本向农村流动，主要应该做到以下两点：

第一，重视城乡融合各种措施的配合，防止盲目追求城镇化率。经过理论分析与数据模拟，我们发现城镇居民与农村居民在“非农产品支出比”已经十分接近的情况下，城乡之间的劳动力分配应该存在一个恰当的比例，也就是说城镇化率并不是越高越好。但目前由于城镇在就业机会、公共服务、医疗教育资源等方面比农村拥有较大优势，因而农村年轻劳动力过度外流的情况应该受到重视。另外，从企业行为来看，考虑到固定投入、运输成本以及技术进步的影响，市场均衡的结果并不必然引起城市产业转入农村地区，即产业转移的内生动力不足，就意味着创新要素很难流入农村地区，因此建议在城乡融合中应考虑不同政策措施之间的配合与实施过程中的时间协同问题。若先期放开落实限制、改进交通网，则在市场作用下可能会加速农村生产要素的外流，城乡融合就异化为城镇集聚和乡村没落。综上所述，若想实现城乡融合中要素的双向自由流动，需要充分考虑到农村基础设施、社会保障、产业引力等方面的弱势，设计引导要素流向农村的机制框架。

第二，确立促进要素流动的机制框架。经过前文的政策梳理，我们解析了城乡融合的政策维度、具体措施与目标。但各种措施之间的相互影响机制、措施与目标之间的实现路径需要进一步研究。我们在前文中已经对措施之间的相互影响、实施过程中的先后顺序，以及可能造成结果与预期目标的背离进行了说明，

这里主要分析政策措施与目标之间的实现路径问题，即政策措施通过哪些路径作用到政策目标。比如农村宅基地“三权分置”改革、集体经营性建设用地入市等政策措施，其目标是要实现城乡土地要素自由流转，则就需要考虑当地的自然资源禀赋、产业特点、农村集体土地的性质以及农村闲置宅基地和农房的利用方式。再比如金融普惠措施的目的是盘活农村存量资产、引导城市资本流向农村，则就需要根据农村的自然条件、生态承载能力以及产业资本与乡村资源的结合方式，提高资本下乡的边际收益，由于耕地保护限制了资本下乡的产业选择，这就需要政府合理规划、引导资本下乡的产业布局（例如乡村旅游、康养、休闲等特色产业）、增加乡村的投资机会、建立收益分配调控机制。为此我们设计了城乡要素流动的机制框架（见图 7-2），希望有助于完善具体的城乡融合方案。

（二）瞄准农村劳动力存量，提升技术使用能力

随着我国农村劳动力的大量流出，留存的劳动力主要集中于妇女和具有一定劳动能力的老人。为了提升农村技术发展水平，除了创新劳动力回流机制，还需要充分利用现有劳动力，提升他们的技术使用能力。根据 Arnold 等（2000）的技术扶贫和技术能力提升的研究框架，产业技术的技术结构层级包括了从初级的技术操作能力、技术维护和管理能力到高级的技术设计和研发能力。根据农村流动劳动力的现状，通过政府推动和市场拉动下的现有新技术引进，让现有劳动力在干中学过程中提升技术能力。另外根据技术能力的减贫效应分析发现，代表知识技术水平的农村居民受教育程度越高，减贫效应越明显。所以，提升农村现有劳动力存量的技术能力，需要做到以下两点：

第一，积极推动跨区域农业技术转移，提高新兴农业技术在欠发达农村地区普及率。具体来说，可以通过政府补贴、税收优惠等财政金融政策创新，促进大型农资生产企业在农村地区推广使用新兴农业技术，通过技术培训让农民快速掌握使用原理，在干中学的过程中领悟新型技术的魅力，拓宽视野、丰富知识。

第二，普及农村地区的“田间学校”“农民学院”等新型组织形式，让农民在家门口就能学习到国家政策、农业知识和农业技能，既丰富了农村的日常生活，又提升了农民的知识和技能。

（三）探索新型“农业科创飞地”，推动创新要素回流

根据第三章关于“科创飞地”的分析发现，这种模式不同于传统的“飞地经济”，而是专门为了解决欠发达地区的技术创新问题而探索的一种旨在促进逆向回流的飞地模式。其缺点主要表现在这种“取经”式的技术学习飞地模式利益共享机制、反哺效果以及政策支持和效果评估问题。

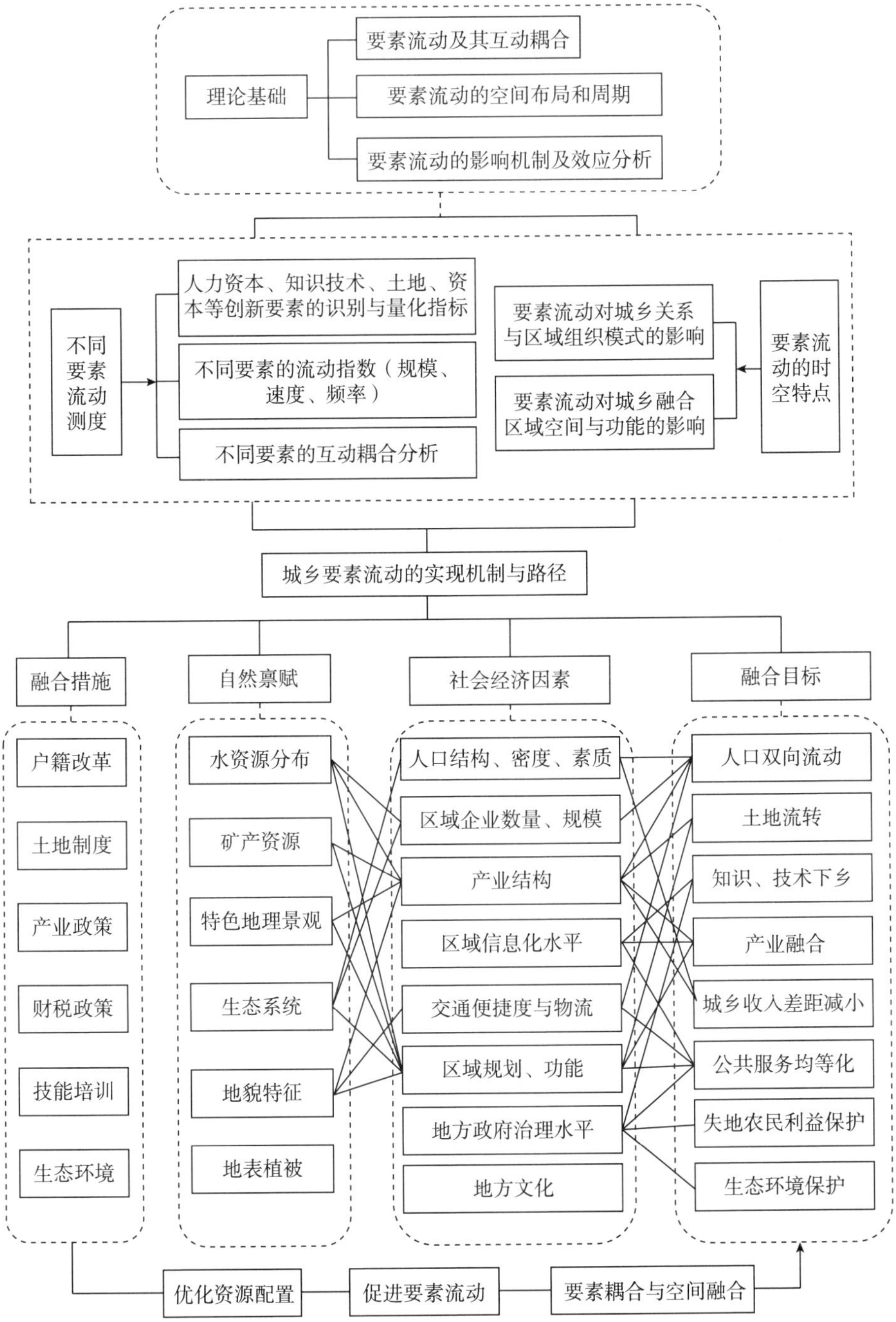

图 7-2　城乡要素流动的机制框架

对于农村地区来说，技术能力的提升除采用城乡融合中的创新要素流动、巩固脱贫攻坚成果中的技术使用能力提升等渠道以外，也可以探索欠发达农村地区在发达农村地区建立“农业科创飞地”进行科技反哺的模式。这种模式主要以利用土地资源进行的增值性生产活动，除了技术水平差异，在经营模式方面存在着很大的相似性，很容易探索双方的利益共享机制。另外，由于这种飞地模式可以采用欠发达农村地区的农民到发达农村地区进行合作经营，在学习获得相关技术后返回家乡创业或进行相同经营模式的移植，反哺效果会比较明显。最后，飞地模式是基于乡村振兴和城乡融合政策背景的，在政策支持上不存在障碍。

三、探索区域发展战略融合与对接机制，提升区域间技术合作与对接能力

（一）积极探索城市群内外技术合作与对接的机制和政策支持

《中共中央　国务院关于建立更加有效的区域协调发展新机制的意见》在明确提出中心城市引领城市群、城市群带动区域发展的基础上，要求推动区域板块之间的融合互动发展。板块之间融合互动的基础是城市或城市群之间的互动。但是，由于每一个城市都是一个独立的行政主体，不管是城市群内部还是城市群之间的对接机制，主要有两个渠道：一是通过市场行为进行对接；二是政府主导下搭建合作对接平台，协商对接机制。这里侧重分析政府主导下的对接。要形成良好的技术合作与对接机制，建议做到以下几点：

首先，在上级部门主导下成立技术对接机构。省内城市之间或城市群之间的合作与对接，由发展和改革委员会、科技厅、科学技术协会等省直相关部门协调成立对接机构。跨省的城市或城市群之间的技术合作与对接，由科技部、国家发展和改革委员会等国家相关部门协调成立相关协调机构。如果是两个城市群之间的合作，也可以由每个城市群的管理部门之间协商成立相关对接机构。

其次，产业价值链分析。每个城市都需要对对接双方的产业价值链进行分析，在共同研讨基础上确定自身产业价值链定位和升级方向，然后分析双方技术合作的可能性和前景。

最后，制定相关技术合作政策。目前关于城市群发展、区域合作的政策大多是指导性政策，缺少城市层面的具有操作性的合作方案。在政策方案制定中，要明确管理机构、目标和责任分工，具有可行性。

（二）明确五大战略、四大板块的区域合作技术创新定位，实现区域间技术收敛的战略统筹

1. 根据区域间技术合作战略定位，制定相关政策方案，明确责任主体

在技术创新定位方面，根据国家层面的规划文件，西部地区要求进一步深化东西部科技创新合作，打造协同创新共同体。中部地区崛起要与京津冀协同发展

和长江经济带相衔接。东部地区率先发展要通过培育世界级产业集群，打通与中西部的供应链、产业链和技术链。东北振兴要求与东部地区部分省份对口合作，促进科技成果转化，吸引集聚东部人才。另外，由于“一带一路”倡议贯穿了我国东中西三大板块，可以作为区域间合作和创新要素流动的桥梁。

由于上述技术合作定位是在国家层面的政策文件或规划中体现出来的，区域间技术合作是一个大的概念，对于一个大的区域来说，没有具体的政策方案做指导，以及没有明确的责任主体，合作的执行仅靠区域间创新主体的政策领悟和市场需求难以有效地推进。比如，对于东西部创新共同体来说，如果进行网络搜索，仅搜到两个新闻标题：一个是“‘甘沪’两地携手打造东西部合作科创共同体”，另一个是“甘沪联动探生物医药区域合作：打造东西创新合作共同体”。可见，区域间技术合作不能仅靠市场力量和区域间行为主体的政策领悟力，还需要具体的政策方案，明确责任主体和目标，确保在一个规定时间内见到成效。

2. 实现区域间技术收敛的战略统筹，构建国家创新系统

基于城市和区域发展战略的多层次性、多样性和交叉重叠的特点，为了避免低效率、盲从的现象，需要进行整体的战略统筹。从技术创新角度来看，战略统筹需要从产业价值链和产业集群、中心城市和城市群、五大战略、四大板块进行。对于产业价值链和产业集群的微观层级，主要考虑产业技术链的连接和跨区域产业技术创新战略联盟的建设。对于中心城市和城市群，主要考虑创新性城市的建设，促进区域间技术合作。对于五大战略，侧重于区域（城市/城市群）创新网络的建设和跨区域网络对接。对于四大板块，侧重于构建国家创新系统，最终向区域间技术收敛迈进。另外，“一带一路”倡议从东到西发挥着桥梁作用，能够促进东中西沿线的资源对接与开拓国际化市场。

需要注意的是，多层级的战略统筹需要从国家层面制定相应的指导政策并成立相应的指导机构，一方面避免地方区域战略执行过程中的多头发展和任务冲突，另一方面确定产业、城市、区域、板块的主要任务和对接方式。

四、充分发挥市场主体作用，促进技术市场中创新要素集聚与扩散

在技术市场中，促进创新要素集聚与扩散的主要组织形式有联盟组织和集群组织。联盟组织是由政府、行业协会或龙头企业发起的协作组织，具体包括技术转移联盟和技术创新联盟。集群组织主要是在市场机制作用下同企业在一定的历史环境、市场需求、产业基础或优势企业推动等条件下在某个区域内形成的网络组织。

（一）探索技术市场中跨区域联盟治理模式，减少联盟失败

当前，尽管我国产业技术转移机构存在着地区之间分布的不平衡，但政府主

导下的技术转移网络体系基本形成。国家、区域和省级层面的技术转移中心逐步发展，为跨区域技术转移打下了基础。技术转移联盟目前存在两方面的问题：一方面政府主导下的技术转移中心市场化程度不高，另一方面技术转移中心及其联盟在运营过程中的治理模式有待进一步探索。对于产业技术创新联盟来说，根据前面的理论和实证分析，我国产业技术创新战略联盟有效地促进了企业技术创新能力的提升，但存在着区域分布不合理、联盟组织管理松散、缺乏有效治理等问题。在联盟组织的所有问题中，联盟有效的治理是迫切需要解决的问题。这里给出以下三点建议：

第一，充分总结联盟失败的影响因素，为联盟治理积累宝贵经验。Park 和 Ungson（2001）认为，现实中一半以上的联盟是失败的，失败的原因是企业之间的竞争和管理的复杂性。合作伙伴之间的竞争导致了机会主义行为的产生，管理合作关系的复杂性和不确定性提高了代理成本。所以，在联盟治理过程中，如何规避机会主义以及如何在联盟管理中探索一个有效降低代理成本的模式，显得至关重要。

第二，基于关系的治理是联盟采用的主导治理模式。由于联盟本身就是介于企业层级与市场之间的组织，所以基于关系基础的治理要优于基于合同基础的治理。关系治理的基础是信任和承诺，是联盟知识学习和转移的根本。这主要是因为信任促进了联盟成员之间的互动频率，隐藏于组织内部的复杂知识信息往往都是在密集互动过程中传递的。同时，信任减少了双方对机会主义行为的担心，降低了联盟失败的风险。另外，信任还可以促进合理的联盟规则的建立。

第三，正确处理控制、信任和风险之间的关系。基于信任的关系治理并不是不需要控制，关键是根据不同的行业特点和风险类型正确构建控制体系，寻求控制、信任和风险之间的平衡。

（二）探索省际交界区创新要素集聚路径，减少虹吸效应

基于一个城市的案例研究表明，城市技术创新水平、经济发展水平和枢纽地位之间的错配，说明一个具有交通优势的城市如果没有集聚创新要素的产业、制度和环境将严重制约城市的可持续发展。也就是说，借助区域资源禀赋促进创新要素集聚是欠发达省际交界区经济发展的动力。

首先，利用资源禀赋发展特色产业集群，根据产业技术发展趋势实现集群升级，提升集群的规模、质量和品牌知名度。同时，还需要明确集群在产业价值链中的定位，完善集群内部的产业链和技术链，打造创新型集群，推动在产业价值链中的逐步升级。

其次，打破行政壁垒，探索交界区城市合作新模式，打造交界区特色专业大市场，提升区域特色商品集聚与扩散能力，通过隐含于商品内部的物化技术转移

和本地配套生产企业的发展，提升区域创新能力。

五、充分发挥金融发展对创新能力的提升作用，促进区域间协调均衡发展

（一）推动多层次金融市场建设，以扩大金融规模助推区域创新能力提升

在现有以银行业为主的信贷市场背景下，推动以股票市场为主的多层次金融市场建设，在严格审查和加强监督的前提下，鼓励符合条件的公司上市融资，扩大金融规模。

（二）完善金融业竞争体系，以夯实金融深化，助推区域创新能力提升

完善银行、证券、保险三大金融板块的竞争格局，改善保险市场发展相对滞后的现状，开发多种金融产品，加大对中小企业的融资力度，建立主板、中小板、创业板等各种规模企业的资金支持，积极发展保险事业。

（三）积极推动信用体系建设，以改善金融生态环境助推区域创新能力提升

在大力推动城镇化和改革开放的进程中，有针对性地完善法律体系和信用体系建设。技术创新融资的关键在于企业信用，通过推动信用体系建设形成对社会诚信问题的强有力约束，改善区域整体信用环境，降低企业融资成本，提高技术创新融资效率。

（四）合理选择金融发展模式，促进区域创新能力的协调发展

依据区域发展的实际和特点，因地制宜选择金融发展模式，减小区域之间的金融发展差距。加大对中西部地区的资金投入力度和人才培养力度，以改善金融生态环境为抓手，促进金融规模和金融深化的发展，提升企业自主创新能力。

六、以数字经济与可持续发展为契机，探索区域间技术收敛的模式与机制

（一）数字经济驱动下区域间技术收敛的未来

本书研究发现，当技术落后地区在包括互联网基础设施在内的新型基础设施建设水平达到发达地区的水平时，基于在线学习的知识外溢将有助于实现区域间技术扩散。创客空间中创客们的思维在虚拟空间中相互碰撞、互相启发，实现了知识的跨区域传播和扩散。虚拟集群的跨区域特征为区域间技术共享和技术转移提供了有益的发展思路。可见，数字经济的发展一方面有助于提升区域创新能力，另一方面虚拟网络平台突破了传统的空间概念，为区域技术协调发展提供了新的发展思路。在线学习、创客空间、虚拟产业集群体现了从知识学习、知识运用与创新到最终的产业化路径，他们均在虚拟空间中完成，这是数字技术发展到一定阶段的产物。未来，随着数字技术的进一步发展，我国地区间网络基础设施均等化的逐步实现，以及虚拟组织运营和治理机制的进一步完善，这种跨区域的技术转移和知识的扩散必将为区域间技术收敛带来新的动力。

（二）可持续发展目标下的负责任创新将成为未来技术创新的方向

基于欧盟的知识创新社区研究发现，有利于可持续发展目标实现的技术创新联盟是基于知识三角的开放式组织。跨区域技术联盟在实现区域间技术转移和知识扩散的基础上，还需要关注利益相关者的利益和社会问题。同时，在区域协调发展中，包容性发展、包容性创新、技术互助、公共服务均等化、普惠金融、共同富裕等都是不可回避的词语，这些词语不仅为区域间技术收敛的实现机制提供了有益的思路，而且告诉我们区域技术创新能力的提升需要考虑社会责任问题，区域间技术收敛也是一种负责任创新。

七、建立同级行政区域之间政策协调会商机制，增强不同区域之间科技政策的互补性和契合度

在国家层面的区域协调发展政策中，“区域互助”“区域合作”“东中西梯度技术转移”等在国家政策文件中出现，但在省级对应的政策制定中很少涉及跨区域合作、互助和转移的内容。这主要是出于以下三个方面的原因：一是各地区科技政策主要关注本地区技术创新能力提升；二是东部技术发达地区在对技术落后地区的互助、合作和技术转移方面缺乏系统思考和主动性；三是部分中西部技术落后地区在技术引进、寻求帮助以及与技术先进地区合作方面制定了相应的政策，表现为落后地区向先进地区的被动寻求帮助，缺少二者之间的政策契合和主动合作。所以，从省级层面来看，应该在国家相关部门主导下，形成地区之间政策交流沟通的会商机制。

八、构建多层次的科技政策评估体系，保障区域技术协调发展中各项政策的执行

借鉴欧盟及英国的政策评估经验，构建我国科技政策评估体系。主要注意以下几点：第一，明确政策循环。政策循环包括了政策制定前的调研和准备、正式政策制定、政策执行和政策应用。第二，明确政策的评估环节。政策的评估不是效果评估，而是要进行事前的可行性和预期效果评估、事中的监控和过程评估、事后目标达成度和效果评估。评估过程既要关注政策投入也要关注政策产出，还要关注未来影响。第三，制定《国家科技政策评估指南》，明确评估范围、评估方法、评估机构、评估保障机制、评估结果考核等内容。第四，鼓励发展第三方评估机构。为了保障科技政策评估的独立性和有效性，需要委托第三方机构进行。这就需要建立和发展熟悉科技创新理论、科技管理规范以及科技政策理论的专业的第三方评估机构。第五，政策评估需要多层级进行。就科技政策性质而言，包括了科技法律法规、科技条例、科技规划、方案、暂行办法、措施、通

知、公告、指导意见等形式，不同形式的政策有不同的行文方式和内容框架，评估时要根据不同的政策类型考虑不同的评估方法。另外，从纵向角度来看，国家层面的政策需要地方执行，这就涉及国家、省级、县级等多层级的评估。第六，建立完善的政策评估结果激励考核机制。政策评估结果在一定程度上反映了政策本身的正确与否、是否达到目标、未来影响如何等，这些方面都与地方政府执政能力紧密相关。所以，科技政策评估体系及其激励考核机制的建立将对我国科技创新能力的提升发挥重要的促进作用。

参考文献

［1］ Acemoglu D. , Johnson S. , Robinson J. A. , 2002. Reversal of fortune: Geography and institutions in the making of the modern world income distribution ［J］. *The Quarterly Journal of Economics*, 117 (4): 1231-1294.

［2］ ADB. , 2007. *Eminent Persons Group Report* ［R］. Manila: Asian Development Bank.

［3］ Ali I. , Zhuang J. , 2007. *Inclusive growth toward a prosperous Asia: Policy implications* ［Z］. ERD Working Paper Series.

［4］ Allen F. , 1993. Stock markets and resource allocation ［J］. *Capital Markets and Financial Intermediation*, 81: 81-108.

［5］ Al Rahmi W. M. , Yahaya N. , Alamri M. M. , Alyoussef I. Y. , Al-Rahmi A. M. , Kamin Y. B. , 2021. Integrating innovation diffusion theory with technology acceptance model: Supporting students' attitude towards using a massive open online courses (MOOCs) systems ［J］. *Interactive Learning Environments*, 29 (8): 1380-1392.

［6］ Anlimachie M. A. , Avoada C. , Heyneman S. P. , 2020. Socio-economic impact of closing the rural-urban gap in pre-tertiary education in Ghana: Context and strategies ［J］. *International Journal of Educational Development*, (77): 1-12.

［7］ Antonelli C. , Crespif, Christian, 2016. Knowledge composition, Jacobs externalities and innovation performance in European regions ［J］. *Regional Studies*, (11): 1708-1720.

［8］ Antonio K. W. , Lau A. , William L. , 2015. Regional innovation system, absorptive capacity and innovation performance: An empirical study ［J］. *Technological Forecasting & Social Change*, (92): 99-114.

［9］ Arnold, Erik, Martin Bell, John Bessant, Peter Brimble, 2000. *Enhancing Policy and Institutional Support for Industrial Technology Development in Thailand*:

The Overall Policy Framework and the Development of the Industrial Innovation System [M]. Washington: World Bank.

[10] Arora A., Gambardella A., 2010. The market for technology [J]. *Handbook of the Economics of Innovation*, (1): 641-678.

[11] Aschauer D. A., 1989. Is public expenditure productive [J]. *Journal of Monetary Economics*, 23 (2): 177-200.

[12] Aschauer D. A., 1990. Highway capacity and economic growth [J]. *Economic Perspectives*, 14 (9): 14-24.

[13] Baier N., Pieper J., Schweikart J., 2020. Capturing modelled and perceived spatial access to ambulatory healthcare services in rural and urban areas in Germany [J]. *Social Science & Medicine*, 265: 113328.

[14] Balassa B., 1962. The common market and developing nations [J]. *Challenge*, 10 (8): 30-34.

[15] Balassa B., 1994. *The theory of economic integration: An introduction* [M]. London: Palagrave Publishing.

[16] Barney J. B., 1986. Strategic factor markets: Expectations, luck, and business strategy [J]. *Management Science*, 32 (10): 1231-1241.

[17] Battese G. E., Coelli T. J., 1992. Frontier production functions, technical efficiency and panel data: With application to paddy farmers in India [J]. *Journal of Productivity Analysis*, 3 (1): 153-169.

[18] Battese G. E., Coelli T. J., 1995. A model for technical inefficiency effects in a stochastic frontier production function for panel data [J]. *Empirical Economics*, 20 (2): 325-332.

[19] Baumol William J., 1986. Productivity growth, convergence, and welfare: What the long-run data show [J]. *The American Economic Review*, 76 (5): 1072-1085.

[20] Baum Snow N., 2007. Did highways cause suburbanization [J]. *The Quarterly Journal of Economics*, 122 (2): 775-805.

[21] Beck T., Demirgüç-Kunt A., Levine R., 2000. A new database on the structure and development of the financial sector [J]. *The World Bank Economic Review*, 14 (3): 597-605.

[22] Bencivenga V. R., Smith B. D., 1991. Financial intermediation and endogenous growth [J]. *The Review of Economic Studies*, 58 (2): 195-209.

[23] Bergkvist J. E., Moodysson J., Sandström C., 2022. *Third-Generation*

Innovation Policy: *System Transformation or Reinforcing Business as Usual?* [Z].

[24] Bernard, Andrew B., Jones, Charles I., 1996. Technology and convergence [J]. *The Economic Journal*, 106 (437): 1037-1044.

[25] Bianchi C., Menegatti M., 2005. *Neoclassical Versus Technological Convergence*: *An Empirical Analysis Applied to the Italian Regions* [Z].

[26] Bloom, David E., Canning, David, Sevilla, Jaypee, 2002. *Technological Diffusion*, *Conditional Convergence*, *and Economic Growth* [Z].

[27] Boot A. W. A., Thakor A. V., 2000. Can relationship banking survive competition? [J]. *The Journal of Finance*, 55 (2): 679-713.

[28] Boudet F., Macdonald G. K., Robinson B. E., 2020. Rural-urban connectivity and agricultural land management across the Global South [J]. *Global Environmental Change*, (60): 101982.

[29] Boyd Cohen, Esteve Almirall, Henry Chesbrough, 2016. The city as a lab: Open innovation meets the collaborative economy [J]. *California Management Review*, 59 (1): 5-13.

[30] Byrne J. A., 1993. The virtual corporation: The company of the future will be the ultimate in adaptability [J]. *International Business Week*, (2): 36-41.

[31] Cao J. X., Liu X. C., Wang Y. H., et al., 2012. Accessibility impacts of China's high-speed rail network [J]. *Journal of Transport Geography*, 28 (10): 12-21.

[32] Carayannis E. G., Campbell D. F. J., 2010. Triple helix, quadruple helix and quintuple helix and how do knowledge, innovation and the environment relate to each other? A proposed framework for a trans-disciplinary analysis of sustainable development and social ecology [J]. *International Journal of Social Ecology and Sustainable Developement*, (1): 41-69.

[33] Castellacci Fulvio, 2011. Closing the technology gap? [J]. *Review of Development Economics*, 15 (1): 180-197.

[34] Cetorelli N., Gambera M., 2001. Banking market structure, financial dependence and growth: International evidence from industry data [J]. *The Journal of Finance*, 56 (2): 617-648.

[35] Chan Y., 2021. Research on the development of the shenzhen-shanwei special cooperation zone from the perspective of the enclave economy model [J]. *Studies on China's Special Economic Zones*, (4): 137-155.

[36] Chen C. L., Hall P., 2011. The impacts of high-speed trains on British e-

conomic geography: A study of the UK's intercity 125/225 and its effects [J]. *Journal of Transport Geography*, 19 (4): 689-704.

[37] Chen C. L., Hall P., 2012. The wider spatial-economic impacts of high-speed trains: A comparative case study of manchester and lille sub-regions [J]. *Journal of Transport Geography*, 24 (4): 89-110.

[38] Chesnais F., 1988. Technical co-operation agreements between firms [J]. *STI Review*, (4): 51-119.

[39] Ciriello R. F., Richter A., Schwabe G., 2018. Digital innovation [J]. *Business & Information Systems Engineering*, 60 (6): 563-569.

[40] Cohen W., Levinthal D., 1990. Absorptive capability: A new perspective on learning and innovation [J]. *Administrative Science Quarterly*, (1): 128-152.

[41] Cohen W. M., Levinthal D. A., 1989. Innovation and learning: The two faces of R&D [J]. *Economic Journal*, 99 (397): 569-596.

[42] Cooke P., 1996. The new wave of regional innovation networks: Analysis, characteristics and strategy [J]. *Small Business Economics*, 8 (2): 159-171.

[43] Cooke P., Uranga M. C., Etxebarria G., 1997. Regional innovation systems: Institutional and organizational dimensions [J]. *Research Policy*, (26): 475-491.

[44] Costa M., Iezzi S., 2004. Technology spillovers and regional convergence process: A statistical analysis of the Italian case [J]. *Statistical Methods and Applications*, (13): 375-398.

[45] Das T. K., Teng B. S., 2000. A resource-based theory of strategic alliances [J]. *Journal of Management*, 26 (1): 31-36.

[46] Davidson W. H., 1979. Factor endowment, innovation and international trade theory [J]. *Kyklos*, 32 (4): 764-774.

[47] De la Fuente A., Marin J. M., 1996. Innovation, bank monitoring, and endogenous financial development [J]. *Journal of Monetary Economics*, 38 (2): 269-301.

[48] De Long J. Bradford, 1988. Productivity growth, convergence, and welfare: Comment [J]. *The American Economic Review*, 78 (5): 1138-1154.

[49] Demeke M., 1999. Agricultural technology, economic viability and poverty alleviation in Ethiopia [J]. *Agricultural Transformation Policy Workshop*, (6): 27-30.

[50] Desmet K., Parente S. L., 2010. Bigger is better: Market size, demand e-lasticity and innovation [J]. *International Economic Review*, 51 (2): 319-333.

[51] Donaldson D., 2010. Railroads of the raj: Estimating the impact of transportation infrastructure [J]. *American Economic Review*, 108 (4/5): 899-934.

[52] Doz Y., 1996. The evolution of cooperation in strategic alliances: Initial conditions or learning processes [J]. *Strategic Management Journal*, (17): 55-83.

[53] Duranton G., Jayet H., 2011. Is the division of labour limited by the extent of the market? [J]. *Journal of Urban Economics*, 69 (1): 56-71.

[54] EIT, 2013. Vision and mission [EB/OL]. (2021-02-01). http://eit.europa.eu/about-us/mission/.

[55] EIT, 2020a. EIT Country Factsheets 2019/2020. European Institute of Innovation and Technology [EB/OL]. (2020-11-25). https://eit.europa.eu/library/eit-country-factsheets-20192020.

[56] EIT, 2020b. EIT Gender mainstreaming Policy [EB/OL]. (2021-02-01). https://eit.europa.eu/sites/default/files/eit_policy_on_gender_mainstreaming.pdf.

[57] EIT, 2020c. The European institute of innovation & technology [EB/OL]. (2021-02-11). https://eit.europa.eu/sites/default/files/gb_decision_15_2020_final_aar_2019_0.pdf.

[58] EIT, 2022. Vision and Mission [EB/OL]. (2022-03-01). https://eit.europa.eu/who-we-are/eit-glance/mission.

[59] Elvira Uyarra, Barbara Ribeiro, Lisa Dale-Clough, 2019. Exploring the normative turn in regional innovation policy: Responsibility and the quest for public value [J]. *European Planning Studies*, (27): 2359-2375.

[60] Etzkowitz, Henry, Loet Leydesdorff., 1995. The triple helix—university-industry-government relations: A laboratory for knowledge-based economic development [J]. *EASST Review*, (14): 14-19.

[61] Etzkowitz, Henry, Loet Leydesdorff, 2000. The dynamics of innovation: From national systems and "Mode 2" to a triple helix of university-industry-government relations [J]. *Research Policy*, 29 (2): 109-123.

[62] European Commission. Better Regulation Guidelines [EB/OL]. (2017-07-07). https://ec.europa.eu/info/sites/info/files/better-regulation-guidelines.pdf.

[63] Fornell C., Larcker D. F., 1981. Structural equation models with unobservable variables and measurement error: Algebra and statistics [J]. *Journal of Marketing Research*, 18 (1): 382-388.

[64] Freeman C., 1988. *Japan: A New National System of Innovation* [M]. London: Pinter Publishers.

[65] Fuehrer E. C., Ashkanasy N. M., 1998. *The Virtual organization: Defining a Weberian ideal type from the inter-organizational perspective* [Z].

[66] Galbraith J. K., 1967. *The New Industrial State* [M]. London: Hamish Hamilton.

[67] Gallagher K. P., Zarsky L., 2007. *The enclave economy: foreign investment and sustainable development in Mexico's Silicon Valley* [M]. Cambridge: Mit Press.

[68] Galliano D., Magrini M. B., Triboulet P., 2015. Marshall's versus Jacobs' Externalities in Firm Innovation Performance: The Case of French Industry [J]. *Regional Studies*, (11): 1840-1858.

[69] Gerschenkron A., 1962. *Economic Backwardness in Historical Perspective* [M]. Cambridge, MA: Belknap Press.

[70] Gertler M. S., Wolfe D. A., Garkut D., 2000. No place like home? The embeddedness of innovation in a regional economy [J]. *Review of International Political Economy*, 7 (4): 688-718.

[71] Givoni M., 2006. Development and impact of the modern high-speed train: A review [J]. *Transport Rreviews*, 26 (5): 593-611.

[72] Glenn A., Nathan M., Webber C., Mahroum S., 2008. Innovation and the city [J]. *Innovation: Organization & Management*, 10 (2-3): 156-159.

[73] Gomes-Casseres B., 1994. Group versus group: How alliance networks compete [J]. *Harvard Business Review*, 72 (4): 62-74.

[74] Gottmann J., 1957. Megalopolis or the urbanization of the northeastern seaboard [J]. *Economic Geography*, 33 (3): 189-200.

[75] Graham D. J., 2007. Agglomeration, productivity and transport investment [J]. *Journal of Transport Economics and Policy*, 41 (5): 317-343.

[76] Grant R. M., C. Baden-Fuller, 2004. A knowledge accessing theory of strategic alliances [J]. *Journal of Management Studies*, 41 (1): 61-84.

[77] Gulati R., 1995a. Social structure and alliance formation pattern: A longitudinal analysis [J]. *Administrative Science Quarterly*, (40): 619-652.

[78] Gulati R., 1995b. Does familiarity breed trust? The implications of repeated ties for contractual choice in alliances [J]. *Academy of Management Journal*, (38): 85-112.

[79] Gulati R., H. Singh, 1997. The architecture of cooperation: Managing coordination costs and appropriation concerns in strategic alliances [J]. *Administrative Science Quarterly*, 43 (4): 781-814.

[80] Gulati R., J. Westphal, 1997. *The dark side of embeddedness: An examination of the influence of direct and indirect board interlocks and CEO/board relationships on interfirm alliances* [R]. Working Paper, llinois: Northwestern University.

[81] Gulati R., P. Lawrence, 1997. *Organizing vertical networks: A design perspective* [R]. Working Paper, llinois: Northwestern University.

[82] Gutiérrez J., Gonzúlez R., Gomez G., 1996. The European high-speed train network: Predicted effects on accessibility patterns [J]. *Journal of Transport Geography*, 4 (4): 227-238.

[83] Habbakuk H. J., 1962. *American and British Technology in the 19th Century* [M]. Cambridge: Cambridge University Press.

[84] Hagedoorn J., J. Schakenraad, 1990. *Strategic partnering and technological cooperation* [M]. Dordrecht: Kluwer.

[85] Hair Jr., Hult G. T. M., Ringle C., Sarstedt M., 2013. *A primer on partial least squares structural equation modeling (PLS-SEM)* [M]. Califormia: SAGE Publications.

[86] Hamel G., 1991. Competition for competence and inter-partner learning within international strategic alliances [J]. *Strategic Management Journal*, (12): 83-103.

[87] Hanafi N., Abdullah N. A. C., Yusoh M. P., Ismail I. L. M., 2021. Innovation diffusion impact on students' online platform participation [J]. *Journal of Entrepreneurship and Business*, 9 (1): 118-132.

[88] Harrigan K. R., 1986. *Managing for Joint Ventures Success* [M]. Lexington: Lexington Books.

[89] Harrigan K. R., 1987. *Strategic alliances: Form, autonomy and performance* [R]. Manhattan: Columbia University.

[90] Hartmann D., 2014. *Economic complexity and human development* [M]. London: Routledge.

[91] Hayek F. A., 1945. The use of knowledge in society [J]. *American Economic Review*, 35 (4): 519-530.

[92] Herbold R. J., 2004. Sustaining the nation's innovation ecosystem: Maintaining the strength of our science & engineering capabilities [C]. *Washington, DC*:

In a Meeting of the President' s Council of Advisors on Science and Technology.

[93] Hicks J. R. , 1932. *Theory of Wages* [M] . London: MacMillan Press.

[94] Himmelberg C. P. , Petersen B. C. , 1994. R & D and internal finance: A panel study of small firms in high-tech industries [J] . *The Review of Economics and Statistics*, 76 (1): 38-51.

[95] Hladik K. J. , 1985. *International Joint Ventures* [M] . Lexington, MA: Lexington Books.

[96] Hsu P. H. , Tian X. , Xu Y. , 2014. Financial development and innovation: Cross - country evidence [J] . *Journal of Financial Economics*, 112 (1): 116-135.

[97] Iammarino S. , Rodriguez-Pose A. , Storper M. , 2018. Regional Inequality in Europe: *Evidence. Theory and Policy Implications* [D] . Utrecht: Utrecht University.

[98] Jensen R. T. , Miller N. H. , 2018. Market Integration, Demand and the Growth of Firms: Evidence from a Natural Experiment in India [J] . *American Economic Review*, 108 (12): 3583-3625.

[99] Justman M. , M. Teubal. , 1986. Innovation policy in an open economy: A normative approach to strategic and tactical issues [J] . *Research Policy*, (15): 121-138.

[100] Jöreskog K. G. , 1971. Simultaneous factor analysis in several populations [J] . *Psychometrika*, 36 (4): 409-426.

[101] Karnani A. , 2007. The mirage of marketing to the bottom of the pyramid: How the private sector can help alleviate poverty [J] . *California Management Review*, 49 (4): 90-111.

[102] Karnani A. G. , 2006. Fortune at the Bottom of the Pyramid: A Mirage. *California Management Review* [Z] . Social Science Research, Network.

[103] King R. G. , Levine R. , 1993. Finance, entrepreneurship and growth [J] . *Journal of Monetary Economics*, 32 (3): 513-542.

[104] Kline S. J. , N. Rosenberg, 1986. *An Overview of Innovation. The Positive Sum Strategy: Harnessing Technology for Economic Growth* [M] . Washington D. C: National Academic Press.

[105] Kogut B. , 1988. Joint ventures: Theoretical and empirical perspectives [J] . *Strategic Management Journal*, 9 (4): 319-332.

[106] Kogut B. , 1989. The stability of joint ventures: Reciprocity and competitive rivalry [J] . *Journal of Industrial Economics*, (38): 183-198.

[107] Kogut B., W. Shan, G. Walker, 1992. *The make or cooperate decision in the context of an industry network* [M]. Cambridge: Harvard Business School Press.

[108] Krugman, 1991. Increasing returns and economic geography [J]. *Journal of Political Geography*, (99): 183-199.

[109] La Porta R., Lopez-de-Silanes F., Shleifer A., 2002. Government ownership of banks [J]. *The Journal of Finance*, 57 (1): 265-301.

[110] Leontief W., 1956. Factor proportions and the structure of American trade: Further theoretical and empirical analysis [J]. *The Review of Economics and Statistics*, 38 (4): 386-407.

[111] Levinthal D. A., M. Fichman, 1988. Dynamics of interorganizational attachments: Auditor-client relationships [J]. *Administrative Science Quarterly*, (33): 345-369.

[112] Lipscomb M., A. M. Mobarak, 2017. Decentralization and Pollution Spillovers: Evidence from the Re-drawing of country borders in Brazil [J]. *Revies of Economic Studies*, 84 (1): 464-502.

[113] Lucas Robert E. Jr., 1988. On the Mechanics of Economic Development [J]. *Journal of Monetary Economics*, (22): 3-42.

[114] Lundvall B. A., 1988. *Innovation as an Interactive Process: From User-Producer Interaction to National Systems of Innovation* [M]. London: Pinter Publishers.

[115] Lundvall B. A., 1992. *National Systems of Innovation: Towards a Theory of Innovation and Interactive Learning* [M]. London: Pinter.

[116] Macey J. R., Miller G. P., 1997. Universal banks are not the answer to America's corporate governance "problem": A look at Germany, Japan, and the US [J]. *Journal of Applied Corporate Finance*, 9 (4): 57-73.

[117] Mariti P., R. H. Smiley, 1983. Co-operative agreements and the organization of industry [J]. *Journal of Industrial Economics*, 31 (4): 437-451.

[118] Martin M. H., 2003. *Factors influencing faculty adoption of web-based courses in teacher education programs within the State University of New York* [D]. Virginia: Virginia Polytechnic Institute and State University.

[119] McGregor Jr., Eugene B., Campbell Alan K., Macy Anthony Itua, Cleveland Harlan, 1982. Symposium: The Public Service as Institution [J]. *Public Administration Review*, 42 (4): 304-320.

[120] Meric S. Gertler, David A. Wolfe, David Garkut, 2000. No place like home? The embeddedness of innovation in a regional economy [J]. *Review of Interna-*

tional Political Economy, 7 (4): 688-718.

[121] Michael Scriven, 1994. Evaluation as a discipline [J]. Studies in Educational Evaluation, (20): 147-156.

[122] Moreno R., López-Bazo E., 2007. Returns to local and transport infrastructure under regional spillovers [J]. *International Regional Science Review*, 30 (1): 47-71.

[123] Morris L., 2009. The Innovation infrastructure [J]. *International Journal of Innovation Science*, 1 (1): 41-49.

[124] Mortazavi S., Eslami M. H., Hajikhani A., Väätänen J., 2021. Mapping inclusive innovation: A bibliometric study and literature review [J]. *Journal of Business Research*, (122): 736-750.

[125] Mowery D. C., J. E. Oxley, B. S. Silverman, 1996. Strategic alliances and interfirm knowledge transfer [J]. *Strategic Management Journal*, (17): 77-91.

[126] Müller K. H., 2013. *Non-linear innovations. Encyclopedia of creativity, invention, innovation, and entrepreneurship* [J]. *International Regional Science Review*, 30 (1): 47-71.

[127] Murphy Kevin, Andrei Shleifer, Robert Vishny, 1989. Industrialization and the big push [J]. *Journal of Political Economy*, 87 (5): 1003-1026.

[128] Myrdal G., 1957. *Economic Theory and Underdeveloped Regions* [M]. London: Harper & Row.

[129] Mytelka L. K., 1991. *Strategic Partnerships and the World Economy* [M]. London: Pinter.

[130] Nanda R., Nicholas T., 2014. Did bank distress stifle innovation during the Great Depression? [J]. *Journal of Financial Economics*, 114 (2): 273-292.

[131] Nanda R., Rhodes-Kropf M., 2017. Financing risk and innovation [J]. *Management Science*, 63 (4): 901-918.

[132] Nohria N., C. Garcia-Pont, 1991. Global strategic linkages and industry structure [J]. *Strategic Management Journal*, (12): 105-124.

[133] North D. C., 1990. A transaction cost theory of politics [J]. *Journal of Theoretical Politics*, 2 (4): 355-367.

[134] OECD, 1986. *Technical Cooperation Agreements between Firms: Some Initial Data and Analysis* [R]. Paris: OECD Publishing.

[135] OECD, 2001. *Innovative Clusters: Drivers of National Innovation Systems* [R]. Paris: OECD Publishing.

[136] Okabe S., 1979. *Impact of the Sanyo Shinkansen on local communities* [M]. Oxford: Pergamon Press.

[137] Park S. H., Ungson G. R., 2001. Interfirm rivalry and managerial complexity: A conceptual framework of alliance failure [J]. *Organization Science*, 12 (1): 37-53.

[138] Pawson R., Tilley N., 1997. *Realistic Evaluation* [M]. London: Sage Publishing.

[139] Penrose E. T., 1959. *The Theory of the Growth of the Firm* [M]. Wiley, New York.

[140] Peris-Ortiz M., Ferreira J., Farinha L., Fernandes N., 2016. *Introduction to Multiple Helix Ecosystems for Sustainable Competitiveness* [M]. Switzerland: Springer Cham.

[141] Pfeffer J., P. Nowak, 1976. Joint venture and interorganizational interdependence [J]. *Administrative Science Quarterly*, 21 (3): 398-418.

[142] Pisano G. P., M. V. Russo, D. Teece, 1988. *Joint Ventures and Collaborative Arrangements in the Telecommunications Equipment Industry* [M]. Cambridge, MA Ballinger.

[143] Porat M. U., 1977. *The Information Economy: Definition and Measurement* [M]. Washington: U. S. Government Printing Office.

[144] Porter M. E., 1998. Clusters and the new economics of competition [J]. *Harvard Business Review*, 76 (6): 77-90.

[145] Posner M. V., 1961. International trade and technical change [J]. *Oxford Economic Papers*, 13 (3): 323-341.

[146] Prahalad C. K., 2008. The fortune at the bottom of the pyramid: Eradicating poverty through profits [J]. *McKinsey Briefing Notes Series*, 36 (3): 52-74.

[147] Prahalad C. K., Hart S. L., 2002. The fortune at the bottom of the pyramid [J]. *Strategy Business*, (26): 54-67.

[148] Preacher K. J., Hayes A. F., 2008. Asymptotic and resampling strategies for assessing and comparing indirect effects in multiple mediator models [J]. *Behavior Research Methods*, 40 (3): 879-891.

[149] Preston D. A., 1975. Rural-urban andinter-settlement interaction: Theory and analytical structure [J]. *Area*, 7 (3): 171-174.

[150] Raffaini M., 2001. The virtual organisation [C]. In *Proceedings of the 7th International Conference on Concurrent Enterprising.*

[151] Raton P., 1958. Les enclaves [J]. *Annuaire Français de Droit International*, 4 (1): 186-195.

[152] Rauniyar G., Kanbur R., 2010. Inclusive growth and inclusive development: A review and synthesis of Asian development bank literature [J]. *Journal of the Asia Pacific Economy*, 15 (4): 455-469.

[153] Ring P. S., A. H. Van De Ven, 1994. Developmental processes of cooperative interorganizational relationships [J]. *Academy of Management Review*, 19 (1): 90-118.

[154] Rivera L., Sheffi Y., Welsch R., 2014. Logistics agglomeration in the US [J]. *Transportation Reserch Part A*, (59): 222-238.

[155] Rogers E. M., 2003. *Diffusion of innovations* [M]. New York: Free Press.

[156] Romer Paul M., 1986. Increasing returns and long-run growth [J]. *The Journal of Political Economy*, 94 (5): 1002-1037.

[157] Romer P. M., 1990. Endogenous technological change [J]. *Journal of political Economy*, 98 (5): 71-102.

[158] Roper S., Love J. H., 2006. Innovation and regional absorptive capacity: The labour market dimension [J]. *The Annals of Regional Science*, (40): 437-447.

[159] Rosenstein-Rodan Paul, 1943. Problems of industrialization of eastern and south eeastern europe [J]. *Economic Journal*, (53): 202-211.

[160] Rostow W. W., 1960. *The stages of economic growth: A non-communist manifesto* [M]. Cambridge: Cambridge University Press.

[161] Sands B., 1993. *The development effects of high-speed rail stations and implications for California* [R]. Sacramento: California High SpeedRail Series.

[162] Schot J., Steinmueller E., 2018. *Framing innovation policy for transformative change: Innovation policy* 3.0 [Z]. SPRU Science Policy Research Unit.

[163] Schultz T. W., 1961. Investment in human capital [J]. *American Economic Review*, 51 (1): 1-17.

[164] Seale E., 2013. Coping strategies of urban and rural welfare organizations and the regulation of the poor [J]. *New Political Economy*, 18 (2): 141-170.

[165] Sheffi Y., 2012. *Logistics Clusters Delivering Value and Driving Growth* [M]. Massachusetts: The MIT Press.

[166] Sheffi Y., 2013. *Handbook of Global Logsitics* [M]. New York: Springer Publishing.

[167] Solow, 1956. A contribution to the theory of economic growth [J] . *The Quarterly Journal of Economics*, 70 (1): 65-94.

[168] Stigler G. J. , 1951. The division of labor is limited by the extent of the market [J] . *Journal of Political Economy*, 59 (3): 185-193.

[169] Stilgoe J. , Owen R. , Macnaghten P. , 2020. Developing a framework for responsible innovation [J] . *Research Policy*, 42 (9): 1568-1580.

[170] Tacoli C, 2003. The links between urban and rural development [J] . *Environment & Urbanization*, 15 (1): 3-12.

[171] Tassey G. , 1996. *Infratechnologies and economic growth*. Technological Infrastructure Policy [M] . Den Hang: Kluwer Academic Publishers.

[172] Todaro M. P. , 1969. A model of labor migration and urban unemployment in less developed countries [J] . *American Economic Review*, (1): 138-148.

[173] Topel R. H. , 1986. Local labor markets [J] . *Journal of Political Economy*, (1): 111-143.

[174] Travica Bob, 1997. The design of the virtual organization: A research model [J] . *Americas Conference*, (8): 15-17.

[175] Vedung E. , 2010. Four waves of evaluation diffusion [J] . *Evaluation*, 16 (3): 263-277.

[176] Venables A. J. , 2004. Evaluating urban transport improvements: Cost-benefit analysis in the presence of agglomeration and income taxation [J] . *Journal of Transport Economics & Policy*, 41 (2): 173-188.

[177] Vickeman R. , 2015. High-speed rail and regional development: The case of intermediate stations [J] . *Journal of Transport Geography*, 42 (6): 157-165.

[178] Voegtlin C. , Scherer A. G. , 2017. Responsible innovation and the innovation of responsibility: Governing sustainable development in a globalized world [J] . *Journal of Business Ethics*, Journal of Business Ethics, 143 (2): 227-243.

[179] Von Hippel E. , 1994. "Sticky information" and the locus of problem solving: Implications for innovation [J] . *Management Science*, 40 (4): 429-439.

[180] Von Schomberg R. , 2019. *International handbook on responsible innovation* [M] . London: Edward Elgar Publishing.

[181] Waldheim C. , Berger A. , 2008. Logistics landscape [J] . *Landscape Journal*, 27 (2): 219-246.

[182] Waldinger R. , 1993. The ethnic enclave debate revisited [J] . *International Journal of Urban and Regional Research*, (17): 444-452.

［183］ Wernerfelt B.，1984. A resource-based view of the firm ［J］. *Strategic Management Journal*，5（2）：171-180.

［184］ Winner L.，1977. *Autonomous Technology*：*Technics Out of Control as a Theme in Political Thought* ［M］. Cambridge：MIT Press.

［185］ Yang W. N.，X. L. Liu，Y. Zou.，2008. Research on the security of innovation resource sharing in regional large technology alliance ［J］. *Science of Science and Management of Science and Technology*，（10）：134-139.

［186］ Yoo Y.，Boland Jr R. J.，Lyytinen K.，Majchrzak A.，2012. Organizing for innovation in the digitized world ［J］. *Organization Science*，23（5）：1398-1408.

［187］ Yoo Y.，Henfridsson O.，Lyytinen K.，2010. Research commentary-The new organizing logic of digital innovation：An agenda for information systems research ［J］. *Inf Syst Res*，21（4）：724-735.

［188］ Young Allyn A.，1928. Increasing returns and economic progress ［J］. *Economic Journal*，（38）：527-542.

［189］ Young A.，2000. The razor's edge：Distortions and incremental reform in the people's republic of China ［J］. *Quarterly Journal of Economics*，115（4）：1091-1135.

［190］ Zajac E. J.，C. P. Olsen，1993. From transaction cost to transactional value analysis：Implications for the study of interorganizational strategies ［J］. *Journal of Management Studies*，30（1）：131-145.

［191］ Zarifa D.，Seward B.，Milian R. P.，2019. Location，location，location：Examining the rural-urban skills gap in Canada ［J］. *Journal of Rural Studies*，（72）：252-263.

［192］ Zhou C.，Etzkowitz H.，2021. Triple helix twins：A framework for Achieving innovation and UN sustainable development goals ［J］. *Sustainability*，13（12）：6535.

［193］ 安孟，张诚. 数字经济发展能否提升中国区域创新效率［J］. 西南民族大学学报（人文社会科学版），2021，42（12）：99-108.

［194］ 卞元超，吴利华，白俊红. 高铁开通、要素流动与区域经济差距［J］. 财贸经济，2018，39（6）：147-161.

［195］ 卜茂亮，高彦彦，张三峰. 市场一体化与经济增长：基于长三角的经验研究［J］. 浙江社会科学，2010（6）：11-17.

［196］ 蔡竞，董艳. 银行业竞争与企业创新——来自中国工业企业的经验证

据［J］．金融研究，2016（11）：96-111.

［197］蔡武，陈广汉．异质型人力资本溢出、劳动力流动与城乡收入差距［J］．云南财经大学学报，2013，29（6）：24-32.

［198］蔡秀玲，陈贵珍．乡村振兴与城镇化进程中城乡要素双向配置［J］．社会科学研究，2018（6）：51-58.

［199］车冰清，朱传耿，仇方道．淮海经济区城乡空间融合格局及形成机制［J］．自然资源学报，2020，35（8）：1897-1907.

［200］陈红霞，席强敏．京津冀城市劳动力市场一体化的水平测度与影响因素分析［J］．中国软科学，2016（2）：81-88.

［201］陈劲，阳镇，张月遥．共同富裕视野下的中国科技创新：逻辑转向与范式创新［J］．改革，2022（1）：1-15.

［202］陈婧．智能城市建设中的知识管理和知识服务研究［M］．北京：人民邮电出版社，2015.

［203］陈坤秋，龙花楼．中国土地市场对城乡融合发展的影响［J］．自然资源学报，2019，34（2）：221-235.

［204］陈向东，王磊．基于专利指标的中国区域创新的俱乐部收敛特征研究［J］．中国软科学，2007（10）：76-85.

［205］陈甬军，丛子薇．更好发挥政府在区域市场一体化中的作用［J］．财贸经济，2017，38（2）：5-19.

［206］陈玉玲，路丽，赵建玲．区域创新要素协同发展水平测度及协同机制构建——以京津冀地区为例［J］．工业技术经济，2021，40（4）：129-133.

［207］程都．创新要素流动新趋势研究［J］．经济研究参考，2019（5）：58-71.

［208］程雁，李平．创新基础设施对中国区域技术创新能力影响的实证分析［J］．经济问题探索，2007（9）：51-54.

［209］道格拉斯·C. 诺斯．制度、制度变迁和经济绩效［M］．上海：格致出版社，2014.

［210］邓峰，冯福博，杨小东．市场分割、数字经济与区域创新效率［J］．统计与决策，2022，38（9）：17-20.

［211］邓乐平，孙从海．科技创新与资本市场——理论与经验的考查［J］．金融研究，2001（9）：78-84.

［212］杜兴强，彭妙薇．高铁开通会促进高级人才的流动吗？［J］．经济管理，2017（12）：89-107.

［213］范子英，周小昶．财政激励、市场一体化与企业跨地区投资——基于

所得税分享改革的研究［J］．中国工业经济，2022（2）：118-136.

［214］房琳琳，俞慧友．那一年，总书记在这里正式提出“精准扶贫”［N］．科技日报，2021-04-28.

［215］冯根福，郑明波，温军，张存炳．究竟哪些因素决定了中国企业的技术创新——基于九大中文经济学权威期刊和A股上市公司数据的再实证［J］．中国工业经济，2021（1）：17-35.

［216］冯伟，徐康宁．交通基础设施与经济增长：一个文献综述［J］．产经评论，2013（3）：61-70.

［217］冯云廷．飞地经济模式及其互利共赢机制研究［J］．财经问题研究，2013（7）：94-102.

［218］付桂军，齐义军．“飞地经济”研究综述［J］．经济纵横，2013（12）：113-116.

［219］傅家骥．技术创新——中国企业发展之路［M］．北京：企业管理出版社，1992.

［220］傅晓霞，吴利学．技术差距、创新路径与经济赶超——基于后发国家的内生技术进步模型［J］．经济研究，2013（6）：19-32.

［221］盖文启．论区域经济发展与区域创新环境［J］．学术研究，2002（1）：60-63.

［222］盖骁敏，张文娟．中国产业集聚发展演变趋势探讨——基于“中心外围”模型的分析［J］．山东大学学报（哲学社会科学版），2011（6）：32-37.

［223］甘清华，陈淑梅．产业结构升级视角下市场一体化对地区经济增长的影响［J］．产业经济研究，2021（5）：40-53.

［224］高宏霞，王成．创新要素集聚、空间关联与房地产价格调控［J］．江汉论坛，2021（6）：20-29.

［225］高太山，柳卸林，周江华．中国区域包容性创新绩效测度——理论模型与实证检验［J］．科学学研究，2014，32（4）：613-621+592.

［226］弓媛媛，刘章生．金融结构与绿色技术进步：理论模型、影响效应及作用机制［J］．经济经纬，2021，38（5）：151-160.

［227］关延鑫，刘里卿，周辉．从河北省视角看京津冀技术市场一体化建设［J］．科技中国，2021（5）：78-83.

［228］郭丽燕，庄惠明．人力资本流动、空间溢出与经济增长：新经济地理学的视角［J］．东南学术，2022（3）：148-158.

［229］郭鹏飞，胡歆韵．基础设施投入、市场一体化与区域经济增长

[J]．武汉大学学报（哲学社会科学版），2021，74（6）：141-157.

［230］郭熙保，桂立．中部地区金融发展影响技术创新的实证研究——基于省级面板数据的系统 GMM 估计［J］．中南民族大学学报（人文社会科学版），2017，37（1）：117-124.

［231］郭晓鸣，张克俊，高杰．推进城乡要素自由流动体制机制改革的探索与思考——以成都市为例［J］．经济论坛，2016（1）：100-106.

［232］海峰，靳小平，贾兴洪．物流集群的内涵与特征辨析［J］．中国软科学，2016（8）：137-148.

［233］郝汉舟，刘彦文，沈琼婕，左珂怡，蔡思倩．创新要素流动及影响因素研究述评［J］．技术经济，2020，39（5）：142-148.

［234］贺灵，付丽娜．创新要素协同、市场化改革与制造业高质量发展［J］．财经理论与实践，2021，42（6）：126-131.

［235］侯晓东，朱巧玲，万春芳．百年共同富裕：演进历程、理论创新与路径选择［J］．经济问题，2022（2）：1-8.

［236］胡航军，张京祥．创新型反向飞地：飞地经济模式的跨梯度创新发展［J］．城市规划，2022（9）：15-24.

［237］胡善成，靳来群，刘慧宏．金融结构对技术创新的影响研究［J］．中国科技论坛，2019（10）：33-42.

［238］黄玖立，李坤望．出口开放、地区市场规模和经济增长［J］．经济研究，2006（6）：27-38.

［239］黄小明．收入差距、农村人力资本深化与城乡融合［J］．经济学家，2014，1（1）：84-91.

［240］吉瑞．促进包容性创新，推进共同富裕［J］．华东科技，2022（1）：42-45.

［241］蒋永穆，周宇晗．改革开放 40 年城乡一体化发展：历史变迁与逻辑主线［J］．贵州财经大学学报，2018（5）：1-10.

［242］焦必方，林娣，彭婧妮．城乡一体化评价体系的全新构建及其应用——长三角地区城乡一体化评价［J］．复旦学报（社会科学版），2011（4）：75-83.

［243］解安．中国特色：城乡互动的双向流动模型［J］．天津商业大学学报，2011，31（5）：3-7.

［244］金成武．中国城乡融合发展与理论融合：兼谈当代发展经济学理论的批判借鉴［J］．经济研究，2019，54（8）：183-197.

［245］金通，骆君函．技术市场发展对工业转型升级的影响［J］．社会科

学战线，2021（7）：258-263.

［246］金雪军，郭娅，李江东．论技术市场与资本市场的对接［J］．科学管理研究，2004（2）：110-112.

［247］金雪军，刘汝姣．技术市场与资本市场对接的模式分析及应用［J］．软科学，2004（5）：26-28+32.

［248］鞠晓生，卢荻，虞义华．融资约束、营运资本管理与企业创新可持续性［J］．经济研究，2013，48（1）：4-16.

［249］黎文勇，杨上广．市场一体化、城市功能专业化与经济发展质量：长三角地区的实证研究［J］．软科学，2019，33（9）：7-12.

［250］李光泗，徐翔．技术引进与地区经济收敛［J］．经济学（季刊），2008（3）：983-996.

［251］李国正．城乡二元体制、生产要素流动与城乡融合［J］．湖湘论坛，2020，33（1）：24-32.

［252］李华民，廉胜南，吴非．银行业发展提升区域创新绩效了吗？［J］．金融论坛，2018，23（6）：11-23.

［253］李君华，彭玉兰．中心—外围模型的错误和再求解：对克鲁格曼解法的质疑［J］．经济学（季刊），2011，10（3）：1105-1130.

［254］李苗苗，肖洪钧，赵爽．金融发展、技术创新与经济增长的关系研究：基于中国的省市面板数据［J］．中国管理科学，2015，23（2）：162-169.

［255］李民圣．新时代中国经济的两大主题：创新与共同富裕［J］．马克思主义与现实，2019（1）：99-105.

［256］李勤，张元红，张军，孙祥栋，刘晓婷，罗丹．城乡统筹发展评价体系：研究综述和构想［J］．中国农村观察，2009（5）：2-10+22+95.

［257］李晓龙，冉光和，郑威．金融发展、空间关联与区域创新产出［J］．研究与发展管理，2017，29（1）：55-64.

［258］李欣泽，纪小乐，周灵灵．高些能改善企业的资源配置吗？——来自中国工业企业数据库和高铁地理数据的围观证据［J］．经济评论，2017（6）：3-21.

［259］李雪松，孙博文．高铁开通促进了地区制造业集聚吗？——基于京广高铁的准自然实验研究［J］．中国软科学，2017（7）：81-90.

［260］李雪，吴福象，竺李乐．数字经济与区域创新绩效［J］．山西财经大学学报，2021，43（5）：17-30.

［261］李妍．论构建城乡劳动力市场一体化的就业新体系［J］．学术论坛，2016，39（10）：72-77.

［262］厉以宁．走向城乡一体化：建国60年城乡体制的变革［J］．北京大学学报（哲学社会科学版），2009，46（6）：5-19.

［263］廉军伟，曾刚．科创飞地嵌入区域协同创新网络的运行机理：以浙江新昌县为例［J］．科技管理研究，2021，41（16）：1-8.

［264］梁碧波．产业转移、要素流动与结构优化：基于中心-外围模型的理论分析和实证检验［J］．经济问题探索，2016（4）：88-96.

［265］廖才茂．低梯度陷阱与跨梯度超越：对一个发展理论的思考［J］．当代财经，2002（9）：11-14.

［266］林毅夫，董先安，殷韦．技术选择、技术扩散与经济收敛［J］．财经问题研究，2004（6）：3-10.

［267］刘春芳，张志英．从城乡一体化到城乡融合：新型城乡关系的思考［J］．地理科学，2018，38（10）：1624-1633.

［268］刘迪．技术市场发展推动了中国产业结构转型升级吗？［J］．河北经贸大学学报，2020，41（2）：73-81.

［269］刘芳．高速铁路、知识溢出与城市创新发展：来自278个城市的证据［J］．财贸研究，2019（4）：14-29.

［270］刘凤朝，马荣康．区域间技术转移的网络结构及空间分布特征研究：基于我国2006-2010省际技术市场成交合同的分析［J］．科学学研究，2013，31（4）：529-536.

［271］刘建国，王佳卉．公共物品供给效率、人力资本流动与城市创新水平［J］．统计与决策，2021，37（15）：144-147.

［272］刘明辉，卢飞．城乡要素错配与城乡融合发展：基于中国省级面板数据的实证研究［J］．农业技术经济，2019（2）：33-46.

［273］刘生龙，胡鞍钢．交通基础设施与经济增长：中国区域差距的视角［J］．中国工业经济，2010（4）：14-23.

［274］刘夏明，魏英琪，李国平．收敛还是发散？——中国区域经济发展争论的文献综述［J］．经济研究，2004（7）：70-81.

［275］刘先江．马克思恩格斯城乡融合理论及其在中国的应用与发展［J］．社会主义研究，2013（6）：36-40.

［276］刘勇政，李岩．中国的高速铁路建设与城市经济增长［J］．金融研究，2017（11）：18-33.

［277］刘友金，吕政．梯度陷阱、升级阻滞与承接产业转移模式创新［J］．经济学动态，2012（11）：21-27.

［278］卢洪友．中国基本公共服务均等化进程报告［M］．北京：人民出版

社，2012.

［279］卢丽文，张毅，李小帆，李永盛．长江中游城市群发展质量评价研究［J］．长江流域资源与环境，2014，23（10）：1337-1343.

［280］罗新阳．城乡融合：和谐社会的根基：从生态视角审视［J］．桂海论丛，2005（5）：51-53.

［281］罗勇根，杨金玉，陈世强．空气污染、人力资本流动与创新活力：基于个体专利发明的经验证据［J］．中国工业经济，2019（10）：99-117.

［282］吕静韦，董微微．创新要素、创新环境与经济增长［J］．统计与决策，2021，37（9）：92-96.

［283］吕拉昌，辛晓华，陈东霞．城市创新基础设施空间格局与创新产出：基于中国290个地级及以上城市的实证分析［J］．人文地理，2021，36（4）：104-113+125.

［284］马乐，洪亮，张弛．智慧共享基础设施在新型智慧城市建设中的应用［J］．中小企业管理与科技，2018（36）：171-172.

［285］马明．网络基础设施对区域创新能力影响的实证检验［J］．统计与决策，2015（3）：98-101.

［286］马明，薛晓达，赵国浩．交通基础设施、人力资本对区域创新能力影响的实证研究［J］．北京理工大学学报（社会科学版），2018，20（1）：95-101.

［287］马燕坤，肖金成．都市区、都市圈与城市群的概念界定及其比较分析［J］．经济与管理，2020，34（1）：18-26.

［288］毛艳华．区域创新系统的内涵及其政策含义［J］．经济学家，2007（2）：84-90.

［289］孟维福，贾鑫晶，杨兆廷．金融发展、制度环境优化与技术创新：基于空间杜宾模型的实证检验［J］．江汉论坛，2020（8）：29-36.

［290］米展．金融发展对企业技术创新模式影响研究：基于中国高技术产业的实证分析［J］．审计与经济研究，2016，31（6）：112-120.

［291］宁志中，张琦．乡村优先发展背景下城乡要素流动与优化配置［J］．地理研究，2020，39（10）：2201-2213.

［292］牛芳．新时期加速我国技术转移的战略研究［D］．北京：北京机械工业学院，2005.

［293］欧阳华．粤桂产业转移梯度陷阱问题研究［J］．河北科技大学学报（社会科学版），2017，17（2）：19-24.

［294］潘家栋，包海波．创新飞地的发展动向与前景展望［J］．浙江学刊，

2021（3）：125-131.

［295］潘雄锋，刘凤朝．基于区域比较的中国工业企业技术创新效率研究［J］．管理评论，2010（2）：59-64.

［296］裴长洪，倪江飞，李越．数字经济的政治经济学分析［J］．财贸经济，2018，39（9）：5-22.

［297］彭国华．技术能力匹配、劳动力流动与中国地区差距［J］．经济研究，2015（1）：99-110.

［298］彭宇光．广西北部湾城市群市场一体化水平研究［J］．经济研究参考，2019（24）：70-82.

［299］强永昌，杨航英．市场一体化、空间溢出与区域出口质量升级：基于长三角市场一体化的经验分析［J］．国际贸易问题，2021（10）：1-16.

［300］阮建青，王凌，李垚．创新差异的基因解释［J］．管理世界，2016（6）：107-117.

［301］沈坤荣，孙占．新型基础设施建设与我国产业转型升级［J］．中国特色社会主义研究，2021（1）：52-57.

［302］史丹，李少林．排污权交易制度与能源利用效率——对地级及以上城市的测度与实证［J］．中国工业经济，2020（9）：5-23.

［303］舒尔茨．人力资本投资［M］．北京：商务印书馆，1990.

［304］斯通曼．技术变革的经济分析［M］．北京：机械工业出版社，1989.

［305］宋德勇，李超，李项佑．新型基础设施建设是否促进了绿色技术创新的“量质齐升”——来自国家智慧城市试点的证据［J］．中国人口·资源与环境，2021，31（11）：155-164.

［306］宋锦．中国劳动力市场一体化的主要问题研究［J］．东南大学学报（哲学社会科学版），2016（6）：103-109+148.

［307］宋昱雯，于渤．虚拟产业集群组织模式探析及政策建议［J］．中国科技论坛，2008（11）：52-56.

［308］苏剑，邵宇佳，陈丽娜．中国市场一体化进程：趋势、成效与建议［J］．社会科学辑刊，2021（3）：157-170.

［309］孙博文，孙久文．长江经济带市场一体化的空间经济增长与非对称溢出效应［J］．改革，2019（3）：72-86.

［310］孙久文，李恒森．我国区域经济演进轨迹及其总体趋势［J］．改革，2017（7）：16-29.

［311］孙立梅，肖卉，李晓娣．区域金融发展对技术创新的作用［J］．科技管理研究，2018，38（8）：18-26.

［312］孙伍琴．论不同金融结构对技术创新的影响［J］．经济地理，2004（2）：182-186.

［313］孙元元，张建清．市场一体化与生产率差距：产业集聚与企业异质性互动视角［J］．世界经济，2017，40（4）：79-104.

［314］唐恩斌，张梅青．交通基础设施、R&D 空间关联与区域创新能力实证检验［J］．统计与决策，2019，35（11）：132-135.

［315］唐为．要素市场一体化与城市群经济的发展：基于微观企业数据的分析［J］．经济学（季刊），2021，21（1）：1-22.

［316］陶长琪，徐茉．经济高质量发展视阈下中国创新要素配置水平的测度［J］．数量经济技术经济研究，2021，38（3）：3-22.

［317］王必好，梁荣成．创新要素投入产出效率随机变动测度与结果分析［J］．科技进步与对策，2021，38（24）：18-27.

［318］王海南，崔长彬．京津冀劳动力市场一体化水平测度与完善对策［J］．经济纵横，2020（8）：40-51.

［319］王立，封颖．"一带一路"背景下我国知识产权输出政策研究［J］．科技管理研究，2019，39（9）：44-48.

［320］王鹏，王灿华．创新生产技术效率、技术基础设施对区域创新的影响研究：基于省域面板数据的门槛回归分析［J］．研究与发展管理，2014，26（5）：34-42+119.

［321］王颂吉，白永秀．城乡要素错配与中国二元经济结构转化滞后：理论与实证研究［J］．中国工业经济，2013（7）：31-43.

［322］王婷，苏兆霖．中国特色社会主义共同富裕理论：演进脉络与发展创新［J］．政治经济学评论，2021，12（6）：19-44.

［323］王雨飞，倪鹏飞．高速铁路影响下的经济增长溢出与区域空间优化［J］．中国工业经济，2016（2）：21-36.

［324］王裕瑾，于伟．我国省际创新全要素生产率收敛的空间计量研究［J］．山东大学学报（哲学社会科学版），2017（1）：43-49.

［325］王再进，徐治立，田德录．中国科技创新政策价值取向与评估框架［J］．中国科技论坛，2017（3）：27-32.

［326］韦功鼎，李雪梅．高速铁路知识溢出对第三产业集聚的影响研究：基于长三角城市群的实证研究［J］．经济问题探索，2019（2）：130-136.

［327］魏巍．金融发展、技术创新与产业升级的关系研究［J］．技术经济与管理研究，2016（5）：98-102.

［328］温珺，阎志军，程愚．数字经济与区域创新能力的提升［J］．经济

问题探索，2019（11）：112-124.

［329］乌兰，李沃源．科技扶贫系统：理论模型、机制构建及保障架构［J］．科学管理研究，2020，38（3）：119-125.

［330］吴殿廷，王丽华，戎鑫，王金岩，姜晔．我国各地区城乡协调发展的初步评价及预测［J］．中国软科学，2007（10）：111-117+135.

［331］吴建南．技术创新基础设施研究［D］．西安：西安交通大学，1999.

［332］吴建南，李怀祖．技术基础设施研究进展［J］．科研管理，1999（1）：61-68.

［333］吴群锋，刘冲，刘青．国内市场一体化与企业出口行为：基于市场可达性视角的研究［J］．经济学（季刊），2021，21（5）：1639-1660.

［334］吴文华，张琰飞．企业集群的演进：从地理集群到虚拟集群［J］．科技管理研究，2006（5）：47-51.

［335］吴哲坤，金兆怀．关于我国虚拟产业集群发展的思考［J］．东北师大学报（哲学社会科学版），2015（6）：82-86.

［336］吴中超．网络结构、创新基础设施与区域创新绩效：基于网络 DEA 乘法模型的分析［J］．北京交通大学学报（社会科学版），2021，20（2）：79-89.

［337］伍先福，黄骁，钟鹏．新型基础设施建设与战略性新兴产业耦合协调发展测度及其耦合机制［J］．地理科学，2021，41（11）：1969-1979.

［338］武春友，戴大双，苏敬勤．技术创新扩散［M］．北京：化学工业出版社，1997.

［339］武小龙．城乡对称互惠共生发展：一种新型城乡关系的解释框架［J］．农业经济问题，2018（4）：14-22.

［340］夏春玉，张闯，梁守砚．城乡互动的双向流通系统：互动机制与建立路径［J］．财贸经济，2009（10）：106-112.

［341］夏立军，陆铭，余为政．政企纽带与跨省投资：来自中国上市公司的经验证据［J］．管理世界，2011（7）：128-140.

［342］谢巧燕，王昱崴．金融发展对区域创新能力提升的影响机制研究［J］．经济经纬，2022，39（3）：138-149.

［343］邢小强，周江华，仝允桓．包容性创新：研究综述及政策建议［J］．科研管理，2015，36（9）：11-18.

［344］徐辉，邱晨光．数字经济发展提升了区域创新能力吗：基于长江经济带的空间计量分析［J］．科技进步与对策，2022（7）：1-10.

［345］徐思彦，李正风．公众参与创新的社会网络：创客运动与创客空间［J］．科学学研究，2014，32（12）：1789-1796.

［346］徐维祥，陈希琳，周建平，等．新型和传统基础设施建设耦合协调：时空格局、地区差异与驱动因子［J］．工业技术经济，2022，41（1）：94-103.

［347］徐现祥，李郇．市场一体化与区域协调发展［J］．经济研究，2005（12）：57-67.

［348］徐向龙，侯经川．促进、加速与溢出：数字经济发展对区域创新绩效的影响［J］．科技进步与对策，2022，39（1）：50-59.

［349］徐旭，俞峰，钟昌标．人力资本流动视角下高铁与城市创新关系的研究［J］．软科学，2019，33（5）：1-5+28.

［350］徐玉莲，王宏起．我国金融发展对技术创新作用的实证分析［J］．统计与决策，2011（21）：144-146.

［351］许庆瑞，王伟强．技术进步系统内部构成论［J］．科学管理研究，1992（4）：41-44.

［352］薛澜．中国科技创新政策 40 年的回顾与反思［J］．科学学研究，2018，36（12）：2113-2115+2121.

［353］闫俊周，姬婉莹，朱露欣．数字经济、政府干预与区域创新能力［J］．创新科技，2021，21（12）：29-39.

［354］颜鹏飞，王兵．技术效率、技术进步与生产率增长：基于 DEA 的实证分析［J］．经济研究，2004（12）：55-65.

［355］杨骞，刘鑫鹏，孙淑惠．中国科技创新效率的区域差异及其成因识别：基于重大国家区域发展战略［J］．科学学研究，2022，40（5）：927-937+949.

［356］杨孟禹，杨芳．城乡收入差距、要素流动与经济增长再研究：以重庆为例［J］．软科学，2015，29（8）：71-76+92.

［357］杨起全，刘冬梅，胡京华，胡熳华，齐顾波，李鸥，赵芝俊．新时期科技扶贫的战略选择［J］．中国科技论坛，2007（5）：3-10.

［358］杨思莹，李政．高铁开通与城市创新［J］．财经科学，2019（1）：87-99.

［359］姚冠辉，郑晓年．面向“十四五”谋篇布局　统筹推进创新基础设施建设［J］．中国科学院院刊，2020，35（11）：1366-1372.

［360］姚士谋，陈振光，叶高斌，等．中国城市群基本概念的再认知［J］．城市观察，2015（1）：73-82.

［361］叶超，陈明星．国外城乡关系理论演变及其启示［J］．中国人口·资源与环境，2008，18（1）：34-39.

［362］银温泉，才婉茹．我国地方市场分割的成因和治理［J］．经济研究，2001（6）：3-12+95.

［363］迎昌．城乡融合发展的路径选择与政策思路：基于文献研究的视角［J］．杭州师范大学学报（社会科学版），2019，41（1）：131-136.

［364］于英杰，吕拉昌．基于省域尺度的中国创新基础设施对创新产出的影响分析［J］．科技管理研究，2021，41（7）：1-8.

［365］余明桂，钟慧洁，范蕊．分析师关注与企业创新：来自中国资本市场的经验证据［J］．经济管理，2017，39（3）：175-192.

［366］鱼金涛，郝跃英．斋藤优的新著《国际技术转移政治经济学》［J］．外国经济与管理，1987（8）：44.

［367］俞立平，吴思慈，庞如超．技术市场厚度、市场流畅度与创新效率［J］．中国科技论坛，2021（5）：79-89.

［368］俞翔，徐强，周哲伟．加快打造浙江创新基础设施集群［J］．浙江经济，2022（1）：42-45.

［369］斋藤优．技术转移论［M］．东京：日本文真堂，1979.

［370］张保胜．区域经济协调发展中的技术收敛问题研究［M］．北京：中国经济出版社，2016.

［371］张凤兵，乔翠霞．基于要素配置的城乡利益格局“断裂”与“重构”：文献梳理与展望［J］．农业经济问题，2019（6）：85-93.

［372］张福明．制度变迁视角下的城乡劳动力市场一体化研究［M］．北京：中国社会科学出版社，2012.

［373］张国献．利益协调视域下城乡生产要素双向自由流动机制研究［J］．当代经济科学，2012，34（5）：70-75+126.

［374］张海朋，何仁伟，李光勤，等．大都市区城乡融合系统耦合协调度时空演化及其影响因素：以环首都地区为例［J］．经济地理，2020，40（11）：56-67.

［375］张洪潮，张培智．在华跨国公司技术转移及溢出效应的问题与对策［J］．工业技术经济，2007（12）：60-62.

［376］张建华，曹悦，郭小敏，赵亚敏．科技型中小企业创新管理循环改进机制［J］．科学管理研究，2016，34（1）：87-90.

［377］张江雪．我国技术市场发展程度的测度［J］．科研管理，2010，31（5）：79-86+147.

［378］张杰，高德步．金融发展与创新：来自中国的证据与解释［J］．产业经济研究，2017（3）：43-57.

［379］张克中，陶东杰．交通基础设施的经济分布效应——来自高铁开通的证据［J］．经济学动态，2016（6）：62-73.

［380］张宽，黄凌云．金融发展如何影响区域创新质量？——来自中国对外贸易的解释［J］．国际金融研究，2019（9）：32-42.

［381］张林，莫彩玲．中国技术市场的时空演变特征［J］．经济地理，2020，40（9）：125-132.

［382］张宁．新型城镇化对我国物流生产效率提升的影响机制：基于新型基础设施建设的调节效应［J］．商业经济研究，2021（12）：95-98.

［383］张倩肖，冯雷．金融发展与企业技术创新：基于中国 A 股市场上市公司的经验分析［J］．统计与信息论坛，2019，34（5）：25-33.

［384］张强，张怀超，刘占芳．乡村振兴：从衰落走向复兴的战略选择［J］．经济与管理，2018，32（1）：6-11.

［385］张峭，徐磊．中国科技扶贫模式研究［J］．中国软科学，2007（2）：82-86.

［386］张学良．中国交通基础设施促进了区域经济增长吗——兼论交通基础设施的空间溢出效应［J］．中国社会科学，2012（3）：60-77.

［387］张勋，乔坤元．中国区域间经济互动的来源：知识溢出还是技术扩散？［J］．经济学（季刊），2016（4）：1629-1652.

［388］张岩松，统筹城乡发展和城乡发展一体化［J］．中国发展观察，2013（3）：8-12.

［389］赵昌文．科技金融［M］．北京：科学出版社，2009.

［390］赵康杰，景普秋．要素流动对中国城乡经济一体化发展的非线性效应研究：基于省域面板数据的实证检验［J］．经济问题探索，2019（10）：1-12.

［391］赵秋成．城乡融合是对城乡共赢发展的最好诠释［J］．国家治理，2020（21）：24-26.

［392］赵伟．枢纽经济及其发展机制：以中国交通枢纽经济为例［J］．人文地理，2020，35（3）：115-122.

［393］赵武，李晓华，孙永康，王姣玥．面向区域创新发展的地市级包容性创新能力测评研究：来自陕西省 10 地市的数据［J］．科技进步与对策，2015，32（14）：108-113.

［394］赵武，孙永康，朱明宣，高樱．包容性创新：演进、机理及路径选择［J］．科技进步与对策，2014，31（6）：6-10.

［395］赵志娟，李建琴．技术市场对区域创新能力的影响研究［J］．科技管理研究，2015，35（8）：62-65.

［396］钟腾，汪昌云．金融发展与企业创新产出：基于不同融资模式对比视角［J］．金融研究，2017（12）：127-142.